烽火家書

抗战时期李国伟亲友书信选

武汉市档案馆 编

武汉出版社

(鄂)新登字08号

图书在版编目(CIP)数据

烽火家书:抗战时期李国伟亲友书信选 / 武汉市档案馆编. -- 武汉:武汉出版社,2025. 8. -- ISBN 978-7-5582-7355-1

Ⅰ. K825.38

中国国家版本馆CIP数据核字第2025NZ0660号

烽火家书:抗战时期李国伟亲友书信选

FENGHUO JIASHU:KANGZHAN SHIQI LIGUOWEI QINYOU SHUXIN XUAN

编　　者:武汉市档案馆

责任编辑:杨　振

封面设计:沈力夫

出　　版:武汉出版社

社　　址:武汉市江岸区兴业路136号　　邮　　编:430014

电　　话:(027)85606403　　85600625

http://www.whcbs.com　　E-mail:whcbszbs@163.com

印　　刷:武汉精一佳印刷有限公司　　经　　销:新华书店

开　　本:787 mm×1092 mm　1/16

印　　张:26　　字　　数:370千字　　插　　页:20

版　　次:2025年8月第1版

印　　次:2025年8月第1次印刷

定　　价:88.00元

本书编委会

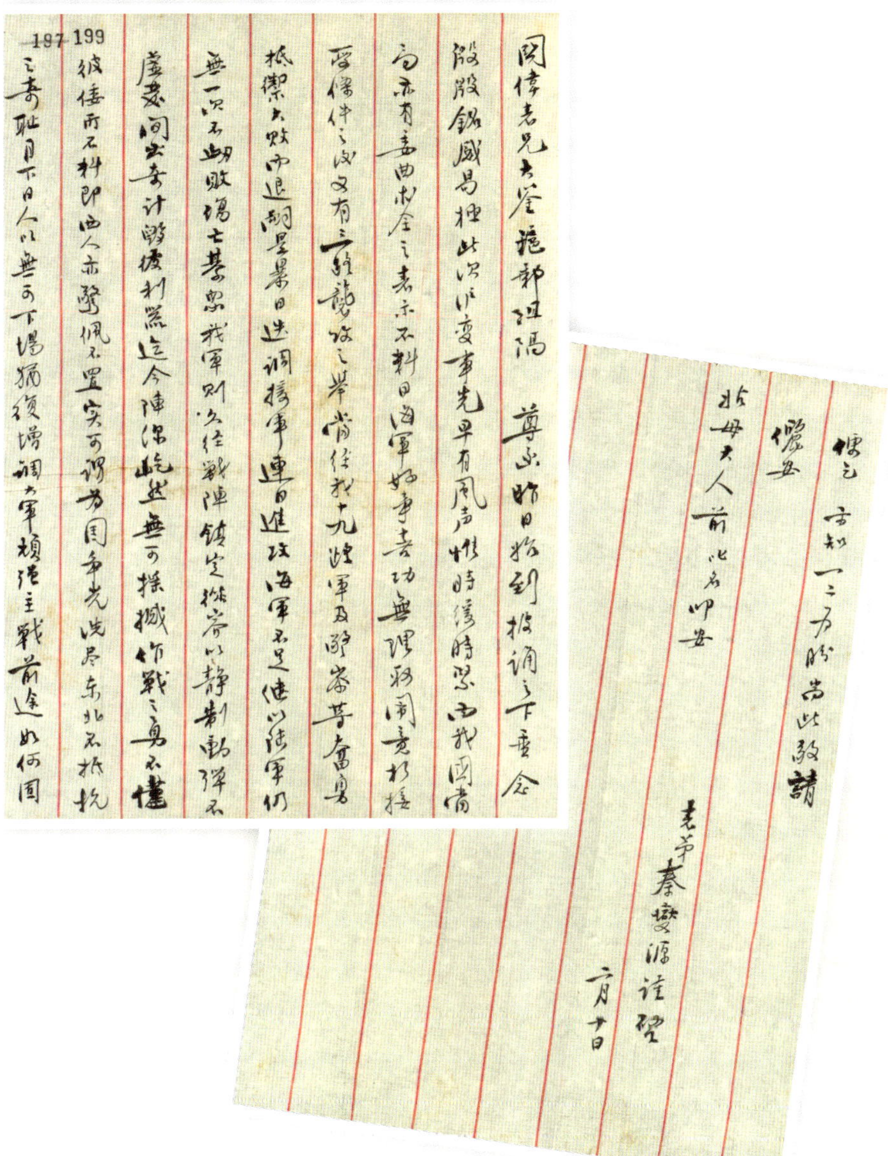

秦燮源致李国伟信（[1932 年] 2 月 10 日）

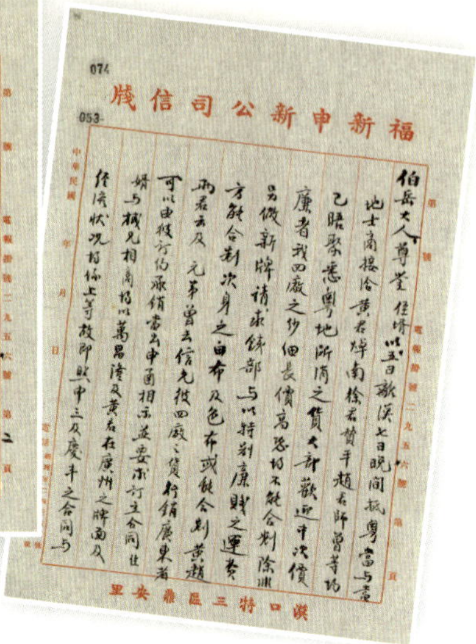

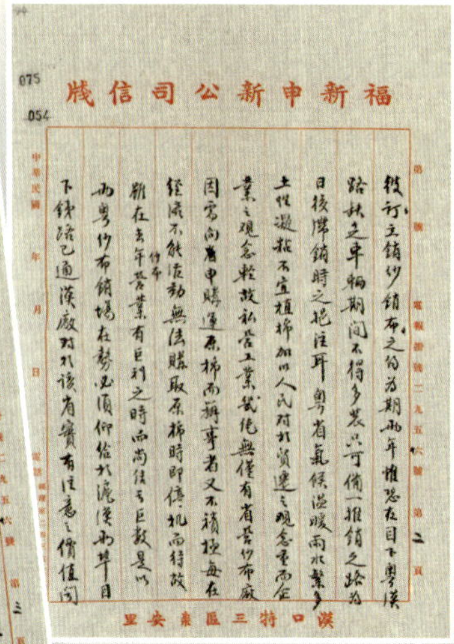

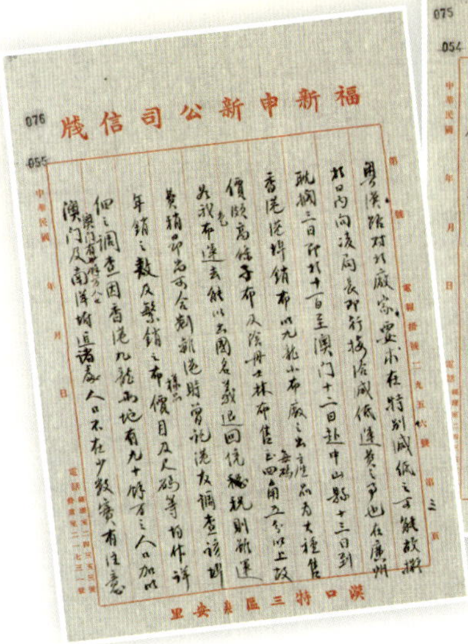

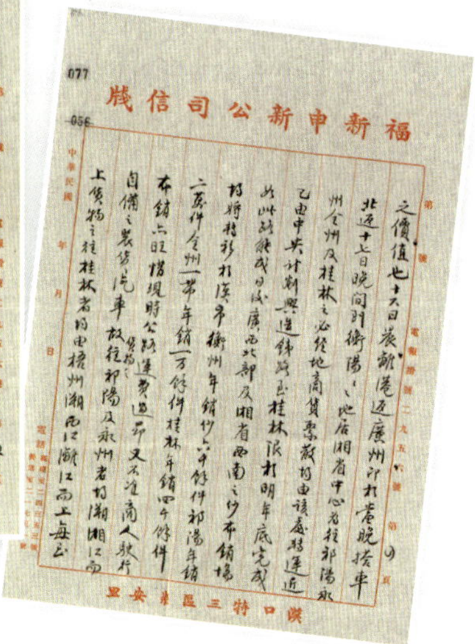

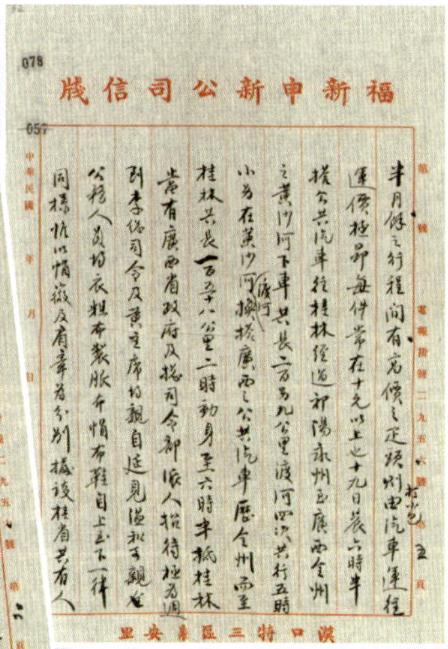

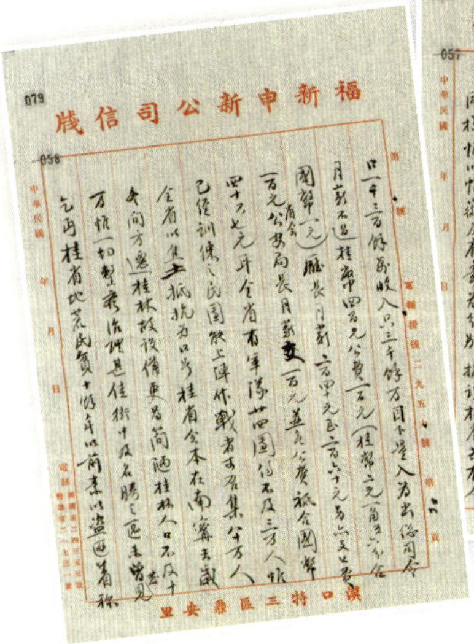

李国伟致荣宗敬信（［1937年9月27日］）

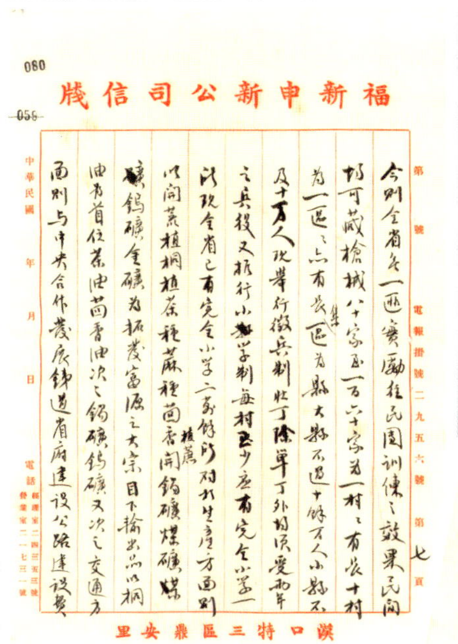

080

福新申新公司信箋

今则全省各一区实励行民团训练之效果，民团
均可藏枪械，八十家至一百六十家为一村，十村
为一区，区亦有长，集区为县，大县不过十余万人，小县不
及十万人，此举行征兵制，壮丁除单丁外均须受两年
之兵役，又推行小学制，每村至少应有完全小学一
所，现全省已有完全小学二万余所，对于生产方面则
以开荒植桐植茶种麻种茴香（植蔗）开锡矿煤矿，煤
矿锡矿金矿为拓发富源之大宗，目下输出品以桐
油为首位，茶油茴香油次之，锡矿钨矿又次之，交通方
面则与中央合作发展铁道，省府建设公路达设费

第七頁

漢口特三區鼎安里

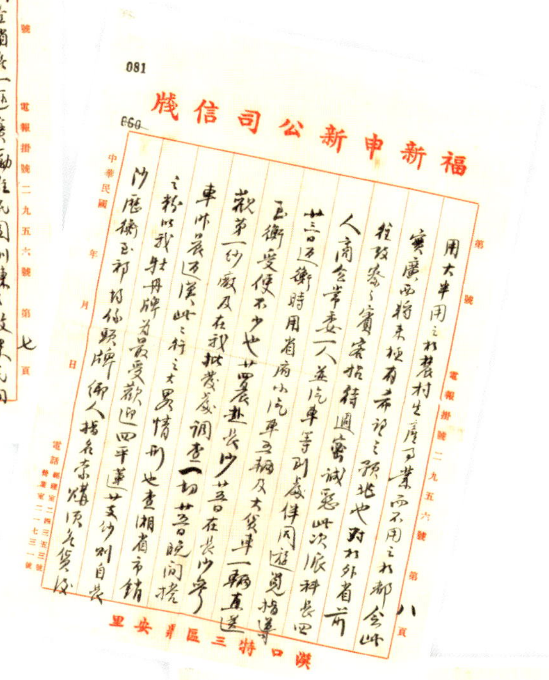

081

福新申新公司信箋

用大半用之于农村生产事业，而不用之于都会，此
实广西将来极有希望之预兆也，对于外省前
往考察之宾客招待周密诚恳，此次派科长巴
人商会常委一人并汽车等到处伴同游览指导
廿三日返衡时用省府小汽车五辆及大货车一辆直送
至衡受便不少也，廿四晨赴长沙，廿五在长沙参
观第一纱厂及在我批发处调查一切，廿五晚间搭
车于廿六晨返汉，此此行之大略情形也，查湘省市销
之纱以我牡丹牌为最受欢迎，四平莲廿支纱则自长
沙应衡至郴均系头牌，衡人指名索购，须先货后

第八頁

漢口特三區鼎安里

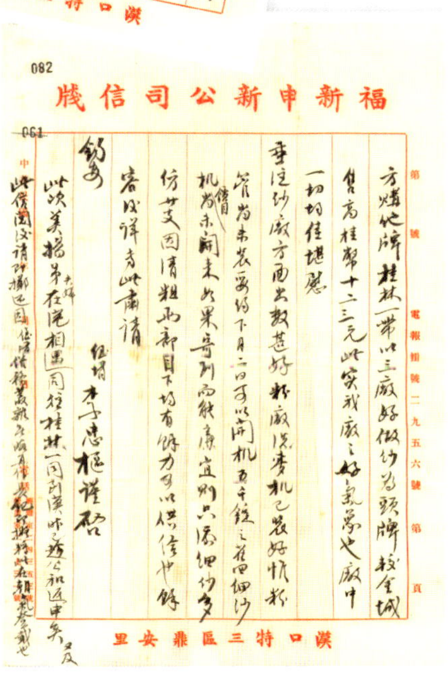

082

福新申新公司信箋

方燃化牌桂林一带以三厂好做纱为头牌，较全城
售高桂币十二三元，此实我厂之好气象也，厂中
一切均佳堪慰
垂注纱厂方面出数甚好，新厂淡麦机已装好，快粗
管为未装妥，约下月二日可以开机，五千锭之细纱
机（续）为未开来，如果齐到而能康宜则只须细纱多
纺廿支因清粗两部目下均有余力可以供给也，余
容后详告，此肃请
钧安
侄婿 李忠枢谨启
此次美播弟在沪相遇，同往桂林，一同到汉，昨已赴（大姊）公祖返申矣，又及
此候[illegible]

漢口特三區鼎安里

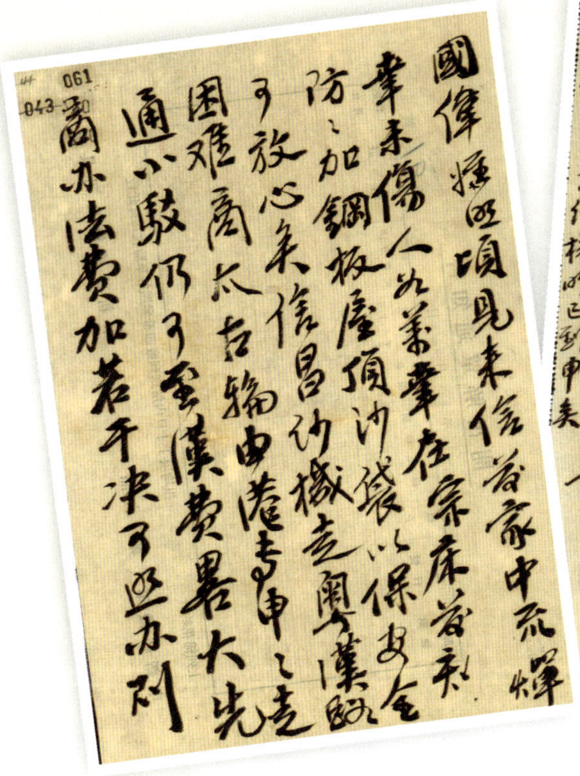

國偉姪覽：頃見來信，[illegible]家中無[illegible]
華未傷人，然叢華在宗[illegible]
防之加鋼板屋頂沙袋以保安全，
可放心矣。信昌紗機走粵漢路之
困難，當亦有輪由滬去申之去，
通小駁仍可至漢，費略大，先
商亦法費加若干，決可照亦[illegible]

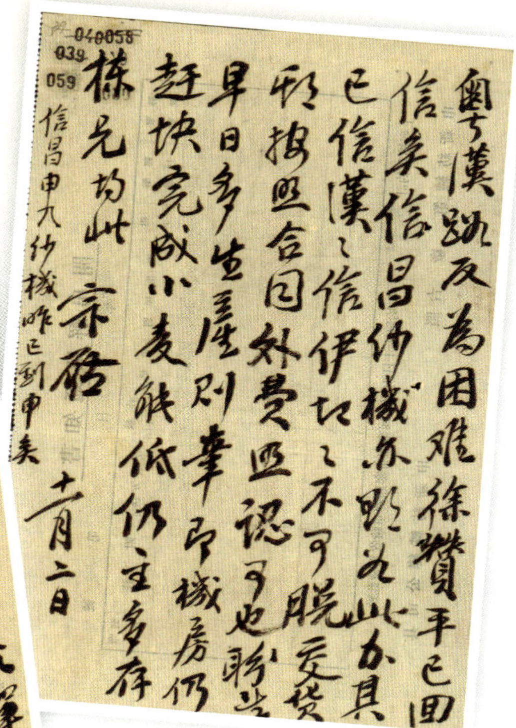

粵漢路反為困難，條贊平已回
信矣。信昌紗機亦照此分具
已信漢之信，伊以之不可脱，交貨
預按照合同外，費照認可也。[illegible]
早日多出產，則[illegible]即機房仍
赶快完成。小麦能低仍主多存。
楙先均此。宗啓　十一月二日
信昌申九紗機昨已到申矣

荣宗敬致李国伟信（[1937 年] 11 月 2 日）

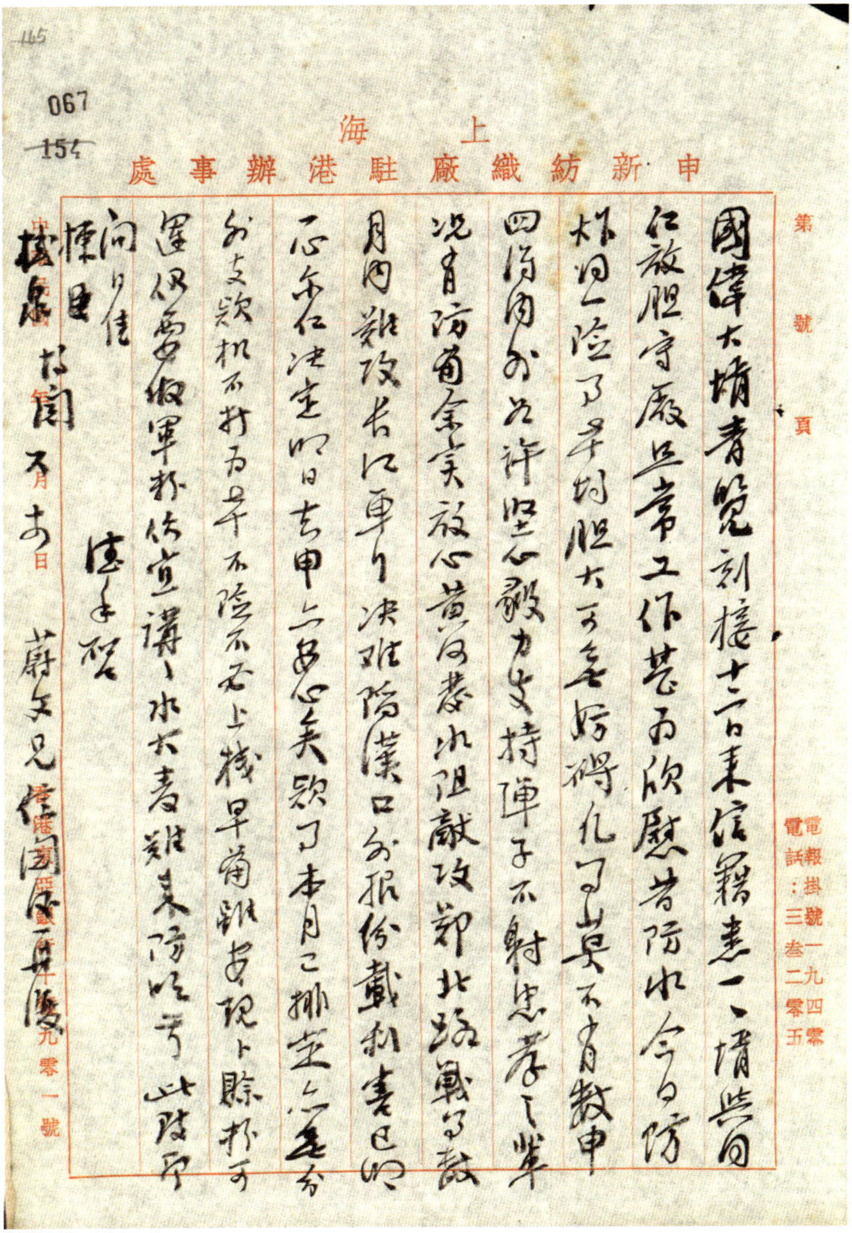

荣德生致李国伟信（［1938年］6月14日）

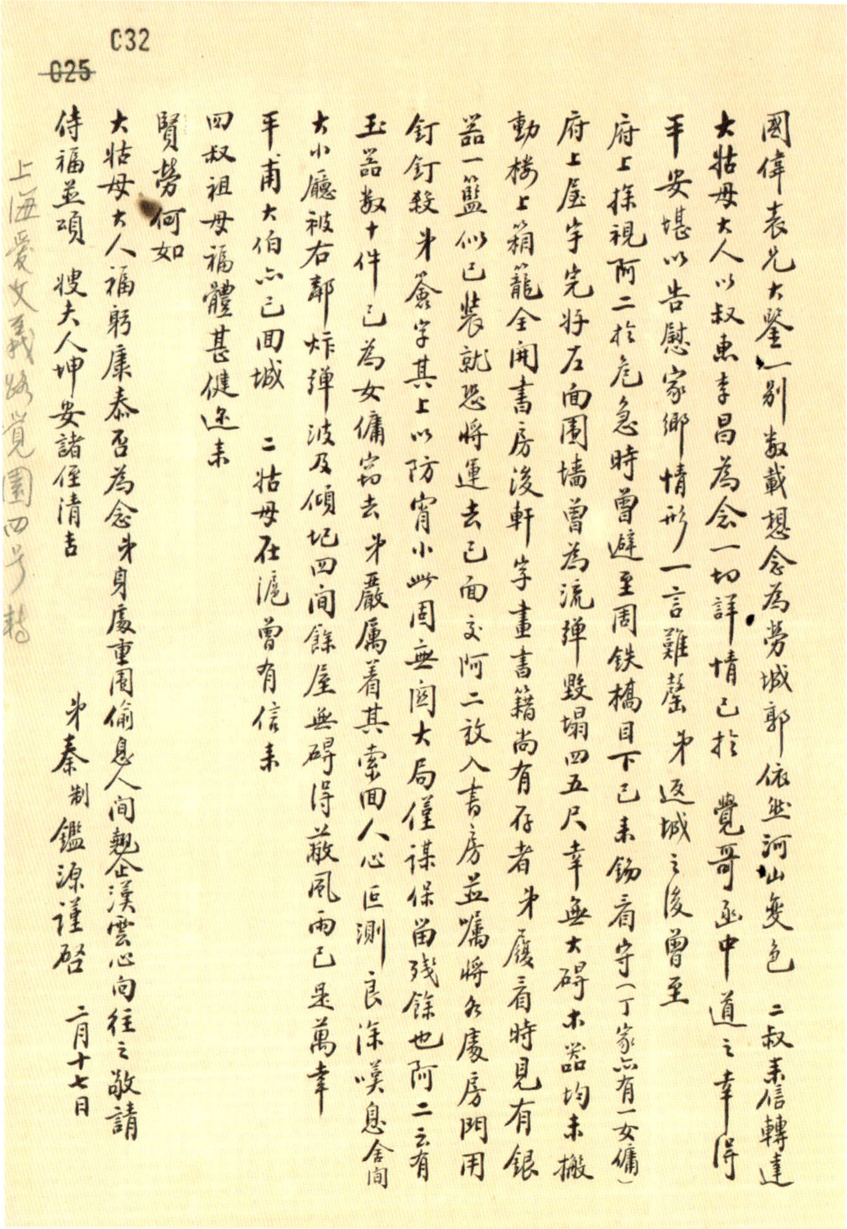
C32
~~025~~

國偉表兄大鑒 一别數載 想念為勞 城郭依然 河山變色 二叔來信轉達
大姑母大人以叔東李昌為念 一切詳情已於 覺哥函中道之 幸得
平安 堪以告慰 家鄉情形 一言難罄 弟返城之後 曾至
府上探視 阿二於危急時曾避至周鉄橋 目下已來錫看守（丁家亦有一女傭）
府上屋宇 先將右面圍墻曾為流彈毁塌四五尺 幸無大礙 木器均未搬
動 樓上箱籠全開 書房後軒字畫書籍尚有存者 弟覆看時見有銀
器一籃 似已裝就 惡將運去 已面交阿二 放入書房 並囑將各處房門用
釘釘殺 弟簽字其上 以防宵小 然固無關大局 僅謀保留殘餘也 阿二云有
玉器數十件 已為女傭竊去 弟嚴屬着其索回 人心叵測 良深嘆息 全聞
大小廳被右鄰炸彈波及 傾圮四間 餘屋無礙 得蔽風雨 已是萬幸
平甫大伯亦已回城 二姑母在滬曾有信來
四叔祖母福體甚健 述來
賢勞何如
大姑母大人福躬康泰否為念 弟身處重圍 偷息人間 翹企漢雲 心向往之 敬請
侍福並頌 嫂夫人坤安 諸侄清吉 弟秦制鑑源謹啓 二月十七日

上海愛文義路覺園四號

秦鉴源致李国伟信（[1938 年] 2 月 17 日）

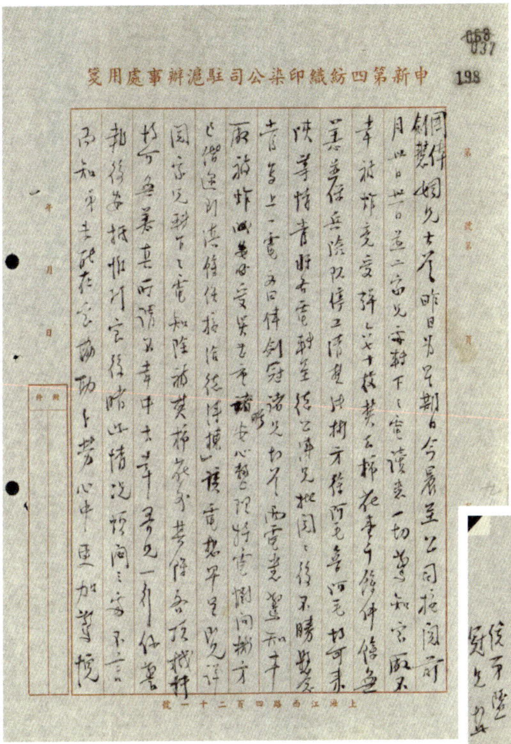
申新第四紡織印染公司駐滬辦事處用箋

上海江西路四百二十一號

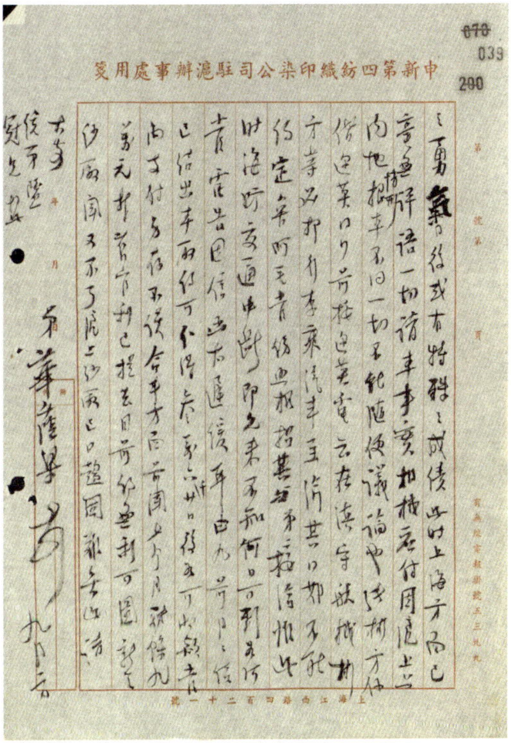
申新第四紡織印染公司駐滬辦事處用箋

上海江西路四百二十一號

华栋臣致李国伟、章剑慧信（［1940年］9月2日）

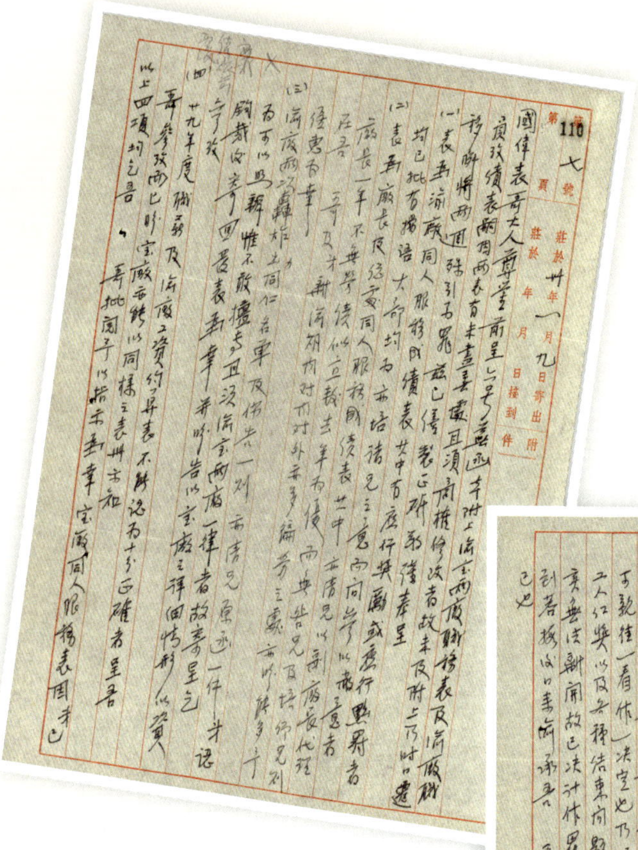

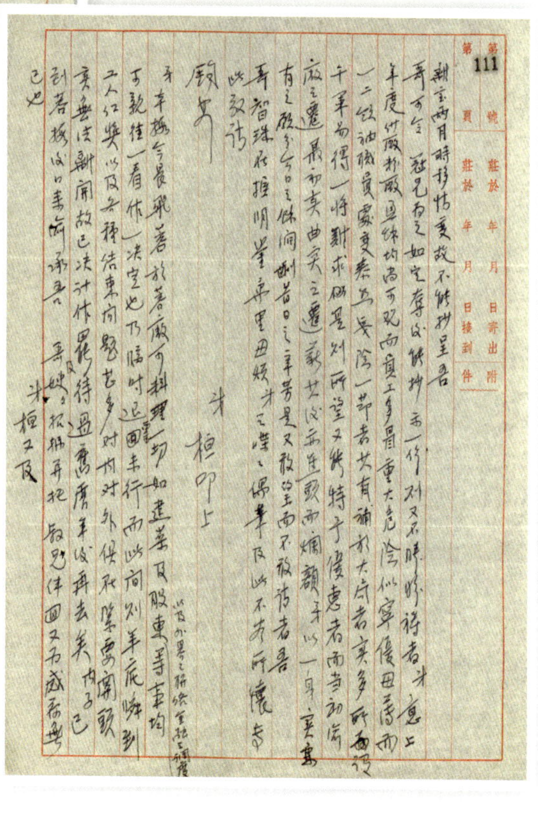

章剑慧致李国伟信（1941年1月9日）

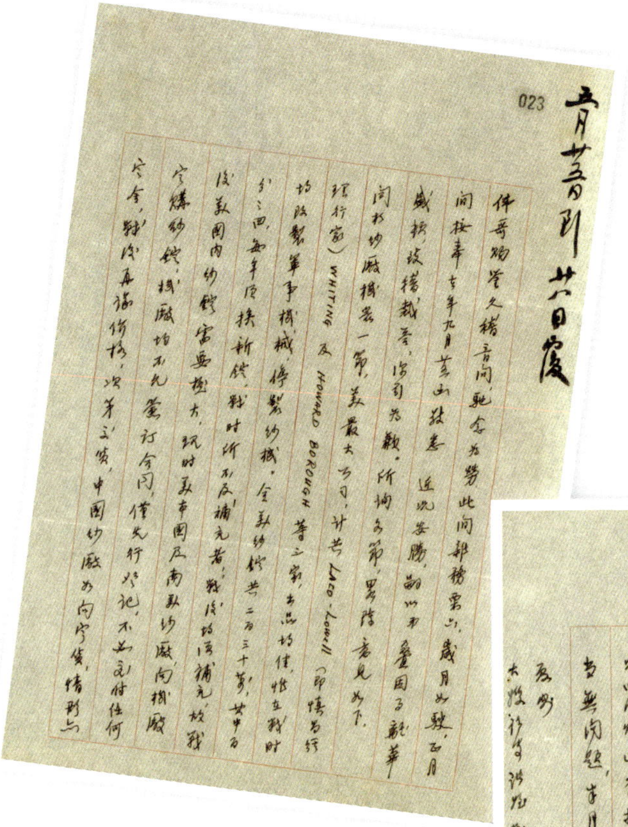

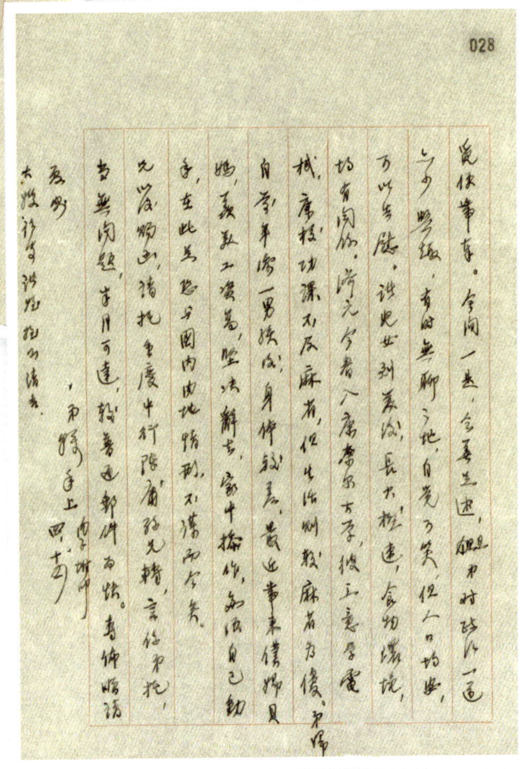

李榦致李国伟信（［1944年］4月15日）

1916年，李国伟、荣慕蕴夫妇在无锡

1947 年，李国伟、荣慕蕴夫妇在汉口

1936年汉口，李国伟夫妇与母亲秦淯及子女合影。前排左起李乐莘、李志和、秦淯、李季荃、李介寿，中间一排左起李志成、李志良，后排左起荣慕蕴、李国伟、李志方

1936年，荣宗敬率荣溥仁、荣辅仁、荣纲仁等及上海同人一行抵汉口视察申新第四纺织公司（以下简称“申四”）、福新第五面粉厂（以下简称“福五”）合影。前排小孩左一李筱同、左二李乐莘、左三李季荃、左八李志和，二排左起华迩英、华栋臣、李志良、荣宗敬、荣伟仁，三排左一荣伊仁、左二李国伟，四排左起章剑慧、荣辅仁（李国伟左后方）、荣纲仁（荣伟仁左后方），五排右一荣溥仁（荣辅仁左后方）

1941 年宝鸡，前排左起荣慕蕴、李国伟、李棐，后排左起李季荃、李志良

1942 年 11 月 29 日，英国议会访华团参观申四、福五宝鸡分厂留影

1942年成都，李国伟夫妇与就读于成都中央陆军军官学校第一总队步兵科的李志成合影

1942年上海，左起李轶陶、李筱同、秦洧、李乐莘、李振宇

1942年宝鸡，右起周伯符、李国伟、荣慕蕴、荣志仁

1943年宝鸡，龚培卿（持银盘）入职二十年纪念。前排右起王秉忱、蒋叔澄、瞿冠英、龚培卿、李国伟、华迩英，二排左二荣志仁，三排左三起章映芬（女、白衣、扎两辫子）、龚湘（华迩英夫人）、荣慕蕴、李志靖、李志良，四排左四章则汶（戴眼镜、白西服、黑领带）、右一杨家楣（中山装）、右四李棐（李志靖、李志良后排，白衬衫），五排左二华选青（中山装、中分头）

1945年重庆，前排左一荣尔仁、左三荣慕蕴、左四李国伟、左六荣墨珍，二排右二荣志仁，三排左一赵蓉、左二厉无咎、左四章剑慧，后排左三周伯符、右一荣纪仁

1946 年汉口，前排左起李季荃、李轶陶、李振宇、李志成，二排左起李国伟、荣慕蕴，后排左起李筱同、李乐莘、李介寿

1946年8月宝鸡，瞿冠英、华迩英、蒋叔澄入职二十年纪念。前排右起龚培卿、周伯符、李统劼、瞿冠英、李国伟、蒋叔澄，二排左二章则汶、左四杨家楣，后排女士左一王洁华（李统劼夫人）、左二荣慕蕴、左三马丽蓉（瞿冠英夫人）、左四蒋叔澄夫人

1948年汉口怡和村，左起李季荃、李冀曜、荣卓亚、周伯符、华婉珍、华纯熙、李振宇、荣慕蕴、李国伟、李轶陶、李乐莘、李筱同

1948年汉口，前排左起蒋叔澄、李国伟、周伯符，后排右一章则汶

申四宝鸡分厂纺纱机作之原棉运入工场：各种原棉陆续运入工场以备配用

申四宝鸡分厂纺纱机器之松花机：此机可将紧压成包之原棉松开以备清理纺织之用

申四宝鸡分厂纺纱机器之弹花机：此机可将已松开之原棉复弹匀，除去籽屑、尘土，制成定后之筵棉，卷成棉卷以备梳棉机之用

申四宝鸡分厂纺纱机器之梳棉机：筵棉经过此机，细微之不平均处被除清，并将棉纤维梳成伸直状态之棉网，再经紧压而成棉条

申四宝鸡分厂纺纱机器之棉条机

申四宝鸡分厂纺纱机器之粗纺机：棉条经此机抽长加捻后即成粗纱，以备精纺之用

申四宝鸡分厂纺纱机器之三道粗纺机：自粗纺机纺出之头道粗纱须经此机再并合抽长，以备精纺纱机之用

申四宝鸡分厂纺纱机器之精纺机：工厂自制之精纺机，其功能与外来机器相同，并为工人所乐用。粗纱经此机抽长加捻，纺成各种定量定捻之细纱

申四宝鸡分厂纺纱机器之精纺机：粗纱经此机抽长加捻，纺成各种定量定捻之细纱

序

樊　纲

这本《烽火家书：抗战时期李国伟亲友书信选》，收录了抗日战争时期李国伟等几位民营企业家170多封与企业坚守和奋力发展相关的往来书信。与一般的官方正式文件不同，这些“家书”更细腻地记载了企业家们有血有肉的家国情怀。这些“琐碎”的日常记述，使我们在今天追忆起那些艰难困苦的往事时，能激发我们对历史与现实的诸多思考。①

一、1911年至1927年的自由市场与中国民营经济的迅速崛起

李国伟是一位杰出的民营企业家。他作为中国当时最大的民营企业集团“荣氏企业”一位独当一面的职业经理人，对中国工业的发展做出了重要的贡献。而他的从商经历，是以中国民营企业的早期发展历程为背景的。

中国民族工业的崛起，分为两个部分：一部分是晚清洋务运动中发展起来的官办企业或“官督民办”企业，主要集中于铁路、矿山、

---

① 本文在回顾历史事件时，除了本书刊载的书信之外，主要参考了上海社会科学院经济研究所编的《荣家企业史料（1937—1949年）》（上海人民出版社，1980），吴晓波的《跌荡一百年：中国企业1870—1977》（中信出版社，2017），冯驱的《内迁，内迁！》（银河出版社，2013），唐庸章的《爱国企业家李国伟及荣氏在汉企业》（中国民主建国会湖北省委员会专刊，1997），赵津、王玉茹、张东刚的《中国近代经济史》（南开大学出版社，2006）等文献。本文中所叙史料，凡参考以上几部著作的不再作特别注释，其他引述的观点、引言等则另作注释。

钢铁、军事工业领域；另一部分是纺织、食品、烟草、化工等民用轻工业及航运、银行等与民生关系较密切的产业，发展的主体则是民营企业。1904年，清政府在张謇等人的推动下，制定了《公司律》等鼓励民办企业的法规，可以说是提供了“国人兴业时代”[①]的基本制度条件。而我国现代民族民营企业[②]的第一次崛起与发展壮大，主要发生在1911年至1927年这16年间。当时的情况是，民初军阀混战，北洋政府更迭频繁，而实际管辖范围有限；国民政府则还盘踞于广东一带积蓄实力，没有哪一股政治力量有经济实力及执政能力发展国民经济并对经济活动进行管理或“统制”。其结果是，在地方割据、管制“真空”的情况下，中国一些地区（以东南沿海地区为代表）具备了“自由市场”空前发展的制度空间，一批民营企业得以快速发展起来。一大批民国时期包括抗战时期活跃于中国工商界的“明星企业”和“明星企业家”，也基本是在这一时期产生的。

就是在这短短的16年间，中国的民族民营经济展现出了极强的活力，迅速崛起，充分利用“后发优势”，学习、引进、消化、吸收国际上已经形成的科技知识与经营管理方法，直接利用世界上最先进的机器设备，加上自己的创新与奋进，在许多产业中迎头赶上，为后续的发展奠定了基础，并已经具备了一定程度的国际竞争力！比如，由“状元企业家”张謇创立的大生纱厂，迅速成长为中国最具竞争力的民营纺织企业，纱锭数量超过外商企业，名列全国第一。由范旭东等化学家于1914年创办的久大精盐公司和1918年成立的永利制碱公司，在短短几年时间里就制造出高质量的精盐与纯碱，填补了国产的

---

① 杨铨：《五十年来中国之工业》，申报馆编《最近之五十季——申报馆五十周年纪念（1872—1922）》，1923。

② 这个“民族民营企业”的概念中，不包含当时在中国市场和各种民生产业中占有很大比重的外资企业，它们也可以说是一种非官办的私人企业，就像我们现在也有一批外资企业是广义民营企业的一部分。

空白，并大大占领了外商的市场空间，在1926年的美国费城万国博览会上，永利纯碱荣获大会金质奖章。在机械制造领域，大隆机器厂在纺织机械制造方面很快具备了与在国内设厂的两家美国制造商竞争的能力。张元济主持的商务印书馆，不断追求最先进的印刷技术，精准预测市场需求，生产迅速扩大。20世纪20年代中后期，以商务印书馆为核心的上海文化出版业创造过一个惊人的奇迹：上海当时一年的图书出版量，超过了美国一年的出版量。这些中国企业，不仅在中国市场上迅速崛起，也在国际市场不断扩张，成为国际市场供应链的重要组成部分。

在快速崛起方面最典型的案例，当数当时有面粉与棉纱“双料大王”之称的荣氏家族企业。在激进扩张的大哥荣宗敬和稳扎稳打的弟弟荣德生的带领下，到了1927年，旗下企业达21家。事业巅峰时期，申新纱厂纱锭数与布机数分别约占全国民族资本棉纱厂的20%和28%；面粉厂规模达全国的三分之一，荣氏企业成为全国规模最大的民营实业集团。荣宗敬当时的口号就是“造厂力求其快，设备力求其新，开工力求其足，扩展力求其多”。正是以此为宗旨，荣氏企业积极利用当时世界上最先进的技术设备，奋起直追，并在此基础上努力创新，特别是根据中国原料的特点，对进口设备进行改造，使得面粉质量和产量都高于同期的外国工厂，成为中国的“标准粉”。荣氏企业研发出的新式织布机，性能比日本、英国的同类机器更好，价格却便宜一半。1917年，荣氏收购了一家日资纱厂，在当时由日本企业统领中国市场的纺织业，这一破天荒的“壮举”，成为中国民族工业的一项荣耀。1919—1921年，在荣氏的倡导和领导下，上海成立了面粉交易所和纱布交易所，从日本人办的“取引所”手中夺回了两大产业的期货主导权。这是中国民族工商界在国际竞争中取胜的两场漂亮商战。值得一提的是，荣氏企业在几十年的发展过程中历经风雨，在一次次生死存亡的危机中，一直坚守民族民营企业的本分，拒绝过官僚资本（宋子文之流）的“鲸吞”企图，也抗拒过日本企业的收购压力。1938 年荣宗敬在香港去世，其临终遗言是“那些厂子来之不易，千万千万别落到日本人手中”。

本书的主角李国伟，就是在这样的背景下加入荣氏企业，成为一名现代企业的职业经理人（多年之后，他才通过“股权奖励”方式成为一名股东）。本书书信往来中所议的经济事件，也是在这样的背景下发生的。李国伟早年毕业于唐山路矿学院，做过绘图员，后与荣德生的长女荣慕蕴结婚，再应大伯荣宗敬之邀，加入荣氏企业。1918 年，他被派到武汉，先后兴办福五和申四，独当一面，开辟了一片新的天地，并主持了抗战时期企业的内迁与发展，为荣氏企业 1938 年以后的发展，做出了重要的贡献。

1927 年蒋介石在上海发动四一二反革命政变，成立南京国民政府掌握国家政权以后，“统制经济”开始形成，官僚资本在各个领域中不断挤压、遏制民营经济，民营企业的快速发展期戛然而止，基本上不再有新的重要民营企业和企业家出现，整体经济的增长，特别是民生工业（相对的是军事工业）也逐步陷入停滞。唯一的例外可以说是卢作孚和他的四川民生轮船公司。但他的成功，除了个人商业天赋之外，还因为民生公司在地理位置上离国民政府的“统制”中心较远。

回顾中国民营企业快速崛起、企业家人才辈出的这段历史，可以引发我们的许多思考。中国有句老话：“三十年不打仗，粮食多得无处放。”在此我们也可以说，三十年市场经济，中国就可以出现一大批世界一流的企业与企业家。1978 年实行改革开放之后的历史进程，也从各个角度说明了这一点。民营经济的效率与活力，不是经济学者在书本中定义的，而是被历史一再证明了的。只要给它们一个自由竞争的市场环境，它们就会迅速崛起，发展壮大，支撑起一个国家经济的增长。不需要什么政府补贴，不需要什么优惠政策。市场竞争的条件丧失了，企业发展就停滞了，经济的活力也就消失了。简单的逻辑，在历史的长河中一再被验证。

这就是我们回顾历史的意义所在。经济学无论多么数学化，仍属于人文社会科学，或者说是“软科学”——我们无法像自然科学（“硬科学”）那样在实验室里通过控制一些变量去验证某些变量关系，因为我们不能把人当作工具并人为地改变他人的命运。我们验证一种理论的方法就是引用历史事实（统计数字是历史的一种），包括古今中外的历史事实，从中去发现规律。在一再重复的事实面前，如果我们还是对其熟视无睹，则不仅违背了科学理性，而且在未来一定会屡犯错误。

二、民营企业家的家国情怀与企业家精神

1927 年之后的十年，是国民政府强权干预市场，官僚资本强势挤压、“收编”民营企业的十年，加上世界经济在 1929 年金融危机之后处于大萧条时期，我国民营企业的发展速度大大放缓。1937 年七七事变爆发，日本对华发动全面侵略战争，给整个中国经济带来了灾难性的后果，更使民营企业蒙受了巨大的损失。以荣氏企业为例，除了位于上海租界内的申新二厂和九厂之外，上海租界外、江苏的所有面粉厂、棉纱厂或毁于战火，或被日本公司接管，或遭日本浪人砸毁，尽失一空，唯有武汉的福新五厂和申新四厂得以保留，才有了后面艰辛的内迁故事与在战火中的继续发展。

说到民营企业家在抗战期间共担国难、共敌外患的家国情怀，我脑海里就会浮现两个词：一是“沉船”，二是“内迁”。

沉船，是指为了防止日本军队沿长江而上入侵“大后方”，实现

其三个月灭亡中国的计划，中国的航运公司将轮船装满巨石，凿沉于江底，以阻塞航道。在江苏江阴、江西马当、湖北宜昌等数次长江水面的沉船行动中，国营的轮船招商局责无旁贷，沉船占全部吨位数的40%，而其他 60% 则有赖于民营航运公司，如三北公司、大达公司、大通公司、民生公司等，其中有的公司凿沉了自己全部的轮船。企业不是军队，手中只有机器而没有武器。大敌当前，中国的企业用自己手中的机器（轮船）当作武器，以这种悲壮的方式展示了自己的民族大义与抗争力量。

内迁，是指全面抗战期间为了避免中国工业的有生力量被日本人摧毁或占有，将长江中下游地区一些工业企业的设备和人员迁到西部地区，开工生产，以满足战争的需要和民生的供给。

内迁涉及上海、无锡、武汉、广州、天津等工业城市中几千家企业的大量物资。各家内迁企业奋力拼搏，为保持中国工业的命脉，满足战争时期的物资供给，把一部分生产能力迁到了内地；以往相互竞争的各航运公司此时空前团结，成立了“内河航业联合办事处”，在日军飞机的狂轰滥炸之下，统筹安排，日夜抢运。内迁过程中，可以说每一家企业都有千辛万苦的故事。

内迁当然也是企业家保存家业的举措。一些企业迁到内地后，由于需求旺盛而供给有限，市场回报比战前还好，有利可图。但是，在战乱年代，上有日寇飞机的轰炸，下有江面通道的拥堵，要把那些机器设备和生产物料在很短的时间内抢运到千里之外，处处都是困难。而要迁去的千里之外，对企业家们来说，也是一个未知之地，各种难题还在前方，风险巨大，即便是今天的我们，想来都不免会知难而退。也正因此，一些企业没有选择内迁，连荣德生这样杰出的企业家，当时都不赞成武汉企业内迁，而是主张“一动不如一静”。因此，从逻辑上分析，一切内迁成功的故事后面，一定还有一些其他“额外的因素”在起作用，也就是一些通常支撑企业成功的因素之外的因素在起作用，那就是企业家的家国情怀，和由这种家国情怀所激发出来的不畏艰难困苦的韧性与创造性。李国伟主持的武汉荣氏企业申四和福五两厂的内迁，就是一个典型。

1919年，福五建成投产；1922年，申四建成投产。虽然经历了政局动荡和水灾、火灾，但李国伟凭借坚韧不拔的意志，带领二厂在抗战爆发前获得了很大的发展，使二厂成为武汉地区最重要的民营企业之二。全面抗战爆发后，企业面临着是否要内迁、迁向哪里的抉择。荣氏企业内部对此存在分歧，荣德生与在沪股东反对内迁，李国伟则力主内迁。在李国伟的反复争辩下，股东们才同意将少部分旧式设备迁往重庆。后来战争局势不断恶化，在国民政府的催促下，在共产党的鼓励下，加上国际友人（爱德加·斯诺、路易·艾黎等）以及中国工业合作协会的帮助，李国伟不顾上海总部的反对与迟疑，自主拍板内迁，并决定将企业的主体部分迁至当时的陕西小城宝鸡。

内迁宝鸡，对企业自身利益而言，是一着“险棋”。除了通铁路之外，宝鸡当时几乎没有任何工业基础设施，一片荒原，一切要靠一家企业单枪匹马从头做起，难度之大，成本之高，可想而知。当时在沪股东们反对迁往宝鸡，从企业自身利益的角度看，也的确不无道理。李国伟考虑的因素，显然不仅是企业利益，更有保存国家工业命脉、满足国需民用的诉求。他从加入荣氏企业起，就十分敬仰荣宗敬的实业救国理念，在申四、福五发展过程中的许多困难时刻，都是在这种信念的支撑下坚持与坚守着。他常说的一句话就是“这不仅是一厂一业的问题，而是关系着整个民族工业前途的问题”。

正是在这种家国情怀的驱使下，他带领员工，不仅在荒原上建起了厂房，而且为了躲避日寇飞机轰炸，建成了被后人称为“工业奇迹”的地下窑洞车间，恢复了申四、福五工厂的生产能力，并新开发建成了制铁厂（机器制造与维修）、造纸厂、煤矿、陶瓷厂等一系列上下游企业，以及农林、畜牧、医疗、教育、住宅等附属设施，自成体系，还在厂区周围植树50万株，形成一个粗具规模的新兴工业城市。

从申四、福五内迁的经历我们可以清楚地看到，内迁不是简单地把企业复制到另一个地方，内迁本身也是一种创新，是一种创造，是一种比建设原厂更加困难、更加艰辛的创业过程，它的成功，对企业家的要求更高！

经济学家熊彼特是最早定义企业家职能的学者，在他看来，企业家的独特职能就在于创新，在于能够在生产技术、组织管理、市场开拓等方面不断提出新的思想、创造出新的办法来解决各种问题，从而获取创新的“超额利润”。[①]这还只是从一般的“物质利益”（也就是“超额利润”）来解释企业家的行为。社会学家马克斯·韦伯则在研究资本主义起源时，认为基督教“新教伦理”提供了“资本主义精神”的基础，作为一种精神要素，在企业家的行为中起着重要的作用。[②]对这一理论的历史检验颇有争议。有人说，那些新教最先发源的国家（比如德国）并不是资本主义市场经济起源的国家，而二战之后现代企业发展较快的国家（如一些东亚经济体），往往没有宗教在起作用。但是，换一个角度来解释，宗教在这里表示的只是一种精神因素，是人（企业家）在追求物质利益之外的精神追求（或精神束缚）。这种精神追求，为企业家提供了“额外”的激励，使他们在困难面前更有一些坚忍的毅力，更有一些果敢的创新精神。对一般物质利益的

---

① 约瑟夫·熊彼特:《经济发展理论——对于利润、资本、信贷、利息和经济周期的考察》，何畏、易家祥等译，商务印书馆，2011，第142—174页。

② 马克斯·韦伯:《新教伦理与资本主义精神》，康乐、简惠美译，广西师范大学出版社，2007，第23—51页。

追求，也许可以使企业在不那么困难的情况下成功获利，但是要在艰难困苦中成就“奇迹”，没有一些与一般“赢利”一类的物质追求所不同的精神追求，是不大可能的。中国的民营企业家，的确与新教伦理没有什么关系，但是几千年中华文化积淀而成的家国情怀与民族大义，不能不说是中国民营企业家们在国难当头时用“沉船”和“内迁”创造奇迹的重要精神支柱。

民营企业，是“私人”的，但企业家是可以有“公心”的。在和平时期，这种公心会发挥作用；国难当头时，其作用就会更加强大，使他们敢于去冒更大的风险，迎接更大的挑战，创造出更大的奇迹。这时他们的追求卓越和不辱使命，就不仅是一种经营业绩与个人荣誉，也体现着民族大义。

面对宝鸡长乐塬上 1.75 公里长、被林语堂先生赞誉为“中国抗战中最伟大的奇迹”的申新四厂窑洞车间，我们要向那些战火纷飞年代中坚韧不拔又勇于创造的中国民营企业家们致以崇高的敬意！

三、民营企业管理方式的现代化进程

当我看到本书收录的 170 多封“家书”的时候，深感震惊！它们居然被保存了下来！而且是由企业按照规章制度保存下来的。称它们为“家书”，确是因为相互通信的一些人，多多少少有一些亲友关系，因此在相互往来的书信中也有许多家庭事务，但这些书信中也有很多甚至主要是企业事务，因此它们既是家书，也是“商务信件”。这些信件往来的时间历经十多年，兵荒马乱当中，都被企业完整地保存了下来！惊叹之余，不禁要问：这说明了什么？

它说明申四、福五的企业管理制度化水平在当时已经达到了相当的高度。

中国的民营企业家很早就十分重视企业管理制度的发展与改进，积极借鉴与引进国际上先进的企业管理制度。1916 年，当时著名的“棉花大王”穆藕初，翻译出版了现代管理学奠基人泰勒在 1911 年发表的《科学管理原理》，将最新的管理学理念和方法引入中国。以大生纱厂和荣氏企业为代表的一批现代工业企业，历来也都重视企业管理的制度化。张謇在创业之初就亲自执笔撰写了《厂约》，对自己和几位董事做了分工，并明确了厂内各级管理人员的职责，奖罚措施、利润分配方式等都有具体规定，每一项工作都有章可循；《厂约》之外，还有 25 个章程，规矩达 195 条之多。后来的著名企业民生航运公司，在卢作孚的精心设计下，不仅制度化地创立了定期航班和稳定运费的制度，还详细地设计了一系列的管理制度，明文规定了经理须知、船长须知、驾驶员须知、理货须知、茶房须知、水手须知，分工明确，责任到位，从早到晚，从开船到靠岸，所有的工作都有相应的明确成文的规章制度。这些企业应该都是当时制度化管理最高水平的代表，它们也因此成绩斐然，声名远播，自然也成为其他民营企业效仿的对象。

李国伟的申四、福五之所以能历经挫折而不断发展，也是因为他高度重视企业管理的现代化、制度化，创造性地对企业管理方式进行不断的改进与提升。创办之初，他就积极试行当时最先进的“泰勒制”企业管理制度，淘汰掉当时还在纺织行业实行的“工头制”，聘用专科毕业的技术人员进行管理，替换掉封建制度的“工头”，因此大大提升了企业的生产效率。接着，他又在全厂范围内推广西式会计法，改革经济核算制度。1934 年，李国伟亲自主持制定了一套完整的工厂制度——《申新纺织厂规程》，声明要实行科学管理与文明管理。与此同时，他还致力于通过制度改善劳资关系，提高工人的福利待遇，兴办了各种职工福利设施，如员工消费合作社、储蓄所、职工医院、惠工宿舍、子弟学校等，其中的一些举措，在当时国内属首创。在这些制度化的管理下，申四、福五效率不断提高，赢利颇丰。后来荣家的二代管理者曾要求从申四、福五抽调资金，也被李国伟依据企业规章制度加以拒绝。

一个企业不但保存正式的商业文书，而且将涉及企业事务的“家书”也作为企业活动的一部分记录存档，以便需要时查阅，首先就表明企业的制度化管理已经达到了较高的水平。但是这些书信毕竟还是“家书”，里面总会有些私人事务的交涉，书信的作者为了企业利益而不把这些当作“隐私”，表明管理制度对企业的管理者更加严苛——你是管理者，行为举止关乎多人（包括股东，也包括员工）的利益，因此更需要经得起审查。“家书”一旦被企业保管起来，事实上就已经成为企业的公共资产，不再是个人的隐私。后人查阅、政府检查，以至今天我们将其出版，公之于众，都是早晚可能发生的事，但作者们不怕“曝光”。这可能无法绝对地说企业不存在任何问题，也不能由此推论作者们没有别的“私信”往来且没有交企业保存，但这一保留“家书”的制度，充分说明当时的企业家们已经深知以下道理：作为企业管理者，需要有更大的“透明度”，因为这既有利于企业的合法合规，也有利于企业在激烈的市场竞争中取信于人。李国伟十分重视诚信对于企业发展的重要意义，他经常重复的一句话就是：“使投资者勿生畏疑，则财不胜用；使出力者勿灰志气，则才不胜用。”[①]这可以列为千古“金句”。时至今日，我们还有许多企业将很多事情藏着掖着，透明度没有制度保障，投资者自然多生“畏疑”，出力者自然少有“志气”，股价自然“跌跌不休”。这170多封八九十年以前写就，被企业按制度保存下来的“家书”，可以说是供

① 见本书第138页1940年4月21日李国伟致华栋臣信。

后人加以对照的一面镜子。

我幼时曾听父母讲我们与荣家是远房亲戚。此次看到这些“家书”，读了点荣氏企业的人物关系，我才明白是怎么回事：我母亲出身于无锡华姓一支，与本书中经常出现的重要人物华栋臣是族亲；李国伟娶荣德生长女荣慕蕴为妻，二人的长子李志方（原纺织工业部纺织设计院副院长，总工程师）娶华栋臣之女华婉珍——我外祖父的远房堂妹为妻，于是我们便有了这种“五服”之外的姻亲关系。我应该是没有见过李国伟的，但我父母与李志方都长期在北京工作，我们两家一直有所来往。我叫李志方为“姑公”。他退休后定居旧金山。1993年，他与姑婆在金门大桥不远处海边的一家餐厅邀请我和夫人共进午餐的情景，至今清晰在目。这次武汉市档案馆将申四、福五保存的这些书信整理出版，我看到后深感震撼，便追读了一些有关的历史资料，对有关申四、福五企业发展的历史与李国伟其人其事有了更多的了解，敬佩之至！应邀为此书作序，深感荣幸！这不仅是一个向先人致敬的机会，也是我作为一名经济学者更深入地了解那一段历史的机会。中国经济和中国企业的近现代历史，有很多东西值得我们回顾与思考，以史为鉴，可以从中汲取有益于今天的经验与教训。也希望此书引起读者们的兴趣。

前　言

本书收录武汉市档案馆馆藏“申福新公司总管理处”全宗档案中1932年至1945年李国伟及其亲友间的174封书信。

李国伟，原名忠枢，号国伟，江苏无锡人，著名爱国民族企业家，一生致力于民族工商业的经营发展。1918年，他受荣氏集团荣宗敬、荣德生之命到汉口协助创办福五，1921年负责在汉口创办申四，历任汉口福新、申新公司副经理兼总工程师、总经理。在其领导下，申四、福五成为荣氏集团茂新、福新、申新总公司的重要组成部分。

1938年，因日军迫近武汉，李国伟力主将申四、福五内迁至重庆、宝鸡等地重建经营，并不断扩大事业版图。1941年6月1日，申四、福五、建成实业公司、公益纺织面粉机器制造公司、宝兴煤矿公司在陕西宝鸡组建总管理处，合称申福新公司总管理处（以下简称“总管理处”），李国伟任处长，华栋臣、章剑慧、李冀曜任副处长。1944年至1945年，宝兴煤矿公司、重庆公益铁厂相继停办和出售。抗战胜利后，李国伟又兴办宏文造纸厂和渝新纺织公司，同时申四、福五回汉复厂，总管理处改组为申四福五建成宏文渝新公司总管理处（以下仍称“总管理处”）。1946年9月，总管理处由宝鸡迁回汉口。在局势动荡的恶劣情况下，李国伟勇于创新、大胆用人、锐意进取，克服重重困难，推动公司发展壮大，为促进民族企业特别是中国西部工业的发展作出了重要贡献。

新中国成立后，李国伟历任湖北省人民政府委员，政协湖北省第一届委员会副主席，第一、二、三届全国人民代表大会代表，中国人民政治协商会议第二届委员会委员和第三、四、五届委员会常委，中国民主建国会中央委员，全国工商联常委等职，为新中国的经济、民生等建设贡献良多。

书信是人与人之间进行信息传递和情感表达的一种载体。民国时期虽已有电报、电话等通信手段，但书信仍是人们沟通的主流工具。本书所选的一封封书信，是一段段刻骨铭心的历史记忆，真实记录了日本侵略者践踏中国的罪行，中国人民颠沛流离、家破人亡的惨状，民族企业为保存实力踏上内迁重建之路并全力恢复生产支援抗战的艰辛。途遥心近，纸短情长，一封书信，数纸片语，却承载着人们道不尽的相思与述不完的叮咛，也留存下战火纷飞年代亲友间相互帮衬、共同抚慰的温情暖意，民族企业家发愤图强、艰苦创业的奋斗精神和勇担社会责任的民族大义。

编者顷读原信，即在字里行间为当事者心路历程所感染，遂欲整理编辑出版这些书信，为研究中国抗战史、民族企业发展史提供一手史料。本书编排以时间为序进行，对涉及的重要人物、重大事件等进行注释说明，并附录李国伟家族部分人物关系、相关历史背景等，以方便读者参考。

编者

2024 年 12 月

凡 例

一、本书以书信文字整理为主，文字加标点符号排印，重要或特色书信影印作彩色插页。

二、书信以时间结合问题排序，篇首用阿拉伯数字标示年份。未署明时间者，据具体内容、往来书信关系等考证，考证之时间用［ ］标示。书信纪年照录原文。

三、书信原文均无标题、分段，整理时统一拟为“某某致某某”，于标题下注明形成时间，并据内容作适当分段。书信正文外增添部分，整理至相应内容处，并用楷体字加括号标明。

四、本书除李国伟与亲友间来往书信外，另选入李国伟亲友之间的来往书信。

五、对书信中重要人物、时间、地名、厂名、事件等略作考证并注释。重复条目只在全书首次出现时作注。本书注释均为页下注。

六、书末附人物关系、相关历史背景。

七、本书所选书信，皆据武汉市档案馆藏档案原件整理。对其中文字错漏等情况，一律用符号标示：错字改正用〔 〕，漏字补充用〈 〉，考辨字用［ ］，缺字以△代，辨认不清字以□代。

八、本书采用国家语言文字工作委员会公布的规范汉字。书信中苏州数码予以保留，并在后加［ ］转录为中文数字；民国时期习用字词，照录原文；所引古籍、人名、地名等，如用简体字易引起误解的，则照录原文。

目　录

1932—1937 年

1938 年

1939年

1940 年

1941 年

1942 年

1943 年

1944 年

1945年

1932—1937 年

秦爕源致李国伟

［1932年］2月10日[1]

国伟表兄大鉴：

沪邮阻隔，尊函昨日始到，披诵之下，垂念殷殷，铭感曷极。此次沪变[2]，事先早有风声，惟时缓时紧，而我国当局亦有委曲求全之表示，不料日海军好事喜功，无理取闹，竟于接受条件之后又有三路袭攻之举。当经我十九路军及警察等奋勇抵御，大败而退。嗣是暴日迭调援军连日进攻，海军不足，继以陆军，仍无一次不衄败，伤亡綦众。我军则久经战阵，镇定从容，以静制动，弹不虚发，间出奇计，毁彼利器，迄今阵线屹然，无可摇撼。作战之勇，不仅彼倭所不料，即西人亦惊佩不置，实可谓为国争光，洗尽东北不抵抗之奇耻。目下，日人以无可下场，犹复增调大军顽强主战，前途如何，固难逆睹。然经此一战，当可稍戢列强谋我野心，瓜分之祸或能稍缓须臾，而汉皋等处，日人或可不再敢于轻举妄动矣。闸北、虹口一带，我人民损失虽巨，而于国家前途不无裨益，苟能毁家纾难，亦复何憾？

此次事起时，弟适以后颈生疽卧病在家，消息隔滞，邻里谣諑家中人亦不轻相告。迨廿八夜战事发作，廿九晨始挈眷绕道梵王渡[3]，避往同乡会暂栖。翌晨适值停战，得回寓取出衣被若干，现暂赁庑法租

---

① 原信无年份。信中提及“廿八夜战事发作”，即一·二八事变，故推断年份为1932年。

② 沪变：指一·二八事变，又称一·二八抗战。1932年1月28日，日军突袭上海闸北，驻上海的中国第十九路军在武器装备和兵员数量远不如日军的情况下坚持抵抗一个多月。3月3日，经英、美等国“调停”，中日双方宣布停战。

③ 梵王渡：指梵王渡路，在上海苏州河北边，今上海凯旋北路。

界内。旧寓则适在防线，房屋、器物想已荡然，事定之后须另觅居所矣。弟外症本将收口，以避难劳顿，又生二个，现出脓将清，不久当可告痊。内子辈尚称粗安。家叔得讯较早，于廿八下午避入租界，现暂寓新闸路，阖家平安。此次家叔脱险后，于廿九晚间到《申报》探视，弟犹未销假，家叔以为业已返锡。而弟则初以车站已毁无从探询，且在靖甫姻叔处闻海臣舅已返里，因料家叔母等或亦同行，嗣得海舅来函询及舅母行踪，始悉并未回锡，遂有在报端探寻之举。旋见报载路局广告，知沪杭机务处迁往北四路六号，前往探访乃得晤见家叔，诚可谓相左之至。尊旨业已转达家叔，嘱笔道谢。

日来姑母大人[①]福躬奚似？吾哥兴居何如？阖府均安好否？汉皋形势报载颇形严重，尊寓适在工业区域，闻与日厂[②]相距不远，未知最近形势若何？至为系念，便乞示知一二为盼。专此。

敬请

俪安

表弟秦燮源[③]谨启

二月十日

姑母大人前叱名叩安。

---

① 姑母大人：秦洧，秦复培长女，李国伟母亲。

② 日厂：指汉口日商泰安纺织厂。

③ 秦燮源：字理斋，江苏无锡人，毕业于上海圣约翰大学。1916年起任上海申报馆英文译员，主持译政，著有《中国报纸进化小史》等文章。其父秦毓钧，是李国伟堂舅。

彭乐善致李国伟

1935 年 11 月 26 日

国伟先生：

前在武汉服务青年会期间，迭蒙先生指导，至深感谢。拜别后，屡念先生抱大无畏精神，努力提倡人道主义的工业文明，爱国得时，救民有方，不胜景慕之至。

旅途中，曾至神户、横滨两日本码头登岸，游览名胜数处。及抵美境，随在看见人家繁荣的气象，回首祖国，不寒而栗。最近华北局势忽转趋严重①，寄身异域尤觉难堪，每天报纸到手，皆是战战兢兢读下去。友邦人士虽对我表同情，实际上无能为力，奈何？！奈何？！

留学此隅，常至远近教室、学校或其他社会团体演讲祖国情形，颇受欢迎，可堪告慰。某次，在一教堂演讲中国劳工问题，提出汉口申新纱厂惠工实施近况，听众极为惊喜。当此国运不振、民生凋蔽之秋，先生独能从根本上求富强之道，百折不挠，可谓壮举！乐善谨以至诚，遥祝先生康健，并贺新岁百福！

彭乐善②上言

廿四、十一、廿六

---

① 华北局势忽转趋严重：1935 年，日本为蚕食侵犯华北地区而制造华北事变，整个华北面临沦为日本殖民地的危险。

② 彭乐善（1906—1988）：湖北襄阳人，毕业于金陵大学。曾任青年会干事，后到美国留学，获博士学位，回国后任国民党国际电台传音科科长，著有《广播战》一书。

荣伊仁致李国伟

［1937年］7月19日[①]

国伟姊丈大鉴：

近来北方战云日紧，中日不免一战也。纱布因银根稍紧，出货不多。用煤因交通不便，到数甚少，锡地已不足一月之用，日后必更紧，殊为不安。尊处情形如何？请示知一二为幸。

公益[②]布机正在交常州定货，下月起当先调少数装汉，以便试用。昨日丽新[③]工程师张君来厂观机，甚为满意，亦催早日交货，故于下月起加开夜班，当能应付矣。尊处如须添机，请再赐顾可也。兹托者公益厂交尊处各机已在四千元外，可否请即汇下少许以济周转，能全数寄下最好。今年三厂[④]在汉办花，仍请吾兄代劳为感。去年成绩甚佳，非常满意，且目下北方适有战事，则三厂之细绒供应当全视尊处之供给也。专此。

即请

大安

弟一心[⑤]手启

---

① 原信无年份。信中提及“近来北方战云日紧，中日不免一战也”，应为七七事变后，故推断年份为1937年。

② 公益：无锡公益铁工厂，为荣氏企业。

③ 丽新：无锡丽新染织厂。

④ 三厂：无锡申新第三纺织厂，为荣氏企业。

⑤ 一心：荣伊仁，字一心，荣德生三子。

七月十九日

栋臣[①]、尔英[②]兄钧此。

剑慧[③]兄钧此。

① 栋臣：华荫梁，字栋臣，号汝生，李国伟表哥、堂姐夫，荣伊仁内兄，时任汉口申四副经理，后任总管理处副处长。

② 尔英：华荫相，字迩英，华栋臣弟弟，1926 年进入汉口福五，为主任技师。申四、福五内迁宝鸡后，他主持建造面粉厂，并任申新副厂长，后任总管理处运输组组长。

③ 剑慧：章桓，字剑慧，李国伟表弟，时任汉口申四厂长。申四、福五内迁后，负责在重庆筹建申四重庆分厂，任副经理，后任总管理处副处长。

荣伊仁致李国伟

［1937年］7月23日[①]

国伟姊丈大鉴：

近日北方战事风云甚紧，上海亦解〔戒〕备甚严，恐正式战事难免。汉地情形如何？尚乞示知一二为幸。

日前，弟赴中国银行晤谈，该行长杨冯署先生托弟代为留意住屋数间，以备彼夫妇之用。弟当思及吾兄住宅，春舫[②]兄不久即要搬出，可否在楼上借用两间？杨君小孩甚少，且不住一起，故对于吾兄住宅当能保守秩序。如吾兄以为可行，请示知房金若干，以便接洽为幸。日前，薛明剑[③]先生有函介绍工作人员数名，未知有意否？专此，望复。

即请

大安

弟一心手启

七月廿三日

① 原信无年份。信中提及"北方战事风云甚紧，上海亦解〔戒〕备甚严"，应为七七事变后，故推断年份为1937年。

② 春舫：丁春舫（1907—1940），荣德生妻子丁春梅之侄，任无锡申新第三纺织厂栈房主任。

③ 薛明剑（1895—1980）：原名萼培，后易名明剑，江苏无锡人，1919年至1937年任申新三厂总管。公益铁工厂迁至重庆后，任该厂经理。

荣伊仁致李国伟、华栋臣

［1937 年］10 月 22 日[①]

国伟、栋臣兄大鉴：

顷发上一电“函悉。屋请留，函详。心”，谅已收到不误。弟于十九日送家中大小赴莫干山[②]，至昨日方回锡，故尊函未能即复为歉。公益决搬内地，昨日止已装箱者，已有十余机矣。尊处既有适宜房屋，弟意决就兄处工作，尚请时时招呼为托。现正在赶办搬机手续，三五日后当有眉目也。

十九日，敌机又来锡大举轰炸，庆丰纱厂[③]中二巨弹，损失甚重，电气部分亦受损失。于是锡邑工厂均停工，三厂亦停机，候时机转好最〔再〕开工，现留少数职员、工人轮流守厂而已。莫干山甚安适，各物均有，勿念为幸。专此。

即请

大安

弟一心手启

十月廿二日锡发

---

① 原信无年份。信中提及“敌机又来锡大举轰炸”“庆丰纱厂中二巨弹”等，与史料记载的 1937 年 10 月中旬庆丰纱厂厂房设施被日军尽数炸毁相对应，故推断年份为 1937 年。

② 莫干山：位于浙江省德清县境内，“中国四大避暑胜地”之一。

③ 庆丰纱厂：由唐保谦、蔡缄三等人于 1920 在无锡创办。

荣伊仁致李国伟、华栋臣

［1937 年］10 月 23 日[①]

国伟、栋臣兄大鉴：

兹因公益铁厂迁移事，特派公益人事科职员周少芳君来汉与吾兄接洽。布厂地址、工人食宿及工厂应用材料等问题，请即与以指示为感，以便早日安排就齐，而达早日开工之望。现机器等约于十一月一日左右即可装出，工人、职员亦于该时出发，以后尚请时时招呼、指导为托。关于日后公益经济进出，均拟在尊处收付，谅亦为吾兄之所许也。

家中大部分已到莫干山，弟亦隔数日上山一次，山上甚安。无锡于十九日庆丰纱厂被炸，重〔中〕弹两枚，后方棚布机间一部分受损甚重。而无锡各厂亦即停工，至今未开，谅于卅日前尚未能开工也。现无锡每天警报七八次、轰炸二三次不等，对于工作实有所未便矣。纱布销亦已停顿，目下已无所事事也。

岳父母[②]大人近来福体康健否？念念。大姊[③]近状如何？请示复为幸。专此。

即请

大安

弟一心手启

十月廿三日

① 原信无年份。信中提及“无锡于十九日庆丰纱厂被炸”，与 1937 年 10 月 22 日荣伊仁致李国伟、华栋臣信中提及的“十九日，敌机又来锡大举轰炸，庆丰纱厂中二巨弹”相对应，故推断年份为 1937 年。

② 岳父母：华艺珊、施韵如夫妇，荣伊仁妻子华芍云父母。

③ 大姊：荣慕蕴，原名素蓉，荣德生长女，李国伟妻子。

荣伊仁致李国伟

［1937 年］10 月 30 日[1]

国伟姊丈大鉴：

今日适由莫干山返锡，接读大函，不胜欣喜。公益搬厂事已决定，前命周少芳君来汉，谅早达到，一切均请指示为感。机器不久即可运出矣，三厂停工以来，正思复工。昨日，无锡复被大举轰炸，计五十九弹，三厂堆存中国银行第一堆栈花衣五十余草包又被火，全部损失计值金二十七万余元，可谓不幸至极矣。现开工已无期，候之局势之变迁耳。

大场、闸北等地相继失手[2]后，申一[3]亦被轰炸，损失甚重。伟哥[4]，小弟早言迁移一部至九厂[5]空屋内开车，可将正部机件分成数节运送较易，但不之听，殊为可惜。而今在中日双方火线之中，来日实不堪适相也。

尊处机房尚可添锭多少？尚请示知，弟拟力劝三厂有一部迁出也。重庆民生公司闻可设法容纱锭之处，请就近一询为幸。莫干山现甚安适，必要时一部分拟由该处赴芜湖乘船赴汉，然后一切均望照料也。专此。

---

① 原信无年份。信中提及“大场、闸北等地相继失手”，推断年份为 1937 年。

② 大场、闸北等地相继失手：1937 年 10 月底，上海大场、闸北被日军攻占。

③ 申一：上海申新第一纺织厂，为荣氏企业。

④ 伟哥：荣伟仁，字鸿增，荣德生长子，时任上海申新第一纺织厂厂长。

⑤ 九厂：上海申新第九纺织厂，为荣氏企业。

即请

大安

弟一心手启

十月廿九日

公益搬武昌后，电力请先代为登记一百五十匹马力。机器到武昌后，即可立刻应用，不至误期（施先生[1]前函先定五十匹在内），务请办到为托。

一心又及

十月卅日

① 施先生：施之铨（1905—2003），负责将公益铁工厂内迁至武汉，再迁至重庆，后任该厂厂长。

荣伊仁致李国伟

［1937年］11月2日[①]

国伟姊丈大鉴：

顷电话中因天时阴两〔雨〕，未能畅谈为憾。公益机件不日即可运出，以后尚请时时招呼，并加指示为托。Diesel机[②]未知有否？该项机油请兄代为物色，因无锡于轻油价一百五十元一吨，厚油价一百四十五元，净重二千〇八十六［磅］，如汉地售［一百六七十］元，尚称合算也。

无锡左近开工者蓼〔寥〕蓼〔寥〕，业勤[③]于昨夜开工，九丰面厂已开夜工多日，小工厂则因电气尚无解决办法，一时不易复工。尊处开工情形如何？纱布销如何？尚请详示为幸。家中大小均安，勿念为幸。专此。

即请

大安

弟一心手启

十一月二日

栋臣兄、尔英兄均此。

大姊前代为候之。

---

① 原信无年份。信中提及“公益机件不日即可运出”，与1937年10月30日荣伊仁致李国伟信中提及的“公益搬厂事已决定”相对应，故推断年份为1937年。

② Diesel机：柴油机。

③ 业勤：业勤纱厂，1895年由杨宗濂、杨宗瀚兄弟在无锡创办，1896年开工生产，是近代无锡第一家机器工厂，也是全国第一家商办纱厂。

李冀曜致李国伟

［1937 年 9 月］[①]

伟哥尊鉴：

日前接奉九月二日手示，敬悉种切。弟前电系于八月十二日复上，谅电局因收发过多，故于十五日方送到也。

申地战事[②]于上月十三日起始，卓亚[③]及诸小儿等于前一日迁住大哥寓所。弟因厂中工人等诸事须料理，未能离厂，于十三日午赴总公司，途中正遇中国飞机轰炸停泊于日本领馆旁之出云舰[④]，汽车前数丈即有高射炮及机关枪流弹，路上秩序颇乱，幸不久即可通过。下午，杨树浦方面交通即断绝，致厂中及寓所物件多未克搬出。现在该区为日军根居〔据〕地，所有他国人均为赶出，厂中看厂人亦不能留守，捕房方面虽有时可派人巡看，惟不能常驻。至今杨树浦北区已火烧多处，五、六、七[⑤]及新业厂所幸尚无大损失，惟若战事延长，则亦未

---

① 原信无时间。信中提及“申地战事于上月十三日起始”“于十三日午赴总公司”，故推断此信写于 1937 年 9 月 13 日之后。信中又提及“申二、九两厂地址尚安全，今正设正开日班”，据《申报》1937 年 9 月 17 日《沪西区华商纱厂开工申新、永安等七家》报道，申新二厂和九厂等七家华商纱厂已开工。综上，推断此信写于 1937 年 9 月 13 日—17 日间。

② 申地战事：即淞沪会战，又称八一三事变，是 1937 年 8 月 13 日至 11 月 12 日中国军队抗击侵华日军进攻上海的战役。

③ 卓亚：荣卓亚，荣德生四女，李冀曜妻子。

④ 出云舰：一艘在日本侵华史上屡次充当急先锋的装甲巡洋舰。淞沪会战打响，出云舰作为日本海军第三舰队的旗舰进犯上海地区。中国空军殊死战斗，在 8 月 14—16 日出动轰炸机群对出云舰进行了多次轰炸。

⑤ 五、六、七：上海申新第五、第六、第七纺织厂，均为荣氏企业。

可乐观耳。各厂同人大部分均平安逃出，惟六厂有看厂职员一人、工人四人及七厂有工人七人，均为日军掳去，押在该处强迫做工，或已被害，尚无信息也。

家父母[①]及三弟[②]、小妹[③]等，于战事开始时曾来法界住过两天，后因丰田纱厂日军退出，沪西区可无危险，故即移回极司非尔路[④]，寓中均安。三弟因预定之船未来沪，至今尚未能出国，俟护照手续办妥而有船时，即当赴英也。

交通大学附近虽无战事，而学校当局对于下学期开学尚在考虑，现定于九月二十日至九月底先行通信注册，俟知学生确数后，再定开学办法（或迁入租界上课）。志方[⑤]如可在武汉学校借读若干时，俟战事结束再回交大，则为最妥。盖现在来沪途中不便，且沪地未必能长期安全也。仲明[⑥]现在沪，住于英租界新环学校，上海中学下学期或亦在租界内上课，赴汉途中既甚危险，故只可暂留申也。

新盛昌曾带来杨宅寿碗六百余只，通谊[⑦]兄前曾嘱俟一千五百只全到后一批带锡，致未运锡，现尚在厂中，无法取出。弟当另函告通谊兄也。

申二、九两厂[⑧]地址尚安全，今正设正开日班。申一地近中山路，开工甚困难，至今尚无损失。沪地战事因双方均有大军，似将长期对

---

① 家父母：李澂、孙沄夫妇，李冀曜父母。

② 三弟：李棐，字启民，李冀曜三弟。毕业于复旦大学土木工程系，1940 年任申四宝鸡分厂工务主任、工程师，主持窑洞建筑工程。

③ 小妹：李启龄，李冀曜小妹。

④ 极司非尔路：今上海万航渡路。极司非尔即 Jessfield 音译。

⑤ 志方：李元骥，字志方，李国伟长子。

⑥ 仲明：朱仲明，李国伟姐姐李亚芬二子。

⑦ 通谊：杨通谊（1907—2000），荣德生六女荣漱仁丈夫，全面抗战期间任广勤纺织公司常务董事、广新银行总经理。

⑧ 申二、九两厂：上海申新第二、第九纺织厂，为荣氏企业。

持矣。余容续陈。专此。

敬请

大安

弟楙[1]顿首

伯母[2]大人前叱名请安。

嫂嫂[3]、觉哥[4]、大姊[5]前均此问安。

又，贵厂前向申七所定之哔吱[6]坯，现已无法交货，即请另设法。

---

① 楙：李楙，字冀曜，李国伟堂弟，时任上海申新第七厂纺织厂副厂长，后任申四成都分厂厂长、总管理处副处长。

② 伯母：秦湉。

③ 嫂嫂：荣慕蕴。

④ 觉哥：朱箓，字觉卿，李国伟姐姐李亚芬丈夫，时任汉口申四副厂长。

⑤ 大姊：李亚芬，李国伟姐姐。

⑥ 哔吱：亦作哔叽，一种用精梳毛纱织制的素色斜纹织物。

李冀曜致李国伟

［1937 年］9 月 29 日[①]

伟哥尊鉴：

日前，报载日机在汉地轰炸，未识桥口[②]附近安全否？甚为系念。沪战[③]已四十余日，幸我军守御得法，故可维持现状，双方损失均甚大也。五、六、七厂虽屡受炮弹，幸尚无大害。七厂因有汇丰押款关系，故英领事馆曾咨照日领事馆此为英国人财产，惟日人亦无特别表示耳。三弟已于十九日搭船赴英，船票得免费，一切优待皆吾哥接洽之力，实胜感谢。

昨日银账房交来大嫂及栋臣哥户所得一厂[④]官利支票两纸，此项支票于七月底即填出，谅因未去领取，故于昨日始由银账房转来。兹由上海银行汇上，即祈查收，并转告栋臣哥将收据签字后径寄还申一为幸。余容后陈。专此。

敬请

大安

弟梀顿首

九月廿九日

---

① 原信无年份。信中提及淞沪会战，推断年份为 1937 年。

② 桥口：今作硚口，现武汉市硚口区硚口路至宗关一带，民国时为汉口轻工业区域。

③ 沪战：淞沪会战。

④ 一厂：上海申新第一纺织厂。

伯母大人前请代请安。

大嫂、觉哥、大姊均此问候。

汇到款数请与收条上数目核对。又，前由公司附上一函询问细纱车应否装汉事，如已决定办法，即请电示。

李冀曜致李国伟

［1937年］11月8日[①]

伟哥尊鉴：

日昨接奉十月廿七日大函，敬悉一切。近日，此间战事已移向西郊，英法租界尚称安全，杨树浦方面仍不通行。各厂机器、货物尚无大损，惟房屋均中有炮弹，尤以五厂为最多。新业方面房屋则并未中弹，机器亦均在，仅公事房内桌、椅、床等均为装去移用。然各厂将来如何，亦一问题也。懋利[②]细纱机十部，现仍在Liverpool[③]，该公司谓须将机款付后方肯将机器由英装出，如此条件我方似难接受，故只可暂缓耳。

黄君事均哥[④]正在托人向吴蕴初[⑤]君介绍，惟尚无复音。此人平时言行均甚谨慎，如尊处染色方面需要化学人材，渠亦当肯练习，如尊处有此须要，尚乞赐示，均哥当函询其本人意见也。

一厂日前被炸损失颇重，除大部分棉花已移出外，尚烧去棉花

---

① 原信无年份。信中提及“此间战事已移向西郊，英法租界尚称安全，杨树浦方面仍不通行”，应为淞沪会战情形，故推断年份为1937年。

② 懋利：懋利有限公司，上海英商工程贸易行。1921年开办于北京路，承办机械及电气工程业务。1925年改为私有有限公司。进口瑞典、英国、德国、匈牙利所产马达、发电机、编织机、磨面机等设备。

③ Liverpool：利物浦，英国西北部港口城市。

④ 均哥：李榦，字芑均，李冀曜大哥，李国伟堂弟，曾任国立交通大学、国立中央大学教授，1941年任驻美使馆商务参赞。

⑤ 吴蕴初（1891—1953）：吴葆元，字蕴初，江苏嘉定（今上海嘉定）人，化学工业实业家，中国氯碱工业的开创者。

车面等近百万元，现在仍在火线内，房屋、机器损失恐尚多，故伯岳[1]颇为忧虑，且对于全范围有此损失，亦一严重问题也。余容续陈。即此。

敬请

大安

弟棣顿首

十一月八日

伯母大人前代为叱名请安。

大嫂及大姊、觉哥等均此问候。

① 伯岳：荣宗锦，字宗敬，荣德生哥哥。

李国伟致荣宗敬

［1937 年 9 月 27 日］[①]

伯岳大人尊鉴：

侄婿以五日离汉，七日晚间抵粤，当与当地士商接洽。黄君焯南、徐君赞平、赵君师曾等均已晤聚，悉粤地所消之货，大部欢迎中次价廉者，我四厂[②]之纱细长、价高，恐均不能合划。除非另做新牌，请求铁部与以特别廉贱之运费，方能合划。次身之白布及色布，或能合划。黄、赵两君云及元弟[③]曾去信，允彼四厂之货行销广东者，可以由彼订约承销，当出申函相示，并要求订立合同。侄婿与棫兄[④]相商，均以万昌隆及黄君在广州之牌面及经济状况均系上等，故即照申三及庆丰之合同，与彼订立销纱、销布之约，为期两年。惟恐在目下粤汉路缺乏车辆期间不得多装，只可备一推销之路，为日后滞销时之挹注耳。

粤省气候温暖，雨水繁多，土性凝粘，不宜植棉；加以人民对于贸迁之观念重，而企业之观念轻，故私营工业几绝无仅有。省营纱布厂因需向申购运原棉，而办事者又不积极，每在经济不能活动无法

① 原信无时间。信中提及 19 日在桂林受到“李总司令”即第十一集团军总司令李品仙、“黄主席”即黄旭初延见，李品仙于 1937 年 9 月处理完“王公度案”后经李宗仁、白崇禧推荐，被任命为第十一集团军总司令，10 月初率第七军、第三十一军向徐州进发，因此李国伟只能在 1937 年 9 月在桂林见到李品仙。信中又提及“廿四晨赴长沙……廿五日晚间搭车，昨晨返汉”。综合以上信息，推断写信时间为 1937 年 9 月 27 日。

② 四厂：汉口申四，为荣氏企业。

③ 元弟：荣溥仁，字鸿元，荣宗敬长子。

④ 棫兄：张棫泉，时任汉口申四营业部主任。

购取原棉时，即停机而待，故虽在去年纱布营业有巨利之时，而尚结亏巨数。是以两粤纱布销场在势必须仰给于沪、汉两埠，目下铁路已通，汉厂对于该省实有注意之价值。闻粤汉路对于厂家要求在特别减低之可能，故拟于日内向凌局长[①]即行接洽减低运费之事也。

在广州耽搁三日，即于十一日至澳门，十二日赴中山县，十三日到香港。港埠销布，以九龙小布厂之出产品为大种，售价颇高，条子布及阴丹士林布售至每码四角五分以上。故如我色布运去能以出国名义退回统税，则虽运费稍昂，尚可合划。离港时，曾托港友调查该埠年销之数及繁销之布样品、价目及尺码等，均作详细之调查。因香港、九龙两地有九十余万之人口，加以澳门（澳门有卅余万人口）及南洋附近诸处，人口不在少数，实有注意之价值也。

十六日晨，离港返广州，即于当晚搭车北返。十七日晚间到衡阳。衡阳地居湘省中心，为往祁阳、永州、全州及桂林之必经地，商货聚散均由该处转运。近已由中央计划兴造铁路至桂林，限于明年底完成。如此路能成，日后广西北部及湘省西南之纱布销场，均将转移于汉市。衡州年销纱六千余件，祁阳年销二万件，全州一带年销一万余件，桂林年销四千余件，布销亦旺。惜现时公路运费过昂，又不准商人驶行自备之装货汽车，故货物之往祁阳及永州者均溯湘江而上，货物之往桂林者均由梧州溯西江、漓江而上，每至半月余之行程。间有高价之匹头，则打小包由汽车运往，运价极昂，每件常在十元以上也。

十九日晨六时半，搭公共汽车往桂林，经过祁阳、永州，至广西全州之黄沙河下车，共长二百另九公里，渡河四次，共行五时小另。在黄沙河渡河，换搭广西之公共汽车，历全州而至桂林，共长

---

① 凌局长：凌鸿勋（1894—1981），广东番禺人，1936年8月任粤汉铁路管理局局长，1937年10月离任。

一百五十八公里。二时动身，至六时半抵桂林，当有广西省政府及总司令部派人招待，极为周到。李总司令[①]及黄主席[②]均亲自延见，温和可亲。公务人员均衣粗布制服、布帽布鞋，自上至下一律同样，惟以帽徽及肩章为分别。据谈桂省共有人口一千三百余万，收入只三千余万，目下量入为出。总司令月薪不过桂币四百元，公费一百元（桂币二元一角五六分合国币一元）；厅长月薪二百四十元至二百六十元，另亦支公费一百元；省会公安局长月薪支一百元，并无公费，只合国币四十六七元耳。全省有军队廿四团，约不及三万人，惟已经训练之民团能上阵作战者可召集八十万人，全省以焦土抵抗为口号。桂省会本在南宁，去岁冬间方迁桂林[③]，故设备更为简陋。桂林人口不及十万，惟一切整齐，治理甚佳，街中及名胜之区未曾发见乞丐。桂省地荒民贫，十余年以前素以盗匪著称，今则全省无一匪，实励往民团训练之效果。民间均可藏枪械，八十家至一百六十家为一村，村有长；十村为一区，区亦有长；集区为县，大县不过十余万人，小县不及十万人。现举行征兵制，壮丁除单丁外，均须受两年之兵役。又推行小学制，每村至少应有完全小学一所，现全省已有完全小学二万余所。对于生产方面，则以开荒植桐、植茶、种麻、种茴香、植蔗，开锡矿、煤矿、钨矿、金矿为拓发富源之大宗；目下输出品以桐油为首位，茶油、茴香油次之，锡矿、钨矿又次之。交通方面，则与中央合作发展铁道，省府建设公路，建设费用大半用之于农村生产事业，而不用之于都会，此实广西将来极有希望之预兆也。对于外省前往考察之待宾客，招待周密诚恳，此次派科长四人、商会常委一人并汽车

① 李总司令：李品仙（1892—1987），广西苍梧人，1937 年 9 月任第十一集团军总司令，10 月初率军开赴徐州。

② 黄主席：黄旭初（1892—1975），广西容县人，时任广西省政府主席。

③ 迁桂林：1936 年，李宗仁和白崇禧召开军政会议，决定从 10 月 1 日起成立新的广西省政府，省会从南宁迁至桂林。

等，到处伴同游览、指导。廿三日返衡阳时，用省府小汽车五辆及大货车一辆直送至衡，受便不少也。

廿四晨赴长沙。廿五日，在长沙参观第一纱厂及在我批发处调查一切。廿五日晚间搭车，昨晨返汉。此此行之大略情形也。

查湘省市销之粉，以我“牡丹”牌为最受欢迎，“四平莲”廿支纱则自长沙历衡至祁，均系头牌，乡人指名索购，须无货后方购他牌。桂林一带以三厂“好做”纱为头牌，较“金城”售高桂币十二三元。此实我厂之好气象也。厂中一切均佳，堪慰垂注。纱厂方面出数甚好，粉厂洗麦机已装好，惟粉管尚未装妥，约下月二日可以开机。五千锭之旧细纱机价目尚未开来，如果寄到而能廉宜，则只添细纱，多纺廿支，因清、粗两部目下均有余力，可以供给也。余容后详，专此。

肃请

钧安

侄婿李忠枢谨启

此次美扬[1]弟夫妇在沪相遇，同往桂林，一同到汉，昨已趁〔乘〕公和返申矣。又及。

此信阅后，请即掷还，因侄婿俗务丛杂，无暇再作长记，即拟将此在《朝气》登载也。

---

① 美扬：宋美扬，荣德生三女荣敏仁丈夫，曾任中国银行上海分行副经理。

荣宗敬致李国伟

［1937年］10月26日[1]

国伟侄照：

顷见来信，前家中流弹幸未伤人，如万幸在宗床前。刻防防加钢板屋顶、沙袋，以保安全，可放心矣。信昌纱机走粤汉路困难，商太古轮，由港专〔转〕申，申走通，小驳仍可至汉，费略大。先商办法，费加若干，决可照办，则要付款办好。刻申九后批细纱车已到申，仍照常车送到厂，纱车卅五部。花衣决则可少存，免意外危险，况多数纱厂均停。小麦为防大局，主存，不宜少。此上。

大安

宗启

十月廿六日

① 原信无年份。信中提及“前家中流弹”“小驳仍可至汉”，应为全面抗战开始后，1938年8月汉口申四、福五内迁之前，故推断年份为1937年。

荣宗敬致李国伟

［1937年］11月2日[①]

国伟侄照：

连接来信，知飞机亦有，两厂均安，花价亦贱。然贱不宜多买，以免多险，花价决不大，各处比汉贱。申地皆各不安，租界内流弹多。申二、九两处安而开日、夜班。前说懋利纱机十部，刻商装申，由申太古轮装汉，手续办妥，约付洋三万余元，至时电商办法。粤汉路反为困难。徐赞平已回信矣，信昌纱机亦欲如此办，其已信汉，汉信伊切切不可脱。交货期按照合同，外费照认，可也。盼望早日多生产则幸，即机房仍赶快完成。小麦能低，仍主多存。

宗启

十一月二日

栋兄均此。

信昌申九纱机昨已到申矣。

---

① 原信无年份。信中提及“信昌纱机亦欲如此办”，与1937年10月26日荣宗敬致李国伟信中提及的“信昌纱机走粤汉路困难”相对应，故推断年份为1937年。

丁春舫致李国伟

［1937年］10月10日[①]

国伟姻兄大鉴：

多日未奉教益，至以为念，迩维起居迪吉，诸事顺遂为颂。

锡地自六号午被敌机轰炸后，市面转寂，人心惶惶，故迁避四乡者颇多。敝厂[②]虽仍日夜工作，然所到工人只十之四五而已，此次被敌机损毁受害最巨者维我新仁堆栈。洋栈六只，一、二、三属交通[③]；四、五、六属上海[④]；七、八、九均是廒间，属中国[⑤]。除廒间全部保留外，余均付之一炬，毁花贰万二千担左右，可谓不幸极矣。

弟寓托福均安，可请勿念。巷内居户亦均逃空，即佣仆等多欲返原籍，弟虽立持镇静，惟为安全计，在尊府园角贰枫树中间，筑一地下室以防万一。上次六号敌机来袭时已见效果，所以决不迁避他处，阿二等见我已有准备，故仍可安心在此。

叔威[⑥]、季昌[⑦]二世兄由内人于七号晨特着阿二前往校中询问，并嘱彼等来舍躲避较为安全，无奈二世兄求学心切，不愿离校，坚绝不允。今日荣巷亦有电话来舍，嘱阿二赴校伴二世兄下乡，结果亦不肯

---

① 原信无年份。信中提及锡地遭轰炸等情况，1937年8月16日开始，日军对无锡进行轮番轰炸，11月25日无锡沦陷，故推断年份为1937年。

② 敝厂：无锡申新第三纺织厂。

③ 交通：交通银行。

④ 上海：上海银行。

⑤ 中国：中国银行。

⑥ 叔威：朱叔威，李亚芬三子。

⑦ 季昌：朱季昌，李亚芬四子。

允。请转知朱先生[1]，目下校内照常上课，一切甚好，可以放心，必要时弟等当再去劝回舍下也。

汉地不知近状何如，至深系念，便希示知为感。草此。

敬颂

筹祺

姻愚弟丁春舫顿首

十月十日

朱先生均此致意。

① 朱先生：朱觉卿。

丁春舫致李国伟

［1937 年］10 月 30 日[①]

国伟姻兄大鉴：

手教敬悉，荣巷除姑娘及德先生暂未离锡外，余均在莫干山。舍下原不他避，讵料廿八日上午九时敌机六架又来大肆轰炸，盘旋一时许，投弹五十九枚，同时机枪乱射，虽有地下室设备，当时妇孺恐布〔怖〕情状，笔墨难宣。故今亦须改作莫干山举，门侍阿二原极胆小，现减轻其任负，计届时将其妻阿六亦带往，俾阿二及舍下老妪安心在家看门，弟到莫后即须返锡回厂，晚上仍宿家，壹切可请勿念。

敝厂此次又遭敌机轰毁中国银行第一堆栈花衣五千七百余担，又是一笔大损失，奈何！弟到地徒见一片焦物，令人心痛不已。其旁之堆丝茧及丽新架花栈房一只，仅只残伤墙壁，可谓不幸极矣。廿七日我上海申一（申一开长日工）亦被敌机掷弹八枚，存花栈房一只悉被焚毁，计储花衣共约壹万余担，新老式车间如摇纱及清花均有相当损失，伤职工二十余名。伟仁兄亦在危急中逃出，尚属万幸，现已安然避入租界。此时该区已在正式火线中，总之此番我范围牺牲最重，正欲希冀本年底可大还欠项而恢复申新本来面目，不料值此局世〔势〕，令人气死。现只愿我中华得到最后胜利，将来尚有挽救之一日。常州大成二厂亦于廿八号被敌机掷弹，大部几毁，损失在一百六七十万之谱，市容萧条，与锡相仿矣。匆复。

① 原信无年份。信中提及无锡被炸，故推断年份为 1937 年。

敬颂

筹祺

愚弟丁春舫顿首

十月卅日

姻伯母大人亦祈叱名请安。

表姊[①]均此。

朱先生伉俪乞为致意。二世兄着阿二屡去接其回家，与弟等一道，均未允，现已安抵雪浪山[②]读书，学生尚多，乞转告。

目下厂内开工尚无定期，拟将存货运尽，弟并主张有将瑞士新车装箱先迁，已与一心弟谈及，并请转请德先生，未知能得允许否。庆丰已炸一部分工厂，不得不防也，尚乞来函婉商德公最好。又及。

附《锡报》一角。

---

① 表姊：荣慕蕴。

② 雪浪山：位于江苏无锡，濒临太湖，气候宜人。

荣月泉致李国伟、华栋臣

［1937 年］10 月 16 日[①]

伟、栋兄均鉴：

近日，敌机于苏、常等处滥行轰炸，武汉幸未再来。宗先生[②]云汉地纱价近跌二三十元，以弟愚见，内地市场经济枯竭，实无乐观也。大示谨悉，维大亦云已奉示，货已备齐若干，惟船不易得。尧翁[③]公司中久未到，今见伊致陶先生[④]一函，内附致两君信，要求发给上年官利并红利四十九万（实无此数）。陶君云明日交禹翁[⑤]，如伊签字，则大家勉签一名；如禹不签，则单尧名寄上。此时何来巨款，请酌复可也。

前日（十四），中日两军剧战于此，四川路[⑥]一带租界中流弹纷飞，至为可怕，死亡与伤者不知若干。弟近寓公司中，即二楼向做客室者，六时甫坐下晚膳，忽大炮炸裂声，即三楼弟之上一间，炮弹自屋顶入，炸烈〔裂〕片片穿弟房间，洞穿数十空，桌椅均击穿，跌下数十片，三楼死一人（百茂者）、伤一人。使迟早数分钟，恐弟亦及

① 原信无年份。信中提及上海地区“中日两军剧战”，应为淞沪会战情形，故推断年份为 1937 年。

② 宗先生：荣宗敬。

③ 尧翁：王尧臣（1876—1965），荣氏企业股东之一，任上海福新第一面粉厂、第三面粉厂等多家荣氏企业经理等职。

④ 陶先生：陶起凤。

⑤ 禹翁：王禹卿（1879—1965），王尧臣弟弟，荣氏企业股东之一，在荣氏企业中任总经理等职。

⑥ 四川路：上海四川路。

于难，真邀天之幸也。现仍迁回小儿寓中。知念附闻。

敬颂

大安

弟荣永青[1]谨上

十月十六，灯下

① 荣永青：荣月泉（1868—1942），字永清，辛亥革命后改字永青。江苏无锡人，荣宗敬、荣德生族兄。曾参加晚清台湾抗法、抗日战争，任台澎电报总局总办。南京临时政府成立后，任交通部电政司司长兼全国电报督办。1917 年加入荣氏企业，历任汉口福五经理、汉口申四经理、茂新福新申新总公司五金材料部主任。

李榦致李国伟

［1937年9月］27日[①]

伟哥赐鉴：

报载廿四敌机侵入武汉，死伤甚众，兄处离城较远，谅均安全，惟虚惊定不在小，近况如何，深引为念。

民弟[②]赴英一事获之哥与信通接洽成功，嗣以护照签证须得英劳工部之允许，稍生波折。又承gomersall君与英国电报往返，始告妥贴，此君热心帮忙，盛情可感。民弟因于十九日上Antenor船，首途赴新嘉坡[③]，在新转Maron船放利物浦，在英入厂手续均先商妥，应不致再生问题也。

沪上战况想见报载，我军抗战之忠勇，为中外人士所一致称道。敌方援军陆续来到，人数总在十万以外，昨今两日进攻颇猛，在本星期内恐有主力战发生也。租界以内治安尚稳，惟各学校均无从开学，志方侄想以暂时留汉为宜。仲明甥不时见面，身体甚好，渠以学校不能上课，拟于途中稍安定时返汉，请转告芬姊[④]为盼。

内弟黄宽洪[⑤]君今夏毕业〈于〉大夏大学化学系，现拟返鄂谋事，

---

① 原信无年份、月份。根据信中提及“沪上战”即淞沪会战战况，推断年份为1937年。另，1937年9月29日李冀曜致李国伟信中提及“三弟已于十九日搭船赴英”，与此信中“民弟因于十九日上Antenor船”相对应，故推断月份为9月。

② 民弟：李启民，李榦三弟。

③ 新嘉坡：今译作新加坡。

④ 芬姊：李亚芬。

⑤ 黄宽洪：李榦妻子黄孝贞之弟。

于十九日离申，由京赴汉，弟曾嘱于过汉时晋谒吾哥一谈。宽洪为人诚挚耐劳，鄂中如有相当机缘，尚请留意介绍，至所感盼，余不一一。专布。

顺请

秋安

弟榦[1]谨上

廿七日

伯母大人前叱名请安，嫂嫂候安，诸侄、侄女清吉。

---

① 榦：李榦。

罗蕙芸致李国伟

［1937年］10月19日[①]

国伟先生赐鉴：

上月间得奉大函，并惠赐洋壹百零伍元，当由小儿奉复。

近旬，因以寇机到处轰炸，长沙已呈不安之象。家嫂阖家均下乡暂避，故愚亦不得不回籍避免一时。惟长、次两儿则在校中寄宿，并闻各该校内均略有避难设备；第三儿因其年齿尚稚，已先遣其回家矣，俟稍安静后再当来长。

汉口前曾遭其炸扰，想贵厂尚未波及，殊为念念，恳乞赐告，以释下怀。专此。

敬请

台安

愚如兄[②]嫂彭罗蕙芸谨上

十、十九

如蒙赐示，请寄湖南湘乡潭市转石塘国学匾彭〇〇，或长沙寿康里第四号彭稚衡转。

---

① 原信无年份。信中提及“汉口前曾遭其炸扰，想贵厂尚未波及”，应为全面抗战开始后，汉口申四、福五内迁前，故推断年份为1937年。

② 如兄：旧时称结拜的哥哥。

瞿晖致李国伟

［1937年］10月28日[①]

国伟先生钧鉴：

前承雅爱，故得肄业申新，继蒙维持，又得造就新业。所有练习，愚忱本为服务之计，奈未报万一，怅何如之。犹忆客岁先生在沪，惠勉多端，敢不深铭肺腑。自奉泰云先生命，赴无锡庆丰装置冷气设备，并嘱参考纺绩等情，正图报效有期。不料工程方竣，沪战爆发，交通顿绝，至所有留厂衣服、被铺、物件等全为损失，是以进退无门。恳祈先生鼎力提携，俾克栖止有所，不致糊口无方，此诚感德不忘者也。谨此奉禀，尚祈原谅是幸。

肃请

钧安

晚瞿晖谨上

十月二十八日

回示请寄江苏靖江瘵院巷底。

① 原信无年份。信中提及“沪战爆发”，应为淞沪会战，故推断年份为1937年。

贾士毅致李国伟

［1937 年］11 月 2 日[①]

国伟吾兄道席：

顷接吴县难民救济会[②]张一麐[③]、李根源[④]二公敬电[⑤]，谓吴为战区第二线，难民络绎，留养者近万人，势将不继，请转陈鄂主席，并告苏同乡迅集捐款等情。值此敌氛残酷，远念家山，流离载道，是用恻然。我兄痌瘝在抱，阛阓同钦。敬希慨解仁囊，并望广为劝募，造福梓桑，公私交感，临颖企盼。

就颂

筹祺

弟贾士毅[⑥]拜启

十一月二日

---

① 原信无年份。信中提及“吴县难民救济会”，故推断年份为 1937 年。

② 吴县难民救济会：即苏州难民救济会，是 1937 年淞沪会战时期，为安置难民，由张一麐等苏州地方官员、开明士绅等组成的救济组织，苏州沦陷后解散。

③ 张一麐（1867—1943）：字仲仁，江苏吴县人，知名爱国人士。1915 年任北洋政府教育总长，1916 年因不满袁世凯称帝而辞职，后闲居苏州。淞沪会战时，组织抗敌后援会，捐募军需，收容难民，并与李根源倡议组织“老子军”，激励群众抗日。

④ 李根源（1879—1965）：字雪生，云南腾冲人，知名爱国人士。1922 年任北洋政府农商总长，1923 年因反对曹锟贿选总统，辞职隐居吴中，与张一麐交游。

⑤ 敬电：24 日电，韵目代日法以“敬”代指 24 日。

⑥ 贾士毅（1887—1965）：字果伯，江苏宜兴人，民国时期著名财政史学家。1933 年至 1938 年任湖北省财政厅厅长。

陶起凤致李国伟

1937 年 11 月 2 日

国伟仁兄足下：

昨接手书，藉悉一是。辱承推爱，代为挪移福五官利八成洋贰百贰拾元，由上海银行汇申，刻已如数收到，感篆莫名。申新一、八两厂被炸，新厂及堆栈大都焚毁，如即日战事离开，损失在二百万元以外。时局如此，为之奈何。

复候

台祺

弟陶起凤顿首

廿六年十一月二日

栋臣兄并候。

龚祥霖致李国伟

1937 年 11 月 3 日

国伟表兄赐鉴：

顷读还云，快同觌面，并审近履曼福，慰甚慰甚。舍亲沙君谬蒙培植，慨允容于业务方面酌予历练之机会，岂特我哥之大有造于沙君，即弟私衷之感激宁有涯涘。今次内子带沙君来汉，弟本怪其行同立马造桥，颇为冒昧。第江南战事方殷，进退失据，大有啼笑皆非之慨，仍请我哥曲予优容，即在工务方面赐予枝栖。昨日拍奉一电，计荷台察，不情之请，容后图报，并盼惠复为祷。渐届改序①，遥想萱堂日永，侍祉迪吉。拜手颂祷。

专颂

大安

表弟龚制祥霖②顿首

民国廿六年十一月三日

姑母大人前叱名请安。

---

① 改序：季节改变。

② 祥霖：龚祥霖，李国伟表弟，曾任上海商业储蓄银行济南分行经理。

查仲康致李国伟、华栋臣

［1937年］11月21日[①]

国伟、栋臣二位仁兄台鉴：

敬启者。所有前方战事甚紧，调防之兵退守，无锡遍地皆兵，小民难以安居，城乡各处十屋九空，皆已避匿他处。弟等年老衰朽，无须奔逃，惟小孙寿臣年幼无知，实乏安全地点，故万不得已附轮投前。望代觅住房一间暂居，所有五厂[②]尚有一期官利，望交寿臣，以便在汉度日。彼前在福二[③]物料间练习，倘能派一小位置，以便栖身，更为感激。弟恐今生难以图报，愿以矢之来生，余不多渎。特此。

顺候

冬安，并颂禫〔潭〕福不一。

弟查仲康[④]顿首

十一月廿一日

① 原信无年份。信中提及"无锡遍地皆兵""在汉度日"等，应为全面抗战开始后，1938年10月25日武汉沦陷前，故推断年份为1937年。

② 五厂：汉口福五。

③ 福二：上海福新第二面粉厂，为荣氏企业。

④ 查仲康：上海福新第六面粉厂经理，茂新、福二及申一股东。

荣志惠致李国伟

1937 年 11 月 22 日

国伟吾兄台鉴：

许久未曾修候，定卜起居佳胜。沪上战事内移之后，租界区域殊为安靖，不过物价腾贵耳。贵处已成商业中心，日来谅必安全为念。据无锡公益铁工厂经已迁至汉口，惟详细地址未曾晓得，故特具函奉询。还希示知该厂地址，因弟有事可以通信也，费神，谢谢。

此请

大安

弟荣志惠[①]顿首

廿六年十一月廿二日

① 荣志惠（1898—1962）：荣月泉长子，江苏无锡人，电气顾问工程师，1945 年任总管理处驻英代表。

秦毓浏致李国伟

［1937年］11月23日[①]

国伟贤甥青鉴：

前接大复，欣悉阖第安吉，式符私颂。浏自十月一日起调苏办事，大受轰炸，十一月十二日离苏，十九日抵南京，幸告安全，乞纾远注。时局如斯，两路[②]员工行将遣散，无如京沪交通已断，浏拟西退至汉暂避，或至南昌，斯时殊难确定，届时只可相机行事而已。敌军现已进至苏城、常熟、嘉兴、湖州、桐乡，有进袭芜湖、围困南京之势。我军失利，一至于此，奈何奈何。

现在汉口情况如何？商店谅必照常营业，各厂是否照常开工？尊处定卜安吉。沪寓久未通信，情况如何无从详悉，大局如斯，只可弃之不顾矣。此上。

即颂

近绥

愚浏[③]启事

十一、廿三

令堂前乞代请安。

---

① 原信无年份。信中提及“敌军现已进至苏城、常熟、嘉兴、湖州、桐乡”，苏州于1937年11月沦陷，故推断年份为1937年。

② 两路：指京沪、沪杭甬铁路管理局。

③ 浏：秦毓浏，李国伟堂舅，任职于京沪、沪杭甬铁路管理局。

杨道枢致李国伟

［1937年11月］27日[①]

国威[②]仁兄姻大人执事：

日昨接奉大札，并绍介徐仁根一名，刻已试用。此届东寇之乱，枢以年力日衰，病不能饶，决不愿远离家乡，惟恐不死于炮弹而死于疾病，是以迟迟不行。乃以小女之依恋双亲、毅仁[③]之盛情难却，忽于两小时内协眷而行，每人各带小皮包，尚说不到一肩行李。而此次来汉，首则借重荣府之汽车往来甚速；到汉后又蒙执事先为觅屋，得有栖迟，兹再绍介厨司，使吾寝食俱有。由险入夷，全是吾兄之所赐也，此情此感不可以喻。

德先生在锡相叙，一再催促枢等远离早出，余心又感刻不能忘。兹令徐仁根送上钞洋贰百元，请转交令岳。此款除去船费壹百一十元外，余作汽油之费，或请吾兄代办若干，此乃天经地义之款，虽亲兄弟不能不算也。特恐毅仁不肯收受，为托执事费神耳。枢风尘顿息，忽有小恙，俟愈再当登门叩谢。

祇颂

筹安

---

① 原信无年份、月份。信中提及“此届东寇之乱”，推断年份为1937年。另据计泓康著《荣毅仁》（中央文献出版社，2006）记载，1937年11月日军在金山卫登陆后，无锡已不能停留，荣毅仁随家人逃难至汉口，信中提及“毅仁之盛情难却……此次来汉”，故推断月份为11月。

② 国威：李国伟。

③ 毅仁：荣毅仁，字继增，荣德生四子。

姻愚弟杨道枢[①]拜启

廿七

令岳前代候。

① 杨道枢：字干卿，江苏无锡人，荣毅仁夫人杨鉴清父亲。

许凤藻致李国伟

［1937 年］12 月 11 日[1]

国伟姻兄惠鉴：

小女来汉，备荷关垂，承假巨金，至深感纫。弟以此间存项悉以扫解公项，而家乡骤告不守，以致忽告竭蹶，国难之中累及亲友，惭歉何如！数月之间稍得整理，仍当照数璧赵不误。

现在首都危急[2]，下游糜烂，言之可痛，但若长期抵抗，外交上必生变化，不难转危为安、反败为胜。冬令水涸，苟前方稍能抵御，暴敌亦难长驱直入，若至来岁春涨，则似觉可虑耳。专此布谢。

并颂

筹祺

弟许凤藻[3]顿首

十二、十一

德生先生祈为问候。

---

① 原信无年份。信中提及“首都危急”，推断年份为 1937 年。

② 首都危急：1937 年 12 月 1 日，日军攻击南京，南京保卫战开始。12 月 13 日，南京沦陷。

③ 许凤藻（1891—1953）：字伯翔，江苏无锡人，民国时期著名海军将领。其妻章舜英是章剑慧堂姐。

1938 年

荣尔仁致李国伟

［1938 年］1 月 22 日①

国伟兄大鉴：

久不通音，良深系念。申地自伟兄去港后，浔〔寻〕伯父大人亦去港，留申者惟弟与溥兄。后伯父中风复发，溥兄亦去探望。今弟因探望而去港矣。

申、锡各事业毁伤过半，沪东仍不死不活，货物落〔络〕续被取去，无法阻止。二、九厂开车者，亦因统税被接收，势将停顿，前途如何，无从推测，明年方针亦难布置。弟因单独留申，对于各种问题自应略与布置，是以须与吾兄商讨者，即总公司以后之经常费用。自一、五、六、七、三各厂破坏后，贴费停顿，公司赖此开支者顿为断绝，维持至今年（阴历）尚可，明年将不堪设想。故预算之紧缩为必要外，经济之来源不能不未雨绸缪。目下来源，除粉部及二、九外，惟赖申四。申四前按月津贴壹千元，照此数固不望增加，但望能继续接济不断。但最近汇款非常困难，弟所希望者，望贵处能设法预汇数月，以免中断之虞。现总公司由每月六千元以上之预算减为四千余元。以弟之宗旨，能维持数月，再观局势而定增减，谅兄亦赞同而乐助也。

弟留港过年，约明正初回申。二、九厂本月廿六停车，明正十三号开车，现均减开单班，明年如何，做一日和尚撞一日钟而已。申四

---

① 原信无年份。信中提及“伯父大人亦去港”“伯父中风复发”，荣宗敬于 1938 年 1 月为逃脱日军胁迫避居香港，2 月 10 日因中风离世，故推断年份为 1938 年。

情形如何？务请时时作避免损失之想。申三此次损失之重，事前家父不听弟等之忠告，眼光错失。故弟仍以忠告之态度贡献与吾兄，花纱切不可存，做一日算一日，将有用之金钱准备将来之用。弟等一再促伊弟[①]准备现金，其关系有二：其一,万一我家事业完全乌有，试问将来之生活将如何？无准备不可也。其二,万一将来时局好转，申三（或申四）当然必须整理，彼时银行不允借钱，我自己无力量，何从恢复事业？故不能不有现金之准备（汇港存金镑）。此意弟与伟兄不敢向家父明言，但此时不得不告吾兄也。吾兄意谓何如？望详复为盼。闻申四做至年底可有余款，则吾兄作何方针？如认弟之愚见为的，当其将从事准备乎？余不一一。

此请

大安

弟尔仁[②]手启

一月廿二日，书于轮中

复函请寄港办事处或跑马地山村道 33 号。

25 号晨已到埠。

---

① 伊弟：荣伊仁。

② 尔仁：荣尔仁，字尔根，荣德生次子，时任上海申新二厂、五厂厂长。

荣尔仁致李国伟

［1938 年］5 月 27 日[①]

国伟兄大鉴：

接奉十九日大教，敬悉一一。弟对于升股事有两种感想。第一关于个人，此次我国实行长期抗战，以弟之见解，恐须数年之久方能解决，则个人经济似须兼筹并顾，否则曷克长期维持。是以战事发生以来，弟极力主张集中财力，无论公私，均应如此。公可以复兴事业，私可以温饱，不虞冻饿。沪战时，弟与伟兄[②]力谏父亲大人，未蒙采纳。今锡地事业损失不堪，前车可鉴。私人方面，历见亲友窘态毕现，至事业完全停顿时，一钱迫死英雄汉。弟看透世事，故抱定宗旨，不愿升股。第二种感想关于公众，申四受世局之演变，营业自属不恶，不在此时多多集中现金，更待何时？不知汉厂迟早必致沦入战区，将来复兴无现金，更待何人帮忙？栋臣只知还银行，调度经济不偏不歧，弟实不敢佩〔配〕股。私人欠款是否还清，主持何得谓平，意见每多参差，弟不愿升股之理由二。

来示本应遵命，惟弟志甚决，方命[③]之处，非常抱歉。战区各厂谣言甚多，将来不免接管申六，已见事实，前途演变正难逆料也。专此。

---

① 原信无年份。信中提及“今锡地事业损失不堪”“汉厂迟早必致沦入战区”，1937 年 11 月 25 日无锡沦陷后荣氏企业无锡各厂被日军侵占、劫管，而武汉于 1938 年 10 月 25 日沦陷，故推断年份为 1938 年。

② 伟兄：荣伟仁。

③ 方命：违命，常作难以应命的婉辞。

敬请

筹安

弟尔仁顿首

五月廿七日

荣伟仁致华栋臣、李国伟

［1938 年 1 月 25 日］①

栋臣、国伟二兄大鉴：

连诵大札，藉悉种切。伯父大人自（十五）进养和医院以来，由郭顺介绍该院院长李树芬博士及香港大学医学院长奇拉氏及汪振时诊治，均断定因糖尿增加、发炎、血管阻塞致左手、足、面部不能动作，但痛痒知觉尚未波及。加之此次在申饱受刺激，路上风浪，港地气湿不堪，风痰不免增加，故在十九、廿日颇为危险，痰升气急，心噪〔躁〕不能安睡。后经注射化痰、安神、畅便、减糖诸工作，后渐见进步，廿一、二、三三天，痰吐出甚多，晚能熟睡，精神稍好，语言亦清，寒热脱去。医云刻下稍能进步，极觉乐观，倘无他病牵进，绝无危险，惟绝戒哭泣、伤神及时动肝火等等，至左手、足行动非待一二月静养之后不能见效。今日，伟去请安，觉面色大好，神气生动，但伯父总以不克多讲及行动为忧，见面即哭云，观来大致无妨，痊愈谅需时日。希转呈父亲，释念为祷。

前由上海行汇来（机款）万元，照收无误。后由安利②归万元，三千交宜生③，内四千交研仁④，此间留三千元备用。因研仁备额较少，

---

① 原信无时间。信中提及荣宗敬病情，与 1938 年 1 月 25 日荣溥仁致李国伟、华栋臣信中提及的荣宗敬病情一致，故推断时间为 1938 年 1 月 25 日。

② 安利：英商安利洋行，前身为德商瑞记洋行，1919 年改名为英商安利洋行。总部设在上海，汉口分行设于 1915 年。

③ 宜生：丁宜生，荣卓球之子，荣宗敬大外孙。

④ 研仁：荣研仁，字研增，荣德生五子。

故多拨一千元交寿兄代存，一年内可无问题矣。伟早有信，三弟转告，想事多未述及为憾。弟在港候熙仁[1]分娩，迄月即返，祈父亲大人准允在元宵后来港，同返沪江也。三弟等二月二号返汉，特此附闻。

即颂

大安

弟伟仁启

---

① 熙仁：孙熙仁，荣伟仁妻子。

荣伟仁致李国伟、荣伊仁

［1938年5月］[1]

国伟兄、一心弟如握：

徐州失陷，局势益紧，各项苟安理论渐趋不稳。根据过去经验，凡有存贮充满而未能搬者，均告失败。申一、八机件不拆，至今遗憾，无以交待〔代〕。前车可鉴，一误不能再误。申六存货［一百五十］万、申七［一百四十］万未移安全地带，即予以前途为开车之资源。申五、一、八破坏已多，反无人注目，谅能证明矣。

申四PLATT[2]二万，无论盈利如何合算，必得忍痛装箱存法界。粉机亦然，原料用轻熟货装川，厂中改组挂牌，派外人驻守（领士〔事〕登记），以观变迁，他日有第三者见证，稍有补救。此次大生[3]照此办法，得益不少，损失极微之。目下，申六、七相迫益甚，货物、机件走失每日有之。申六已准备开车，电力亦通，六月初相〔想〕必非我能控制，可叹。

至现款准备存港最妥，他日有机会，申四可在申将信昌机做厂，俾资复兴而免落伍，为人所欺。此等言论，非切身有关者，雅不欲

---

① 原信无时间。信中提及“徐州失陷”“申六已准备开车，电力亦通，六月初相〔想〕必非我能控制”，1938年5月19日，徐州失陷，故推断时间为1938年5月。

② PLATT：英国泼拉特公司生产的纺织机器。

③ 大生：南通大生纱厂，为民族实业家张謇创办的近代股份制纺织企业，1895年筹办，1899年开始生产。

谈。伟等之所以做合丰[1]，申一布机之寄开于申九，均欲流〔留〕一线根基也。昔申一股东介拾伍万做一万锭，不廿年而执华中牛耳，非钱也，实人才与计划耳。伯父能做，吾辈何尚不能做？在能互助互信、通力合作，宽大公正，方刻济事，一味自说自话，抖乱有余，成事不足，好大喜功，日后无有不失败者，不识意为善否？今接来信，云双亲有启行意，但去东电[2]未复，深为不解，不知何事开罪，冷淡如此，家庭之复杂可知矣。专此。

即颂

近安

伟手启

四弟合丰为监察，公司为常务，各事均参予，茂二为经理。在乱世不可为，闲空希呈父亲明察。

---

① 合丰：合丰染织公司。1938年4月，申新三厂与茂新股东、职工在上海集资创立合丰染织公司，荣溥仁为董事长，荣伊仁为总经理。8月，增资招股，改为合丰企业公司，设立纺纱厂、铁工厂及制丝厂。

② 东电：1日电，韵目代日法以“东”代指1日。

荣溥仁致李国伟、华栋臣

［1938 年］1 月 25 日[①]

国伟、栋臣吾兄台鉴：

前昨一心弟有信来汉，谅悉一切。昨日起，父亲病情大为转机，今寒热已退，清痰风胸阻亦能渐渐吐出，言语颇多，已较清爽，面上气色甚好。惟自觉力乏不堪，左手、足麻胀，不能行动自如，心噪〔躁〕、夜中呻吟，见熟友则哭，自向医谈“余已闷积胸中三四月矣”。此乃实情，劝之稍好。诸医云可无危险，惟千万再不能受刺激，饮食料理，至少休养二三月，可得复康健。弟今日为之一定，前数日昼夜在院，精疲力竭。幸赖仙老诊治，各医努力，稍稍痊愈，至今只手足运用不自如、言语不爽清，其他已好。以上二端，则非短时期可能恢复，而又以心境之好坏为大部分之转移。

弟申事极多，拟早回去，然总须俟出院后始能谈到。在港至少候二三星期，因来去亦不便也。刻弟借寓杨通谊家中三楼，一心弟同居，因离医院甚近，与伟仁兄寓亦近，开支可省。港地天地暖冷无常，气押〔压〕甚低，真觉不适。一切希转呈叔父大人，勿念是幸。匆此。

敬请

大安

---

① 原信无年份。信中提及荣宗敬在香港治病情况，故推断年份为 1938 年。

弟荣鸿元上

正月廿五日

又，素容大姊申一之款转申四，因申一之会计主任返乡寻亲，致迟数日，弟临行已办妥，未知收到否？请问问。

荣溥仁致李国伟、华栋臣

［1938 年］2 月 3 日[①]

国伟、栋臣吾兄大鉴：

前上一笺，谅已俯阅。近一礼拜中，父亲病状天天有进步，惟是旧病重发，受重大刺激而重发，实即半风之诊〔症〕。自申一、申三之损坏，在申时即颇沉闷，谈话无兴，弟等心中甚忧。来港后舟车劳顿，饮食气候变动，即起发病，幸吉人天相，转危为安。据港各名医谈，可无危险，惟绝对不能再有刺激，耐久休养，将来能行动，恢复康健。

弟今稍定心，昨同一心弟去九龙散步，见上海及各内地搬迁至香港九龙小工厂甚多，如织布厂、织造厂、康元[②]制造厂等等。因念及前申四有向信昌定 Smally 纱锭 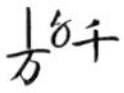［一万五千］枚，尚未交货，如装港在九龙工业区租地造厂，对于纱布运销，毫无问题。原棉则须由上海及内地运来，比较迁厂至四川、昆明等处，胜利万倍。资本组织，可作申新四厂香港分厂，如果不幸而汉口有危，则香港分厂为将来申四发展之根据地（即申三之有申九为最后之根据地），调查此间租地造屋一切比申不贵。经济办法当候机与老宋一谈，如能赞助则进行更能顺利，余由一心弟面谈，不妨研究研究。

闻申四已拆去装箱一万纱锭，堆存洋栈，过外人户，以防他日

① 原信无年份。信中提及荣宗敬病状，与 1938 年 1 月 25 日荣溥仁致李国伟、华栋臣信中内容相对应，故推断年份为 1938 年。

② 康元：康元印刷制罐厂，是民国时期著名的制罐企业。

之不测，未知确否？以弟等鄙意，如拆后仍存在汉，一旦有事，亦无大保障。然则目下又不能运出，如未拆，不妨看看，否则坐失营业机会。照局面恐一时不易侵入武汉也，未知兄等意为如何？保留汉厂经济办法事已阅，致尔仁弟信甚详，知亦多多困难，一切则能见机见机矣。专此。

即请

大安

弟荣鸿元谨上

二月三日

荣溥仁致李国伟、华栋臣

［1938 年］3 月 4 日[①]

国伟、栋臣吾兄大鉴：

前奉栋臣兄唁函，未谢复为歉，国伟兄不远千里而来，又为感谢。别后两旬中未奉教言，谅因厂务一切忙碌。弟在此三周中，为人生以来所最感痛苦、最无兴趣之日。回忆以前种种，暗〔黯〕然泣下，百譬难解。八一三[②]后，申一、三先后炸损，先父已早忧郁病伏，老宋谈间接为敌之飞机、大炮所为国牺牲者，斯言诚不诬也。呜呼！战争胜败，为兵家常事；事业成败，留青山总有柴烧。今人永别而不能再见，能不痛哉！现定三月八日加拿大轮扶柩回申，弟等全体亦随奉返沪，到沪后决定停放西摩路隔壁小宅中，因荣伯英先生已看妥该处最利也。公司各事，到申后决勿"对外"接洽，在叔父大人领导之下，维持原状，一切当勤俭自约，审慎将事。又盼两兄时赐教诲，格外爱护，至为盼祷〔祷〕。

申四在此国难混乱之时，有兄等贤劳奋斗之精神，深望能保住到新花不变。申信对二、九营业亦属稳妥。二三月中，可望有利，惟二有一、二、五银团关系，亦是还轻，九则日可轻松，酌拨机款与福二欠款，酌留应付总公司小债户，等等。租界以内，商业银行均如照

① 原信无年份。信中提及"三月八日加拿大轮扶柩回申"，应为荣宗敬灵柩回上海，故推断年份为 1938 年。

② 八一三：八一三事变，即淞沪会战。

常，对工厂看亦一时不致有噜苏[1]发生，其余则能听其自然，免遭是非。弟返申矣，希时赐教言。专此。

敬请

大安

弟荣鸿元谨上

三、四

又，前两次由宋姻伯[2]处汇港丧费共二万元，付何册？示知，以便去申转账，或不转申账，候示。

① 噜苏：吴地方言，形容说话烦琐、不干脆，或者事情繁杂琐碎。

② 宋姻伯：宋汉章（1872—1968），浙江余姚人，宋美扬父亲，时任中国银行常务董事兼总经理。

荣溥仁、荣伟仁、荣辅仁、荣尔仁致李国伟、华栋臣

［1938 年 4 月］[①]

国伟、栋臣经理钧鉴：

启者。战事发生迄今，瞬将十阅月，人民流离失所，事业破坏殆尽，痛苦之深，损失之巨，数千年来未有之浩劫也。目下战区扩大，不久之将来贵处难免沦为战地，福五、申四之地位危险，思念及此，忧心如焚。回忆前曾一再非正式贡献意见，要求贵处未雨绸缪，虽蒙采纳，而未达理想目标，或者两兄仍在观望。故特正式提出此间公意，向兄等尽一忠告，以希补救于将来。略列如下：

一、集中现金。复兴事业端赖现金，战后经济情形必将竭蹶不堪，如无自力更生之谋，将来依赖他人，势不可能。故请兄等目光放大，不辞劳瘁，为整个申新谋幸福、定基础。前虽稍有准备，而此间公意杯水车薪无济于事，应再积极增加，缓还银行，能达百万为目的。惟存货物于当地非常不妥，此间已受相当经验，故不可再行尝试。所准备之现金，亦以落〔络〕续转入港地为佳。事势迫矣，务望毅然实行，不稍犹豫为要。

一、与第三者发生关系。此间经验，大生得远东公司之助，结果无损失，此事前布置之功也。挂旗之外，应有第三国人尽保管看护之

① 原信无时间。信中提及“战事发生迄今，瞬将十阅月”，应为全面抗战开始后 10 个月，故推断时间为 1938 年 4 月。

责，并即雇用看厂外国人。

一、拆去纱锭、粉机一部分至安全地带，以减少损失。

一、纱花货物切忌多存。一旦爆发，无从措手也。最近，有人问船津关于战区纺织厂事，渠云此次日方在青岛、上海损失纱锭壹百万锭，将来当然取偿于华厂，因华厂机械设备较次，以  [一百五十万] 锭方可抵壹百万锭，整个计划已定，贵地各厂亦已在计划之中。观其语气，可知一斑，此次中日战争即棉业战争也，苟无准备，如何可以应付未来之局面？

兄等责任期重，幸弗坐失事机，前车可鉴，毋临渴而掘井。公意如此，尚希及早醒觉，公司前途实利赖之，并希赐复。

敬请

大安

荣制溥仁、伟仁、辅仁[1]、尔仁（印章）

---

① 辅仁：荣辅仁，字鸿三，荣宗敬次子。

荣溥仁致李国伟、华栋臣

[1938年]5月28日[①]

国伟、栋臣兄大鉴：

久未奉大示为念。战局自徐州失陷后，兰封、开封间已有剧战[②]，此间西报时载，对汉口地位迟早危险。如果不幸，步步迫近，则不堪设想。弟与伟仁兄讨论此时申四急宜做各种手续。(一)在汉当地领事馆注册，租与外商出面。(二)即雇用看场意国人或德国人(英美人不好)三四人，以防万一。订定合同在任何时候驻守看管。前通州大生有AEG[③]派四人(德国人)看守，后经战事，机器等均无损坏。今副厂已由德人租办复工，得到相当效力。弟等意申四宜早雇定，备而不用，并从早与有关系洋行接洽。(三)拆装platt新机一万锭，以防万一。如果时局再紧，再拆一万锭装箱，堆存法界洋栈中保藏。

弟等日夜焦虑，天明即争看号外报，然此间西人观测，觉汉地一月内万分危急，平汉路郾城东三十里之周家口已有战事，郾城在郑州以南八哩[④]，未知此说有无稽考。上海谣言甚多，空气悲观。顷接一心弟来信，云叔父大人等拟包机专港来申，如有定期或已起行，希预电示。申各事粗安，惟一、五、六、七仍无办法前途，时来谈合作已十余次，弟等避不见面，亦未完全拒绝，处于进退两难之时。兄等高见

---

① 原信无年份。信中提及徐州失陷，故推断年份为1938年。

② 兰封、开封间已有剧战：1938年5月兰封战役打响，中日双方在河南省兰封地区发生战斗。

③ AGE：德国蔼益吉电器公司。

④ 哩：英里，1英里约为1.609千米。

如何？希赐南针，不胜盼切。专此。

谨请

筹安

弟鸿元手启

五月廿八日

一心弟均此。

日前托一心弟转洽之款，希即照汇。两兄合丰纸厂股已照加入矣。

李澂致李国伟[①]

［1938 年］2 月 15 日[②]

国伟侄览：

来信具悉。部令汉厂分二万锭至渝一节，真未免一时异想，即使于经济有办法，亦谈何容易。所云由部购买及向借款各点，均属未妥。如由金购买，决未必肯出现金，至借款虽可随时应付，然亦等于白送与机器。古语云，我能往寇亦能往，临时抱佛脚，于公亦未必有济也。

翁函可面致之。吴[③]与余交谊甚深，可与切商（一切可先与吴商量），所有各节，不妨均与之尽定，请其从旁设法拖延可也。据启运云，其友萧某主办此事，即令致函萧托之。各函附去。顺问阖家安好。

叔[④]启

二月十五日

---

① 原信无落款人姓名。信笺天头印有“李澂会计师”字样，可知为李澂专用笺，故落款人应为李国伟叔父李澂。

② 原信无年份。信中提及汉厂迁渝事，故推断年份为 1938 年。

③ 吴：吴培均（1882—1961），字翔甫，江苏灌云人，1938 年任国民政府经济部总务司司长。

④ 叔：李澂，字静涵，李国伟叔父，李榦、李冀曜、李棐之父。

李澂致李国伟

［1938 年］3 月 2 日[①]

国伟侄览：

上月十五日寄去一缄并附函四件，谅早达到。近日战事尚好，如能长此支持，汉口或又幸免战祸，商业生机亦仅此一线矣。吾锡此次城乡死亡人数，据翰西[②]云几及万人，城中亦有千人，真可谓浩劫。近来乡中已不易安居，翼孙亦于昨日挈眷来沪矣。

厂中自经交涉后，迁渝一部分问题或可不至成事实，如有为难之处，尽可随时与吴翔甫君商之，此人甚恳切也。兹又以不得已，由金城[③]去取款五百元，均望在息中扣算。彼函如到，能即付固妙，否则与约阁置旬日无妨也。

天侯稍暖，叔拟出门一游，沪居不易支矣。顺问阖寓安好。

叔启

三月二日

---

① 原信无年份。信中提及“汉口或又幸免战祸”“吾锡此次城乡死亡人数”等情，应为全面抗战开始后，武汉沦陷前，故推断年份为 1938 年。

② 翰西：杨翰西，江苏无锡人，时任无锡商会会长。无锡沦陷时被日军逮捕，后出任伪无锡自治会会长。

③ 金城：金城银行。

李冀曜致李国伟

［1938年］5月2日[①]

伟哥尊鉴：

前由美扬兄转来球姊[②]及卓亚等款五千元，均已交到，勿念。日昨晤汝洁哥，述及吾哥及一心弟等均已到重庆，拟筹设纺厂。川省纱销既多，且战事危险较少，若得在该处设厂，谅营业必能发达也。懋利机器已于四月廿八日由英装出，约于五月底或六月初可到香港，提单则由西伯利亚径寄沪。该行昨日曾发出一函，请求于本月十八日前在申付款。尊处拟如何办法，尚乞电示，以便转告。

战区内各厂情形如前，实际甚少进步。一、五、八厂已办由美企业公司租办手续；六厂虽经上海纱厂钉有木牌，并有代开之说，然实际如何，尚难预料；七厂，汇丰尚未能将厂收回，开车难有把握；九厂手续已办妥，未知能切实保护否。各种情形既复杂，甚难得一妥善之办法。新业厂内情形尚佳，德商不久或可开工，惟交通不方便，出品销路等事亦尚在考虑研究也。余容后陈。即此。

敬请

大安

① 原信无年份。信中提及“一、五、八厂已办由美企业公司租办手续”，1938年4月16日，申新一、二、五、八厂与美国企业公司签订租赁合同、经营管理及其他合同，故推断年份为1938年。

② 球姊：荣卓球，荣宗敬长女。

弟楙顿首

五月二日

附懋利抄函。

伯母大人前请叱名请安。岳父母大人前请代请安。

诸嫂、弟均此问候。

李冀曜致李国伟

［1938 年］5 月 31 日[①]

伟哥尊鉴：

前奉五月十二日及廿日大札，敬悉种切。懋利机款得在香港请求，甚佳，否则此间价格过高，不合算也。此车约于六月六日可到港。李凤哕[②]君，弟曾晤谈一次，彼谓已将可齐集之参考资料寄奉，至完全设计、本地翻造，则非数月可成功，谅彼已有复函矣。绢丝及织麻现正与各洋行研究中，俟有资料，当另寄奉。

沪地租界内甚安全，申二、九，福二、四、七、八厂，均可照常。战区内各厂各有复杂情形，若能维持现状，尚属幸事，开工实匪易焉。战事渐向西移，汉地各事尚以早准备为宜。伯母大人及岳父母大人暨眷属等，如能即日起程赴港转申，则较为安全，否则恐将来交通不便，途中更困苦矣。余容续陈。即此。

顺请

大安

弟楙顿首

五月卅一日

① 原信无年份。信中提及“战事渐向西移，汉地各事尚以早准备为宜”，应为全面抗战开始后，汉口申四、福五内迁前，故推断年份为 1938 年。

② 李凤哕（1901—1971）：江苏无锡人，面粉制造设备专家。

荣德生致李国伟

［1938 年］6 月 8 日[①]

国伟大婿青览：

抵港即寄一函，谅已收到。顷接广州旅行社二次电话，得悉五号坐车起行之男女仆于早晨抵旅馆，行李未即取，十点后飞机往炸，将所有客人行李一并烧去。桥口回申各人均无恙，行李大都无存矣。余之被铺、衣箱、杂物均烧去，真数当全去，在取出之皮衣仍无着，幸无重要物件，在汉所办什物亦未带，留库为幸。孔子一尊在内，尊之反弃之，老天不肯留此古迹也。

艺三[②]先生明日坐飞机，至时去接。前装花衣已运［二千三百七十五］之外，留存［八百〇九］件未装出，因种种留难，不肯即装出。不出缘故，只云唛头[③]不对，如此一条死路，客人无办法，望在汉与上行[④]赵君[⑤]谈谈。现在幸货在太古栈未曾被炸，万一出事，押汇人与出款人如何说法，千万由原经手人设法运申，了却一事，栈租折息核核，已不上算，再要留难，真可恨可怕。令堂与志诚[⑥]等寓胜斯［四百一十号］颇安适，被铺亦无着矣，好在天热，至申

---

① 原信无年份。信中提及“汉一时决无事，仍望照常维持”，应为全面抗战开始后，汉口申四、福五内迁前，故推断年份为 1938 年。

② 艺三：华文川，字艺珊，华栋臣父亲。

③ 唛头：商标，英语 mark 的译音，进出口货物包装上的标记。

④ 上行：上海商业储蓄银行。

⑤ 赵君：赵汉生，上海商业储蓄银行业务处经理。

⑥ 志诚：李元骏，字志成，李国伟次子。

一一置办可也。战事有无转机？水浸可抵大军否？汉一时决无事，仍望照常维持，皖北反攻亦是稳定一着。凡事有数，前几得兆有火，不料无故烧去行李，计数如置办，终非千金不可。此致。

即问

日佳

德启

六月八日

栋臣、棫泉诸君均此。

荣德生致李国伟

[1938年]6月9日[①]

国伟婿青览：

前昨寄出二函，谅均收阅。此次各家带出行李，均在黄沙车站[②]烧去，令堂所有亦去，余亦全去，付之一叹。今后一切须添置，否则衣被全无。离汉四日，不知市情、人心如何，能每日寄信俾知大概。战事仍在彼处，一时决不易到信阳，飞机炸粤，市面全停，香汇愈缩，物价提高，一切应用均在加六矣。艺三先生午后来，诸人均去接，勿念。申四与中行押款事，已与宋先生谈及，托彼致函汉行能早了，一切转移较为活动，并说明挂中行牌对外不利。熊源[③]、尔仁午后五时可到，叙后决定行止。此致。

即问

日佳

德手启

六月九日

栋臣、棫泉兄均阅。

---

① 原信无年份。信中提及“飞机炸粤”和“行李均在黄沙车站烧去”，故推断年份为1938年。

② 黄沙车站：广州南站，始建于1901年粤汉铁路修建之时，原名黄沙车站，是粤汉铁路起点上的客货综合站。1938年遭日机轰炸。

③ 熊源：唐熊源，荣德生五女荣茂仪丈夫，曾任申新三厂副经理、协新毛纺织厂协理兼厂长。

荣德生致李国伟

［1938年］6月10日[①]

国伟大婿青览：

熊源、尔儿到此详述申情，四厂信昌新机借九厂屋装置生利，正在议订分折余利等办法。信昌装申允即电彼国，惟到货付款先应存担保，呈请批准结［算］，多存多结，留存候付，未付前仍在我手，分留余力存申，比较别处为妥，即与栋兄商妥即复。今先发电，谅已收到核复矣。诸人或先回申，余且看看，一面可通汉信，一面对沪亦快。居此颇合静养一二月，过夏再定行止，惟无屋，住费大可虑。去申多小纷扰，防防信息滞，心悬悬汉口，决不妨壮壮诸人胆。此致。

即问

日佳

德启

六月十日

栋臣均阅，棫兄致候。

① 原信无年份。信中提及“熊源、尔儿到此详述申情”，与1938年6月9日荣德生致李国伟中提及的“熊源、尔仁午后五时可到”相对应，故推断年份为1938年。

荣德生致李国伟

［1938］年6月14日[①]

国伟大婿青览：

刻接十二日来信，借悉一一，婿与同仁放胆守厂，照常工作，甚为欣慰。昔防水[②]，今日防炸[③]，同一险事，幸均胆大，可无妨碍。凡事莫不有数，申四得内外如许坚心毅力支持，弹子不射忠孝之辈，况有防备，余实放心。黄河发水[④]，阻敌攻郑，北路战事数月内难攻，长江单行决难陷汉口，外报纷载，利害已明。一心、尔仁决定明日去申，亦安心矣。款事本月已排定，亦无分外支款。机不折为幸，不险不必上。栈早备虽安，现卜赊粉可运，仍要做军粉，价宜讲讲，水大麦难来，防吃亏。此致。

即问

日佳

德手启

六月十四日

栋臣、棫泉均阅。

蔚文兄信阅后再复。

---

① 原信无年份。信中提及“黄河发水”即黄河花园口决堤事件，故推断年份为1938年。

② 昔防水：1931年武汉水灾期间，申四、福五两厂用面粉袋筑子堤拦水保工厂生产。

③ 今日防炸：1937年8月起，日军飞机多次轰炸武汉。1938年6月12日，日军占领安徽安庆，武汉会战拉开序幕。

④ 黄河发水：指1938年6月9日黄河花园口决堤事件。

荣德生致李国伟

［1938年］6月18日[①]

国伟婿青览：

来信收到。信昌事已由一心去电并复上此款，汇丰汇申必果代申四收存，请批金［钱］，机不到决不付与，即是留四之力量。此事办妥，分实力于生利，保住一分机力，可告慰同仁。在此乱世，走大道、靠大力比较活动，余至港一看，恨未早来几年、早立根据，今日依馆不能久留也。

左手仍软，诸多不便，若不诊愈，日常需人帮助，大不相宜。刻欲往申，请叶慎斋针治治愈。酌情大局，若平，不必说；万一一时不平，仍住港。此间无顾虑，空气利于夏冬，留心纱布、面粉，小小营运，亦有出产。

黄河发水，天助汉口，无后背夹攻之虞。长江单攻，无陆军助，恐难得力。厂中放心工作，调度放活，家属离开更备有法界寄居，栈房、宿舍谅已妥矣。花、麦用簿有款汇申或港，德看申为妥。港纸招商出入甚巨，须留心所有存户，能一一还去，不代负责任。去年申三、茂一已见其害，自己力量尚且寄头，望在短时行之，栋兄谅必同情也。女人等款尤要提早，卓球等，德最怕调来调去，不合此时世也。重庆不宜过重牛角尖，干不出大事业，航路太苦，路太长，水脚[②]可收拾，事业所以避之。汉地如不遇乱，发展更快，确如中心商

---

① 原信无年份。信中提及“黄河发水”即黄河花园口决堤事件，故推断年份为1938年。
② 水脚：水路运输的费用。

场。惟升降大邪、小费捐税太重，美中不足，一时无法解决。此致。

即问

日佳

德启

六月十八日

栋臣兄均阅。

棫泉兄致候。

济南船今日可安抵上海。

荣伊仁致李国伟

［1938 年］6 月 8 日[①]

国伟兄大鉴：

昨日，弟与廷坤[②]兄、智良甥等四人赴机场迎接姻伯母大人等一行三人，于四时半安抵九龙，已有电达，谅已台洽不误。一切招呼，弟当负责，勿念。

蔚记存折一个（并未带津），一千余元现存赞平兄处，如何处理，尚乞示知为幸。开封失收[③]，郑州吃紧，前途如何，未许乐观。汉厂情形，尚请时时示知为托。尔仁、熊源兄于明日到港，会晤后再定行止，一切当再详函不误。专此。

即请

大安

期弟一心手启

六月八日

栋臣兄前代为候之。

岳父母大人准于九号来否？

请寄长春药数包。

---

① 原信无年份。信中提及“开封失收”，推断年份为 1938 年。

② 廷坤：尤廷坤，申新职员。

③ 开封失收：1938 年 6 月 6 日，日军占领开封，严重威胁郑州的安全。

荣伊仁致李国伟、华栋臣

[1938年]6月16日[①]

国伟、栋臣兄大鉴：

弟于昨日因小女智瑞[②]生病，未能乘济南轮返申。岳父母大人及姻伯母大人等一行共廿余人，弟于下午二时许送上轮船，妥为分配房间，途中由尔仁、熊源兄招呼，到埠则冀曜、卫中兄等已预电通知，当能到轮相候，尚请勿念为幸。弟此次不能亲随同行，殊以为歉，尚乞见谅是幸。若芸[③]到港后，胃痛连日，卧床七天，服药多次始愈，现已全好，尚请勿念。但智瑞又不适，留港殊为无味也。

近来外汇日跌，国币损失甚大，汇申现法币与汇划中，每千元又须损失七八十元不等，吃亏更大。日前，宋姻伯请客，谈起外汇，颇见难色，当可想像之矣。

申四与中行问题，弟随父亲大人于七号去说过，闻已有函致汉行矣。

弟意信昌机款能早日归去，对于申请等项较有把握，尚请吾兄设法提早能于日号先归五万元，其余则按期照归，如是申请方面可以得益。总以求早日到手，方为安心，此中出入较之任何为大也。吾兄以

---

① 原信无年份。荣德生在《乐农自订行年纪事》（上海古籍出版社，2001）中记载，他于1938年“五月初六（阳历6月3日）乘机飞港”，“于五月廿二日（阳历6月19日）回申”，信中提及“港留父母大人及姑娘”，可知此时荣德生还在港，故推断年份为1938年。

② 智瑞：荣智瑞，荣伊仁长女。

③ 若芸：华若芸，荣伊仁妻子，华栋臣三妹。

为何如？尚请电复，以便及时通知信昌为幸。

此次尔仁、熊源兄来港，弟即详述汉口情形，对于款事已能谅解。盖事实归申款项，于弟等未离汉时，早已有计划实见。而日后情形，则全视汉口环境能在多少而定，原则上请决定每五天归五万。而兄等处事召〔昭〕然在望，申方当决不如以前之隔膜，尚请勿念。归款问题，最好由中央银行分批汇广州刘德殿[①]先生，再购港纸汇申最为便宜（弟定廿二日返申）。刘君处已由电话商允，请栋兄再通电话接洽为要。专此。

即请

大安

期弟一心手启

六月十六日

栋臣兄托蔚文兄带来致弟函未收到，恐已附在岳父大人函中，如有要言，尚请另函示知为幸。

港留父母亲大人及姑娘，并男女仆人各一（张妈、阿二）。弟拟请觉先[②]姊及新一[③]甥来港。

---

① 刘德殿：时任上海商业储蓄银行广州分行副经理。

② 觉先：荣觉仙，荣德生二女。

③ 新一：蒋新一，荣觉仙之子。

荣伊仁致李国伟

［1938年］6月17日[①]

国伟姊丈大鉴：

昨上一函，谅蒙台洽。弟因小女生病，未克随同姻伯母大人返申，至以为憾，现改于廿二号乘荷轮返申。父亲大人返申意向不定，如决赴申，则拟改乘加拿大轮，此事于十九号决定之。因弟荷轮船票已购得也，姻伯母大人所购港纸，已于返申时换成国币，除免汇费及在申收到现币外，并余洋一千四百余元（每千元少吃亏七八十元），已一拼〔并〕汇交冀耀〔曜〕兄转交，请勿念为幸。

内江粉厂事已进行至如何？弟意一部即在川中制造，以求运输上之便利，用茂新名义（茂新川中分厂），用茂新兵船商标，并加入三分之一之股款，谅已台洽。弟亦拟加入数千元，请兄即加速进行为幸。川中麦子亦可先期收买矣。弟此次中日战中损失独大，所有什物、家具、衣服等等，均须一一再行添办，即在汉秋冬季所办成之什物亦已全部炸去。来日之治家问题确实为难，加之以前弟所备款均已购得各厂股票，对于现金素不注意，至今方知全无现金，在此非常事变中，尤以境况如弟者实为太苦矣。故弟托栋臣兄转达关于申四升股之数退出，以作从新成家之资，并非弟有所不信任，局势如此，不得不尔耳，尚请吾兄照允，与尔哥者同时请刘德殿先生转港。于何时汇出，全听尊处便利，不必急之也。如何之处，尚请示复为感。弟对于

① 原信无年份。信中提及“昨上一函”“弟因小女生病，未克随同姻伯母大人返申”，与1938年6月16日荣伊仁致李国伟、华栋臣信相关内容对应，故推断年份为1938年。

款事素不注意，即在汉时亦从不谈及，目下情形，于返申后感于各方环境，不得不取独立方针。而父亲大人之泰〔态〕度与前大不相同，对于相处一起时有不满，因此弟亦以促进绝对的自立为目的矣。专此。余不一一。

即请

大安

期弟一心手启

六月十七日

大姊均此。

机器于必要时拟搬进栈房否？

荣伊仁致李国伟、华栋臣

［1938 年］6 月 18 日[①]

国伟、栋臣兄大鉴：

顷阅致父亲大人函中，敬悉一一。信昌机款已备足十五万元，在本月内支付，至为欣慰。已去电尔仁、熊源兄："尔、熊：申四已备归信昌十五万，即托汇丰向汉接洽，廿二号荷轮返申接。心。"该项款事当由汇丰与尊处接洽也，特此奉闻。申请事，弟返申后当随时与信昌接洽，并留心汇率之上落，勿念。目下外汇环境不佳，以早到手为有利。申请得到后，仍由申四收存，候机到后分期付给。对于汉口水脚可退还；如一次还款，可扣息七厘。以上两点均已谈妥。

父亲大人亦决于廿二日同行返申，对外秘密，因左手无力，以早返申请叶医针治为是，全愈后仍返香港居住。申款汇清后，德记名下亦望汇来，因在港拟购地亩许，自建房子一所，以求适于起居为原则。今午，与简东浦[②]先生同去看地，以得半山近马路为最适宜。

汉口北路战事已停，而长江中战事方急，单道进取必无大害，于

① 原信无年份。信中提及"父亲大人亦决于廿二日同行返申"，与荣德生在《乐农自订行年纪事》中记载的 1938 年"五月廿二日（阳历 6 月 19 日）回申"相符，故推断年份为 1938 年。

② 简东浦（1888—1963）：金融家，香港东亚银行创始人之一。抗日战争全面爆发后，倾力发动香港银行界捐款援助抗日。

徐州战事中已见之矣。前阅致中[1]兄函中，悉吾兄眷属于廿九号定机来港，未知能成行否？尚请示知为幸。智瑞已全愈，所发者为风痧。专此。

即请

大安

期弟一心手启

六月十八日

觉先、敏仁[2]两姊来函，托可否由申储蓄部各转账一万元付申，尚请示复为幸。一心又及。

---

① 致中：何致中（1905—？），江苏无锡人，申四、福五内迁时在汉口负责组织运输，1942年受李国伟委派赴成都筹建建成面粉厂，担任常务董事兼副经理、厂长，后任申四成都分厂副厂长。

② 敏仁：荣敏仁，荣德生三女。

章剑慧致李国伟

［1938 年］[1]

表哥大人尊鉴：

正切驰念，得奉手示，欣稔旅祺佳吉，适符下颂为慰。嘱办各事，当即次第实行，懋利合同已加盖厂印寄出，金镑结价前星期义比[2]结三百余磅，已为一先令一便〈士〉八分之三，而后一日安利代结一百余磅，乃为一先令一便士十六分之三矣。昨晤袁书卿[3]君，知汉口结金磅事日见困难，如以十六分之三算，则汇到上海亦仅一先令一便士矣。故弟意百分之廿五定洋，还是上海结为好，以免旷日持久，蚀数百分之七十五，则可再行设法。闻栋丈[4]云公益之三千磅已在香港请求到（一·二便士），而上海之九厂四千磅头，昨由德公具函托人在汉，闻有相当把握，则我之此数或有可能。惟我前所请求之外汇则至今未允批出，看来似恐不易，故弟意且付了百分之廿五再说，不知尊意然否？弟不敢擅专，请即速函冀曜兄为感。弟一面恐此信一时不能达鉴，故亦作函，略以此意告知冀曜兄。

毛、丝、麻三者合纺，以小做入手，计划远大而又适应环境，备

---

① 原信无时间。无锡公益铁工厂于无锡沦陷前迁往武汉，而后迁至重庆，1938 年 6 月在重庆建厂，改名复兴。信中提及“公益地轴已装好，机已排齐，明后日可开工”，此时公益铁工厂暂未改名；另，信中提及“蜀中自古称富……我哥遍历而考察之”，可知此时李国伟正在四川考察。1938 年 4 月，李国伟和荣一心前往重庆、成都等地考察，故推断此信写于 1938 年 4 月至 6 月间。

② 义比：德商义比洋行，1926 年设立于汉口特三区。

③ 袁书卿：英商安利洋行买办。

④ 栋丈：华栋臣。

见我哥及一心先生高瞻远瞩，不同凡响，闻讯之下，喜不自胜。丝纺英称 silk waste spining，钢丝机、细纱机闻均与羊毛纺用者差不多，已嘱安利及义比两家开账，惟因邮便不灵，恐有三四个月之久。麻纺安利前曾有一账单开来，今问其价较前若何，复谓须涨百分之廿五云。各种机价飞涨而又汇水难结，真所谓徒呼奈何。于此益见我国非急从自行制造机器着手不为功，年来公益铁工厂锐意扩充，未始非见及此，益佩一心先生之伟大抱负也。所盼其能在渝重整旗鼓，则各种机器不必仰人鼻息，可自行解决矣。偶感及此，妄陈所见，请祈谅之。

汉地接连三天，每天三次空袭，弄得全厂人困马疲，幸而第四天未来，迄今多日已恢复一切。透平炉子在二十一号闷头损坏，又停五小时。二十二日即改礼拜，至今全厂开齐出数亦甚好。各事市亦均妥善，惟附近救亡团体云起，全厂思想甚复杂，应付较为困难耳。一切当体钧意，小心办理，乞为纾念。蜀中自古称富，惜近年为军阀所误，今幸逐渐澄清，今后希望必大。我哥遍历而考察之，智珠在握，必大有所得，可为预卜也。专肃。

敬叩

钧安

弟桓叩上

嫂嫂前请安。

公益地轴已装好，机已排齐，明后日可开工，现正翻制锭脚、锭胆铁样。弟拟请公益做英机锭脚及胆，照美式者一万只，以期换去费油之拨拉脱[1]式者，可节省锭油，改善生活，或竟可加快速度也。现公益李君已着手制造矣，请告一心先生，并为请安。不另。

---

① 拨拉脱：今译作“泼拉特”。

汪陈氏致李国伟

［1938 年］1 月 8 日[①]

国伟贤甥如鉴：

此次孙女惠霞于归，荷蒙厚仪，拜领之下，殊深感谢。

姨以国难当头，一切从简，对于亲戚朋友均未敢通知，刻因孙婿家常居西安，故于婚后数日，孙女亦随同赴秦[②]。此间日来尚称平安，但如局势再有变化，姨亦拟赴秦暂避。

伦超侄在汉谅甚安好，遇后尚请代为问安。再幼慈侄有无音讯？均盼见告。专此。

敬请

近安

姨汪陈氏谨启

元、八

① 原信无年份。信中提及“国难当头”“伦超侄在汉谅甚安好，遇后尚请代为问安”，应为全面抗战开始后，武汉沦陷前，故推断年份为 1938 年。

② 秦：陕西省。

荣月泉致李国伟

［1938 年］1 月 19 日[①]

国伟先生大鉴：

此次敝眷避难到汉，蒙吾兄照拂周至，更承令堂太太暨尊夫人盛意殷拳，感荷隆情，实无既极。现已先后到沪，惟小女受伤，现在香港医治，幸所伤不重，大约在南段[②]车辆被炸，可见此时行旅之险。知念特闻，专此申谢。

敬请

台安

弟荣永青顿首

一月十九

① 原信无年份。信中提及“避难到汉”，应为全面抗战开始后，武汉沦陷前，故推断年份为 1938 年。

② 南段：平汉铁路南段。

秦鉴源致李国伟

［1938 年］2 月 17 日[①]

国伟表兄大鉴：

一别数载，想念为劳，城郭依然，河山变色。二叔来信转达大姑母[②]大人，以叔惠[③]、季昌为念。一切详情，已于觉哥函中道之，幸得平安，堪以告慰。

家乡情形，一言难罄。弟返城之后，曾至府上探视，阿二于危机时曾避至周铁桥，目下已来锡看守（丁家亦有一女佣）。府上屋宇完好，左面围墙曾为流弹毁塌四五尺，幸无大碍，木器均未搬动，楼上箱笼全开，书房后轩字画、书籍尚有存者。弟履看时，见有银器一篮似已装就，恐将运去，已面交阿二放入书房，并嘱将各处房门用钉钉杀。弟签字其上，以防宵小，此固无关大局，仅谋保留残余也。阿二云有玉器数十件，已为女佣窃去。弟严厉着其索回，人心叵测，良深叹息。舍间大小厅被右邻炸弹波及，倾圮四间，余屋无碍，得蔽风雨已是万幸。

平甫[④]人伯亦已回城。二姑母[⑤]在沪，曾有信来，四叔祖母福体甚健，迩来贤劳何如？大姑母大人福躬康泰否？为念。弟身处重围，偷息人间，翘企汉云，心向往之。敬请侍福，并颂嫂夫人坤安，诸侄清吉。

① 原信无年份。信中提及无锡轰炸等情，故推断年份为 1938 年。
② 大姑母：秦洧。
③ 叔惠：应为叔威。
④ 平甫：秦毓钧，字祖同，号平甫，李国伟堂舅。
⑤ 二姑母：秦萱，秦复培二女儿，章剑慧母亲。

弟秦制鉴源[1]谨启

二月十七日

（上海爱文义路觉园四号转。）

① 鉴源：秦鉴源，李国伟表弟。

秦鉴源致李国伟

［1938年］3月15日[①]

国伟表兄大鉴：

前奉寸缄，谅登典签。弟因乡居不靖，业经返城。尊府阍人[②]阿二前因伙食不继，由弟给以十元暂资维持，顷又来云丁君春舫曾返里一行收拾残余云云。

去秋托映芬[③]妹带奉锡金光复同人编印之《先君革命事略》，舍下经兵燹后一无余存，里中亲友经此变乱亦难检获。尊处及前分赠在汉亲友者，苟易搜集，敬希代为保留数册。如能由邮寄沪，更为感盼（赐示请寄上海爱文义路觉园四号）。

弟昨日由锡来沪，挈同叔威、季昌偕行，大约二三日后便须回里。匆此不尽。

敬颂

双安

表弟秦制鉴源谨启

三、一五

并请大姑母大人坤福。

---

① 原信无年份。信中提及“舍下经兵燹后一无余存”“尊处及前分赠在汉亲友者”，应为全面抗战开始后，武汉沦陷前，故推断年份为1938年。

② 阍人：守门人。

③ 映芬：章映芬，章剑慧大妹，李国伟、秦鉴源表妹。1938年起，任汉口、重庆、宝鸡申新纱厂总务主任，汉口总管理处总务组组长等职。

章午云致李国伟

［1938年］2月23日[①]

国伟表哥大鉴：

前在汉皋，多承款待，至为感铭。弟自到港后，约留一星期，至二月十日始抵沪上。当将尊款二千元送交冀曜兄（附上收条一纸），大函亦已随同带交，想尊处早已得复矣。来沪后贱事栗碌，未能早日报闻，至以为歉。迩来起居，谅必佳胜，定〔胥〕府下颂。

汉地形势，自沪地观察，似不如往昔之安定。以弟愚见，或有若干杞忧，想尊处早有计划，足以应付万一矣。沪上情形，在租界之内尚称安溢〔逸〕，惟入晚行人大稀，以前繁盛之南京路一带，大有门庭冷落景象，市面衰落，无可讳言。纱厂方面，日厂在苏州河以南者业已开工，在杨树浦一带者亦在筹谋中，因之棉价渐涨，存棉颇有销路。金融方面，颇为稳定，殊出意料之外，一般人士对于法币并不十分怀疑，而以前藏于保管箱中之现币，颇有回笼存入银行者。

交通方面，锡、沪交通已渐通畅，锡中亲友亦有自锡来沪者，悉尊府仅坏围墙一部分，房屋依然完整，惟［器］具有无破坏，则语焉不详。又亚芬姊之二位令郎亦甚平安，已得鉴源兄之来信（附上一阅，希转交）。目下，自上海至沪〔锡〕已有定期内河轮船，沿途尚无甚大障阻，但不能多带法币，有被没收之虞；仅日间开行，有时须五日五夜始到无锡云。外祖母大人现住弟寓所，甚为安健。谨以附

---

① 原信无年份。信中提及“纱厂方面，日厂在苏州河以南者业已开工，在杨树浦一带者亦在筹谋中”“汉地形势”，应为淞沪会战后，武汉工厂内迁前，故推断年份为1938年。

闻。专此。

敬颂

俪安

表弟章植[1]拜上

二月二十三日

大姨母[2]大人前代叱名请安。

---

① 章植：字午云，章剑慧二弟，李国伟表弟。

② 大姨母：秦湉。

附：

秦鉴源致秦萱

［1938 年］2 月 14 日[①]

二姑母大人尊鉴：

惊魂甫定，接奉手书，如亲謦欬，无任快慰。嘱转六十元，已于十二日亲自送交保叔手收，想已有家报矣。侄于兵乱时避居南乡，战事过后，间道返家，城郭依旧，景象已非。家宅大厅、小厅被右邻庄姓炸弹波及，倾圮四间，厅后各造幸均保全，但曾驻军半月，其情形可以想见。舍下大小幸尚平安，叔威、季昌在无锡就学，战事迫近，侄挈之一同避难，均甚安善，现仍与舍下暂时居乡，如与汉口通信，请转知觉卿哥等放心。侄本拟设法赴申叩四伯祖母起居，惟以正在整理大厅塌屋，一时恐尚不及成行，希叱名请安。时事方艰，伏望保重。

敬请

颐安

侄制鉴源叩上

二、十四

① 原信无年份。信中提及无锡轰炸、“与汉口通信”等情，应为全面抗战开始后，武汉沦陷前，故推断年份为 1938 年。

罗蕙芸致李国伟

［1938年3月7日］[1]

国伟先生台鉴：

前上一函，未见回音，不知接到与否？遥想玉体清吉，定如所颂。近日时局日非，日机到处肆虐，想必武汉当有所惊动，未知伯母大人及嫂夫人迁往他处否？敝舍间因星沙[2]时有敌机侵袭，不甚安宁，故全家已移往湘乡居住。如蒙惠示，请寄湘乡潭市邮局转石塘国学匾查收为祷。专此。

顺颂

台安

如弟妇罗氏谨上

二月初六日

① 原信无年份。信中提及“武汉当有所惊动”及“星沙时有敌机侵袭”，应为全面抗战开始后，武汉沦陷前，故推断年份为1938年。1938年阴历二月初六为阳历3月7日。

② 星沙：长沙县，隶属于湖南省长沙市，别称星沙。

罗蕙芸致李国伟

［1938 年］4 月 19 日[①]

国伟先生台鉴：

夏历正月曾修一函寄上，想早蒙青及矣。惟此后尚未奉到手谕，殊深系念，辰维商业攸隆、起居安适为颂。娣回敝邑，因星生小儿年尚幼，读书乡间，学校过远，往来不便，风雨更难迎送，不得已携之寄居南门家婶母处，以便入城内小学肄业。如蒙赐函，即请寄湘乡南门古花庙湾洲罗寓彭罗蕙云〔芸〕收便是。至长儿玉荫，仍在长沙兑泽中学。次儿德和现在明德学校，因恐长沙有不测之日祸，遂迁敝邑廿四都，即曾文正之住宅也。敝省长沙固常遇暴日机弹，即贵寓武汉亦屡闻轰炸，想贵厂、贵寓福星拥护，必不至令杞人过虑，尚祈便告为荷。专修。

敬请

近安

如娣彭罗蕙云〔芸〕谨上

夏历三月十九日

伯母大人福安。令少君均此问候。

---

① 原信无年份。信中提及“武汉亦屡闻轰炸，想贵厂、贵寓福星拥护”，应为全面抗战开始后，汉口申四、福五内迁前，故推断年份为 1938 年。1938 年夏历三月十九日为阳历 4 月 19 日。

罗蕙芸致李国伟

［1938年］5月17日[①]

国伟先生台鉴：

昨十四日接奉双挂号惠函，适娣不在家，家中乃借用家伯子刚之章一印，究与蕙云〔芸〕私印无异。披阅后，知悉由蜀返汉平安如常，并承汇寄长沙银行一票汇洋贰百壹拾元，娣当在近托人至省驳兑后，再将收条寄上，以便与银行会算，谅不至误我。先生诚慷慨好义之君子，久而不懈殆，古今所罕觏也。先夫地下有知，当如何含涕感激耶。

小儿辈均入学校肄业，大小儿现在长沙兑泽高中，次小儿现在敝邑廿四都明德初中，均二年后方毕业。三小儿现在本城南阳门城立初级小学五校。知关便告。

敌机空袭，前遭武汉痛击[②]以后，地方到底暂得安宁。然凡通都大邑为两方争夺之要隘者，其被袭常常有之，如报载徐州本月十日内连袭四次，伤亡人数、毁坏屋宇不少，其遭祸可谓密矣，安得尽如贵处之善痛击耶？要之，此祸较大炮、坦克车各武器而尤烈，大炮、坦克车尚须前线交绥乃有之，此空袭几无时无地不有，惟敌能施行于我国，我不能施行于敌国，盖我素无海军利用也。忧心悄悄，"三字头

---

① 原信无年份。信中提到"四二九"武汉空战，推断年份为1938年。

② 武汉痛击：似指"四二九"武汉空战。1938年4月29日下午2时15分，日本第十二航空大队飞机空袭武汉，中国空军血战30分钟，一举击落日机21架，其中战斗机11架、轰炸机10架，取得中国空军自抗战以来最辉煌的胜利。

衔”[1]恐终不能免，奈何奈何。

入夏日长，天气寒暖无常，祈先生善加珍摄为祷。专修叩谢。

敬请

义安

娣彭罗蕙云〔芸〕谨上

国历五月十七日

伯母大人福安。

嫂夫人懿安，诸少君均此问佳。

---

① 三字头衔：讳“亡国奴”。

1939 年

历无咎致章剑慧

［1939 年］5 月 16 日[1]

剑慧兄长伟鉴：

今日阴雨，市上行人较多，一部分商店已半开门营业，被毁区域刻正由军队分段扫除清理，闻委座已手令贺新市长[2]积极设法恢复市容云。

纱款收交，今晨办清两家，尚有两家未经办好，因未到期，似难责其刻日交清也。纱市渐见活动，今晨尚无交易。通成公司于十二号前曾售与福生庄“老司求”［八十］件，价［九百一十元］，福生旋以［九百三十六元］零碎售出若干。昨午后同义公号（建设银行同仁所开）售出廿支“老司求”［四十件］，价［九百三十元］、［九百二十四元］不等。铺面另市价仍无定，“司求”仍可售至［九百四十元］上下。目前囤户心思似不甚稳，若市面较定，竞谋脱手，则纱价或有跌进［八百元］关可能。沪上所传法币跌价问题，此间尚无人注意。盖狂炸以后，囤户心思摇动，亦意中事也，出路极少。弟之恻度，外县怵于渝市轰炸，裹足不来，故目下局势应是渝价松、外县价涨，及后市面稳定，人心稍安，农忙稍过，水客一动，渝价仍看好面也。尊意以为然否？

至伪币、法币问题，关系究属邈茫也。平、沪存油，弟去信后，昨晚马君来公司接洽，要求宽展日期，因一时难于找得妥当地位。惟

① 原信无年份。信中提及“贺新市长”，根据贺国光履历，推断年份为 1939 年。

② 贺新市长：贺国光（1885—1969），字元靖，湖北蒲圻（今赤壁）人。1939 年 5 月至 12 月任重庆市市长。

弟仍力促马君允今日向孙家花园接洽，因马与中法药房相熟，中法现迁于孙家花园也。

汇港款及万县款，今晨已分别汇出，勿念。

昨马兆其君云沙坪坝有某纱厂被焚，深惧豫丰草屋有危险可能，今晨急电询，始知讹传，实系洪发利[①]作场失慎也。邬豹成先生于轰炸后即赴乡暂避。

昨日返公司，惟公司近已无事可做，今饬老田陪同到厂，即请吾兄于厂中指定其服务工作为荷。又茶房老田，小工老胡、老张，其原工资田为六元，胡、张均为〥元［五元］。近老田办事颇得力，老胡、老张亦均谨愿听话，其工资可否酌予稍加？因目前生活程度比前确高甚多，工资过低，使彼难于安心也。弟意老田加成十元，老胡加成八元，老张加成六元，较三人原来工资共加〨元［八元］，为数似属不多，倘蒙台允，请关照邦南兄为荷。（大司务原为十元，可不加。）

又，午刻弟至宪[②]、稚[③]二老处一行，宪老家属已迁歌乐山（其公子晋谊先生在铨叙部任事，该部将迁往歌乐山），自己仍居马鞍山，因职务关系不便迁至远处也。稚老未晤，据其家人云或肯到我厂暂居，并约弟于午后五时往晤，故弟至五时许将再往谒，述明吾兄拟迎接到厂暂避之意。如蒙稚老允诺，则我厂须预备房屋至少二间，如何？弟往晤后再告可也。弟思稚老对我申、福范围帮忙之处极多，可谓申、福之恩人，平日又耿介自守，使我沧欲稍报德亦无从，今若肯惠然而来，亦大佳事，但恐终不肯来耳。

昨售“长寿”纱壹包又十三小包，其中壹包必须税票，今船停唐

---

① 洪发利：汉口洪发利机器营造厂，全面抗战爆发后迁至重庆。

② 宪：吴宪成，江苏武进人。

③ 稚：吴稚晖（1865—1953），原名吴朓，后改吴敬恒，字稚晖，江苏武进人，国民党元老，曾帮助荣宗敬、荣德生向南京政府请求救济以度过棉纱业危机。

家坨〔沱〕，惟税票急切不能分到，至快要四天后也。弟拟于后天自往税务管理所交涉，以谋日后方便也。专此。

敬请

台安

弟无咎[1]谨启

五月十六日

---

① 无咎：厉无咎（1906—1993），江苏无锡人。1931 年到汉口申福新厂任会计。全面抗战期间受李国伟委派处理申四、福五内迁建厂，并任申四重庆分厂副厂长兼营业部主任、厂长、经理。1949 年被李国伟任命为申四、福五湖北管辖区经理，是荣氏在汉企业最后一任经理。全国政协第一届第二次会议与荣毅仁同为沪汉两地荣氏企业特邀代表。

厉无咎致章剑慧

［1939 年］6 月 8 日[①]

剑慧兄长伟鉴：

手示敬悉，各情分陈于后：

一、大业麦子事。今往晤董、徐两君，仍无消息，恐成泡影。昨晚至米亭子，因空袭之后无麦商到场，仅晤得李伯衡子，已请彼多方探听囤户，并函大小河麦贩，一面将麦样寄渝，一面从速装渝。今晚当再往，详情明日再奉告。

二、汽车事。昨正前往警局，忽遇警报。今午后当再往，如何情形再告。

三、纱市仍坚，但无前昨硬朗。川康今售廿支“老司求”卅件价［九百九十三元］，城中交货，另［五件］价［九百九十元］，南岸交货。囤户如华懋等，均旨在陆续走售，投机者并拟自叙府[②]等地转货来渝兜售，因叙府廿支“老司求”仅售［九百三十元］上下也。同时申货确陆续有到，“白飞艇”外，尚有“双马”（我申九货）等，日内可到渝，价一提，途货自必设法赶运，此亦意中事。我今日未售，以后宗旨自当恪遵兄意进行可也。

四、大业花款已由沈礼［骏］兄算出，计［二万九千

① 原信无年份。信中提及“统粉事，当与鲜君熟商联络对付办法”，与 1939 年 6 月 10 日厉无咎致章剑慧信中提及的“军政部统粉事，今与鲜伯良晤谈”相符，故推断年份为 1939 年。

② 叙府：四川省宜宾市。

九百六十五元六角二分］，去上行票壹纸，此款中大约包括以前未清花款在内。因昨〥十件［五十件］仅〢百余［二百余］担〦〢〥［六十二元五角］，只合万余元也，便请向沈兄一询是否如此，码单不在此，弟无从［乾］算也。

五、统粉事，当与鲜君[①]熟商联络对付办法，并照尊示进行可也。专复。

祗请

台安

弟无咎谨启

六月八日

① 鲜君：鲜伯良（1903—1990），四川西充人，重庆近代面粉工业资本家，复兴面粉厂厂长。

厉无咎致章剑慧

［1939 年］6 月 10 日[1]

剑慧兄长伟鉴：

昨被炸地方甚多，但同仁里与蓝家巷均无恙，堪以告慰。公司傍廖家本落有燃烧弹一枚，幸未烧出，诚属大幸。新川对门机房街口一弹波及之处甚广，礼泰与大通间落五弹，六合公司被炸，礼泰电力公司、大通等门窗均毁，大通对门永安公司被焚；交通后门亦落一弹，穿交通楼三层。此外，如千期门盐码头、会仙桥华华公司与福星居等处均被炸。顷晤郭斌佳[2]先生，据云昨共廿七架，先来九架，继来十八架，惟内有六架被我机挡住，未能侵入市空。棉花街上盛传我厂后山有数人被机枪扫射殒命，足见站立露天毕竟危险，以后望兄于紧急警报后务必避入防空洞内，至要至盼。兹将各事分陈于后。

一、棉纱今晨无市，福生售“双马”价［一千元］与［九百八十元］，此非正市。我今售［五包］价［一千〇四元］，盖市气虽趋疲途，但一二水客急于购货，亦能出此高价也（因炸后不易觅人购求）。

二、军政部统粉事，今与鲜伯良晤谈，彼亦力主非［五元四角］不可。据云金场长曾一再向鲜谈过，仅出价［四元六角］，鲜

① 原信无年份。信中提及“鲜已知我派人到合办麦……”，与 1939 年 6 月 11 日厉无咎致章剑慧信中提及的“合川办麦事”等情相符，故推断年份为 1939 年。

② 郭斌佳（1906—？）：江苏江阴人，历史学家、外交学家，留美博士，武汉大学教授，后任国民政府外交部参事，出席开罗会议。

始终未允。弟约鲜君一致对付，鲜君甚以为然，如金场长再到厂接洽，请照此情形再由吾兄斟酌应付可也。鲜君云复新、先农两厂每日允供统粉叁百袋云。

三、鲜已知我派人到合办麦，并云合川麦价今忽高跳，即因我派员往办之故。彼并云陈锡斌即为大囤户之一，内地商人不知渝情，以为多添一厂必可乘机居奇，此确实情。鲜君最后要求我方电合，即将驻合人员调回，借以压平市价，然后由彼厂原有驻合人员尽量购进，与我对分云云。玩其语气，似出诚意，弟意若今晨所去电报未能办到，而麦价高抬不已，则我方不妨暂时甩手，暗与鲜君联络合办，待新麦拥到，再行着手未晚。

尊见以为如何？尚乞指示，俾可遵循办理。专此。

敬请

台安

弟无咎谨启

六月十日

壹万元已由美丰汇合，两电亦已发出，勿念。

历无咎致章剑慧

1939 年 6 月 11 日

剑慧兄长伟鉴：

昨日傍晚往访明剑先生，对申三商标事详为解释，附函亦已面交。其厂后正在开凿防空洞工程，极好，闻与陆大及中国铅笔厂等合作，因念我厂防空设备太缺，非特职工于紧急时不能尽入坚固防空洞，即身系我厂全局如吾兄与宝眷等，亦竟一无躲处，殊足担心。弟意吾兄尤应小心，因于私人立场或可谓置一切于度外，但念及职责之重，实不应不处处珍卫也，质之高明以为何如。兹将各事分陈于后。

一、纱市已两日无有成交，康记等囤户虽有意走售，但无顾主，我“忠孝图”街价仍在［一千〇〇四五元］上下。

二、小麦弟前日所接洽之［七百石］，［四百石］本定今晨前往童家溪看货，嗣因该囤户业已来渝，今约定明晨至公司接洽。另有船货约［二百余］石日内可到（约十五号前后），亦已谈定由我收进，价格看货后作定。今另有李伯衡介绍合川囤户货壹千石，对方只肯售［五百石］，市石价［七元五角五分］，弟答以苟能交足壹千石，价可稍提，若只售［五百石］，最高每石价［七元三角］，厂上交货。今［五百石］定单已在，弟处已嘱其向前途接洽，另外之［五百石］，并告以如壹千石成功，准可照［七元五角］作价送厂交货看样后作定，货到看样，收货期限壹星期。如不成而只售此［五百石］，则照［七元三角］作价，条件与上相同，约定于今午后一时前定规，如何结果，再行奉告。

三、合川办麦事，尊意极是，自当遵照办理。今日星期，鲜君未来，明晨再往接洽。此时，弟以为不必即行关照，合川双方进行较有把握。今晨所谈壹千石，弟明知实系陈锡斌手货，所以愿出［七元五角］者，贪其送厂交货；且照荫庭兄函，老石［二十四元］，须合［八元］余，再加运费力［钱］，又要自冒风险，两相比较，自以前项交易为合算也。

四、磁器口设庄事，照弟鄙见，可全由方先生自主，我方除于开办时派人往观略情外，不必派员长驻。因该地为一乡镇，距城不远，棉纱、面粉销场均有限。至于麦子另星收买，为数不多，若云上游来货可以揽住若干，则合川我已设有庄口。故开办伊始请克仁兄前往观察各情，借资参考，未尝不可，若派员长驻，似可不必也，未识尊见以为然否？弟有所见，自当直陈，最后决定仍请兄裁夺为幸。（唐兄今日未及前往，各情已请彼面陈。）

五、现当新麦上市之际，而我厂又属开工未久，将来麦子来源亟宜早有布置。顷与唐兄商量，最好乘此时机，即请唐兄至大、小河各埠调查，将来小河庄口即设于合川，大河庄口或即设于江津，两庄之外不必再设庄口，以节费用。某埠如有必要，尽可托人代办，如顺庆文绍周办法，未知尊见以为然否？

六、晨间所谈麦子只有［五百石］，尚有［五百石］对方坚云无货，此亦无法证明。价格方面再三计论，由李伯衡方面权允作为［七元四角］，若对方一定不肯，尚须补与八分，与合信价格相比，合算多多，故弟已擅主作定。尚有童家溪货明晨再谈，余情面陈。

敬请

台安

弟无咎谨启

廿八年六月十一日

厉无咎致章剑慧

［1939 年］7 月 6 日①

剑慧兄长伟鉴：

昨晚敌机夜袭，想受惊不小，弟等避入交通银行，甚为安全，西人则与麋先生同赴邮局暂避。事后得悉上半城被炸较重，两处起火，一在临江门，一在通远门，闻四德里已被焚；下城于模范市场被掷一弹，适中大通间壁之宏昌号，大通房屋坍塌一半。顷中国银行传出消息，谓敌机六十架已由汉起飞，嗣经细探各方，方知不确，但近日天气若好，日夜总觉危险也。兹将各事敬陈于后。

一、纱交仍少，价则有涨无跌，街面手货廿支“双马”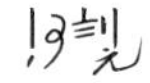［一千一百八十二元］，我廿支“红忠孝”约品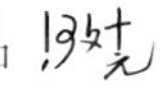［一千一百九十元］上下。

二、福生吴味经②先生定于八九号由渝赴陕，彼有自备汽车，弟因将西人机票退去，即请吴留一位置同往，如此一路并可拜托吴君招呼，于西人便利不少也。未识尊意以为然否？

三、粉照尊意进行，麦未进，因弟拟稍与抑价也。

专此。

敬请

---

① 原信无年份。信笺天头为“重庆庆新实业股份有限公司用纸”，申四迁至重庆后于 1939 年 1 月复工，改称“庆新实业公司”，1940 年 3 月更名为“申新第四纺织公司重庆分厂”，故推断年份为 1939 年。

② 吴味经（1897—1968）：浙江东阳人，著名棉业专家。1938 年，任中国棉业公司襄理兼营业部主任，成立福生庄并任经理，抢购战区 60 余万担棉花至后方。

台安

弟无咎谨启

七月六日

再启者，昨晤陈元直[①]，据云前途尚未会到，俟会到后，再通知详谈云。

① 陈元直：时任邮政储金汇业局重庆分局股长。

厉无咎致章剑慧

［1939 年］7 月 25 日[1]

剑慧兄长伟鉴：

昨晚敌机肆扰，被炸之处甚多，计有浮图关、礼园、李子坝、先农附近，江北刘家台、临江门等处，闻大佛寺附近亦被波及，未知确否，想兄又受惊不小也。兹将各事分陈于后。

一、纱市今晨回疲，豫丰售十余件价［一千二百八十五］元，我“忠孝”手货售［一千二百八十元］，“双马”手货［一千二百七十元］，交易不多。

二、今进宝宁麦［八百石］，价［六元八角］，此货较干，可存仓。又进遂宁麦［五百石］，价［六元七角］。昨闻亦清[2]兄云厂中栈房已堆满，不能再容，但河下靠拾于〔余〕船，在此洪水横流、敌机肆虐之际，殊不放心。故弟意急宜设法，沿小河仓库固有三四处，但前去察看既需时日，派人前往办理更非相当时期不成，缓不济急。不如暂向弹子石谦泰恒仓，将较干者堆存二千至五千石，其栈租去年为每市石每季［一角五］分，今年或可稍廉。闻该栈甚宽，可分仓隔离堆存，较为稳妥，特未识尊意以为若何？如以为可行者，望示知，俾可进行也。

三、电力事已致电刘兄商谈，因过河高压总线于李子坝附近被

① 原信无年份。信中提及“荣伟仁先生不幸于本月廿日逝世”，荣伟仁于 1939 年逝世，故推断年份为 1939 年。

② 亦清：黄亦清，时任庆新面粉厂厂长，后任申四重庆分厂厂长。

炸，正在赶修中，大约今日午后三四时可望修复云。

四、今晨之铨兄来云，荣伟仁先生不幸于本月廿日逝世，不胜惊悼。宗公去世后，小辈中较为稳重厚道者当推伟仁先生，今竟去世，亦云新事业之不幸也。

五、来，彼名下〡万〤千元［一万四千元］本利已取去，尚有〢万元［二万元］因持票人尚有未明了处，拟稍缓再行办理云。徽明事购下已无望，袁愿与佘[①]合作，由兄为总理，佘副之，未知兄意以为如何？袁兄明晨在渝等吾兄来渝细谈，故明晨望过河为荷。又一鸣兄昨在公司晤谈，彼亦转达佘不售意思，并亦约兄于明晨晤叙也。

六、吴宪老来谈，云英、日妥协已定[②]，将约日签字，故法币前途殊难乐观。弟拟用兄名义，送稚老、宪老小袋粉各五包，望赐卡名贰纸为荷。

七、印刷机几为人以〡万〥千元［一万五千元］抢去，弟闻讯急托裕生朱学裕君转圜，并即请彼为中证人，今晨已签好合同（价仍为〡万〢千［一万二千］元），先付〣千元［三千元］，明后日即可装机运厂矣。永川机器不能再缓，弟拟于明晨前往交涉，当日返渝，未识可否？敬请示知为感。

八、钧示致中一电甚善，惟关系大，因未注明即发，故弟未敢贸然发出，发否仍乞明示。弟意发后观其反响如何，若再无理为难，则可由弟与叔兄等出面周旋，使沪方知我辈忠贞廉洁者，固亦不可厚诬与任意欺刻也。

九、汽车1936八汽缸者，今晨已开来，但弟不识机器，适袁兄

---

① 佘：指佘克明，民国年间沙市著名企业家，创办有纺织厂、织布厂和面粉厂。

② 英、日妥协已定：1939年7月15日至22日，英国驻日大使克莱琪与日本外相有田八郎在东京谈判，达成协定。7月24日，双方签署《有田–克莱琪协定》，表明英国在中国问题上单方面向日本妥协。

等在，因同去一看，袁兄嫌机器太旧。明晨或再来，由兄自行详察后再说。南泉无法通知，因不知地址，明日兄过河后，即往南泉一游，可乎？专此。

敬请

台安

弟无咎谨启

七、廿五

厉无咎致章剑慧

［1939 年］8 月 5 日[①]

剑慧兄长伟鉴：

昨晚夜袭牛角坨〔沱〕，复兴厂[②]前停靠小麦船五只，又煤船壹只，被炸沉没。五船小麦复兴损失三船，计贰千余石，另李伯衡行客两船计五六百石，故复兴损失在万元外。幸厂房未曾波及，可谓不幸中大幸也。兹将此间各事分陈于后。

一、纱市今日回疲，交易不多，计金“双马”街盘售〡〤〇〥元［一千四百〇五元］〣〢支［三十二支］，“天女”〡〧十元［一千七百一十元］，我“忠孝图”约品〡〤十元［一千四百一十元］上下。一般纱商鉴于敌机连日轰炸，手货责任殊大，因此心思软弱，均愿脱售，而受主极少，遂呈疲势。军政部被服厂潘某向豫丰要纱，尚未解决，但事在必成，仅时间与作价问题耳。此事与林继庸[③]召集之纱价会议，实有连带关系。

二、粉销平平，麦价仍在六元以上，此次李伯衡行客两船被炸后，内地贩运商将益裹足不前，以后到头恐渐减少，而麦价恐不易扳进六元关矣。

三、汽车已招徐洪福往修，但至今尚未回来，想来损伤颇重。俟

---

① 原信无年份。信笺天头为“重庆庆新实业股份有限公司用纸”，故推断年份为 1939 年。

② 复兴厂：公益铁工厂迁至重庆后，改名为复兴铁工厂。

③ 林继庸（1897—1985）：字荷达，号仲庸，广东香山（今中山）人，军事委员会经济部工矿调整处业务组组长。

其修好开回后，再与徐洪福向售主交涉。

四、潘岳凤先生到渝已数日，今日特请彼向吾兄请示一切，俾可有所遵循也。

五、颖川兄因无车，尚未去贵阳，渠云拟约日请兄午膳，明后彼或访兄面谈。

六、徐燕谋太太特托牛君持函到厂谒访吾兄，大约为办理退股事，但未遇。今约于明晨九时前后，再到厂中拜访吾兄，望稍候并知照门房准其进厂为荷。

七、袁兄仍未返渝，想足溃仍未好。佘君想已晤谈，杨行知[①]今晨会过，对粉厂地址取决于佘与吾兄。又熊荫村[②]所谈染机，拟请开一细单，闻两万元彼似有意要也。粉厂地址，弟与佘先生所看者，今划一草图附上，虽不准确，大概如此，弟意该地地位实较庆新为优也。专此。

敬请

台安

弟无咎谨启

八、五

① 杨行知：重庆益民钱庄经理。

② 熊荫村：四川宜宾人，大川实业公司董事长。

厉无咎致章剑慧

［1939年］9月11日[1]

剑慧兄长伟鉴：

今晨空袭，闻泸州、成都、嘉定[2]与巴东被炸，泸州市区损失颇大，当即发一电与令弟云“安否？电复”，想明晨当有复电也。

一、纱市今晨稍好，开盘［一千六百二十五元］，二盘松至［一千六百一十五元］，回升至［一千六百二十元］，后市似仍看好。

二、李公嘱上行收［三万五千元］，此间上行已来催介，原拟今晨介去，旋以空袭未果。明晨当照介勿误也。

三、上行车夫又有汽油壹百加仑，每加仑价［十三元六角］，弟意将来油益难购，而我厂与宝鸡将来车辆必须来往，用油必多，故［决］予购下，未知尊意亦以为然否？

四、中渡口明晨与克仁兄同往布置，合川已到麦［七百余］市石备堆该处。今日佘克明先生来，弟再向购进袋子［五千］只，价为［一元］，以备日后应用，想吾兄亦以为然也。专此。

敬请

台安

弟无咎谨启

九、十一

---

① 原信无年份。信中提及“今晨空袭，闻泸州、成都、嘉定与巴东被炸，泸州市区损失颇大”，史料记载，1939年9月11日，日军对泸州进行轰炸，造成泸州“九一一惨案”，故推断年份为1939年。

② 嘉定：今四川乐山。

华栋臣致李国伟

［1939 年］11 月 25 日[①]

伟弟大鉴：

顷接宝鸡十一月九日尊信及剑慧兄另函，两信均甚关重要，当转呈德公鉴阅。德公云资本事所示各节办法系事实，请吾弟在渝研究妥善，早将手续办妥，否则日后纠纷甚多；至山洞建设计划，亦请吾弟定夺。惟云南宁已失陷[②]，战事如延长，西安方面以能否渡河为标准。苟能渡河，则宝鸡必须撤退，能有盈余则络续建设，以不投巨大血本为宗旨。一切均盼吾弟大材定夺。

大华事，宝厂去函措辞异常适当，兄意须双管齐下。除公开交涉外，在私人情感上亦请设法疏通，目前请先托苏君汰馀[③]疏通疏通，觉有益无损也。府上均安好，勿念。火炉已装好。今日汇票大缩，外传农民银行挤兑，变化正多，不知如何情况也。

此请

旅祉

小兄梁[④]顿首

十一月廿五日

---

① 原信无年份。信中提及南宁失陷，故推断年份为 1939 年。

② 南宁已失陷：1939 年 11 月 24 日，日军攻陷南宁。

③ 苏君汰馀：苏汰馀（1886—1948），四川巴县（现重庆市巴南区）人，裕大华纺织集团创始人。

④ 梁：即华荫梁。

秦毓浏致李国伟

1939 年 11 月 29 日

国伟贤甥如晤：

廿二日曾奉寸缄，计可鉴及。本月份奉还吾甥之款已于廿五汇，请察收。现在南宁告失，此间切近前线，不无余殃，本路[1]或将星散，浏又告失业，浩劫余生，残喘不能苟延矣，未知前生何罪耳，思之泫然。浏以囊空如洗，为筹备旅费计，拟暂停汇家用，以应在昆急需。俟大局略定，旅费储充后，再行汇款至渝。昨已函知昌儿，本月份用款仍向尊处支领，下月份起暂停，贰月后再照办。至亚芬处，浏亦函达，请汇款来昆，俾通伯可储备旅费之需。届时交通不绝，浏拟来渝求食矣。专此函达。

顺颂

旅祺

愚舅浏启

二八、十一、廿九

剑慧均此致候。

---

① 本路：叙昆铁路。

1940 年

李国伟致荣德生

1940 年 1 月 17 日

岳父大人尊前：

敬禀者，婿以上月三十日离宝鸡，午间过凤县双石铺，距宝一百零一公里，天双公路在此交会，自双石铺至天水，约二百余公里。双石铺之西为甘肃两当县，产煤，即凤县煤脉，现有中国工业合作社及大新面粉厂在彼开掘，因煤层不深，故煤质时劣时好。婿曾以之拣视，与萍乡煤相仿佛，油重而挥发份亦好。现拟请旧友李牧洲兄（矿师）前往探视，如能发现好矿，即着手领采，同时设法改良运输，因目下均用大车，甚不经济而运量极少也。

自双石铺历留坝、褒城而至汉中，三十一日在汉中视察。南郑夹于南山及米仓山之间，居汉水发源之地，为汉水平原之起点，土壤肥沃，气候温和，虽在冬间，而田中、山中均青葱可爱。惜当地交通只恃公路及泥道，河槽虽多，小者为涧，大者则身宽而浅，水流湍急，行舟不易，以致贸迁费用异常昂贵。城为府址，故颇广阔，人口亦众，约有十四五万，惜工业不能发展，故全恃农产以为生，垦田颇为整齐。抗战以后，曾由资源委员会办一电灯厂，惟因燃料毫无，致成本极贵。土煤常在一百五六十元一吨，煤质尚极劣，是以筹办工业舍取小水力外，原动实一大问题，故须煤有办法，方能冀工业之发达。目下，面粉自宝鸡运往，每袋售至十二三元，桐油、药材亦不提炼，利弃于地，甚可惜也。

阳历元旦日，自汉中出发，又过褒城，经沔县、宁羌而至广元。

自褒城至沔县之间又为一小平原，田畴约在万顷至万五千顷之间，均种麦、豆。在褒城、留坝间，有涧一条，名白河，在褒城之西注于汉水，水量在冬间亦尚多，可筑坝，利用水力（因不能行船）造一小面粉厂，日出五六百包，以供给汉中及沔县、宁羌一带，为利亦有可观。此等事在渝、宝两厂粗有眉目，再往进行也。宁羌至广元之间，历五丁关、牢固关及西秦第一关[①]等险要，车回绕于万山之中，往返盘旋，殊为怯力。故现自沔县开公路至阳平关，接嘉陵江水路，较在广元易水路、车运可以省力不少，闻一二月内即可通行矣。将抵广元时，公路沿嘉陵江而行，两旁淘金沙者到处皆是，令嫒恨不下车同往淘金，可发一笑。广元现为水陆转运之换站处，棉花之自宝鸡南运者在此换船，货物之自四川运陕者溯嘉陵江至该处登陆换车，故均设有堆栈。我厂亦在该地租地四亩，年租一百二十元，拟造土屋十间，以为堆棉之用。婿经过该地时，即将此事办妥，现已在动工矣。

二日上午，离广元，登剑阁，至梓潼歇夜。剑阁形势雄险，只有一道可以登临，诚所谓“一夫当关，万夫莫开”。登岭后，公路即在山顶上行，常随古道盘旋。而古道之旁，老柏成行，苍翠可爱，有较北平中央公园之古柏更大至两倍以上者，相传为蜀汉张桓侯[②]所植，观其枝干之粗茂，恐所传非谬。间数里或数十里，即有百余株绵延并列，计自剑阁至梓潼西、绵阳附近四五百里之间，时断时续，诚为大观，均有当地县政府之标识，编列号数，禁人采伐。遇古柏繁植处，车穿驰其中，几有入仙境之概也。剑阁为山城，然四周有田有溪，鱼肉菜蔬均极廉贱，米粮亦然。计广元、剑阁、梓潼三县食用之廉，较汉中、成都等处不过五分之二耳，居家颇为合宜，惟城小民贫，文化闭塞，乡民衣服之褴褛，见之可怜。梓潼宿处最为陋劣，幸自带有

---

① 西秦第一关：七盘关，位于四川广元与陕西宁强交界处，扼守咽喉，地势险要。

② 张桓侯：张飞，三国时期蜀汉名将，谥桓侯。

被铺，得以勉强度夜，然为虫虱吮嘬，困痒不堪。

三日黎明，离梓潼，历绵阳、罗江、德阳、广汉、新都而至成都，以下午一时半抵达。沿途沃野千里，沟塍纵横，田畴辟农作茂，实为川中最富饶之区，较江浙之腴田尚为佳胜也。抵蓉之日，适值汉章姻伯亦偕美扬弟由渝到达，同寓一栈，相见甚欢。

四、五两日即在成都视察，人物繁茂，市廛栉比，诚不亏〔愧〕为西蜀之首都。有人口六七十万，粮市均集中于新都县。离蓉约三十余里，有毗河，下通沱江，历简阳、内江、泸州而入大江；成都东门外，锦江则注入岷江，经乐山（即旧嘉定县）、宜宾（即旧叙州府）而入大江。成都货物、土产均由此两水以聚散，可资以兴米厂、粉厂、油厂、羊毛厂、纸厂之事业，即纱布厂、丝厂亦能兴办，实较重庆地势为佳，发展有望，设将来天成、成叙两路通车，则成都之隆，未可限量矣。目下，交通部测量路线，发见自宝鸡至成都经过秦岭、米仓山、嶓冢山，工程险巨，不若自天水经徽县，顺嘉陵江上游而至成都，工易施而费又省，复自成都至内江，径至叙府而达昆明，自昆明至缅甸以出国。目下，内江至叙府之一段正在积极动工中，而陇海路天宝段亦积极进行也。成都附郭临江之地，每亩已需七八百元，较去年高出一倍以上矣。

六日晨离蓉，晚宿内江，汉章先生等亦于是晨搭飞机返渝。七日晚间到渝，则宋先生已于是午赴昆明，转西贡而回香港矣。

是行历二千八百余里，秦岭以北天气寒冷，秦岭以南则田中麦、豆均已向荣，竟较江南为早，而均为物产丰富之地，均以交通不便，矿业、工业不能发达，殊为可惜。然将来铁路一通，则较江浙更为兴盛，因川有山产，矿产蕴藏无穷，非特农产、丝、糖、盐已也。我宝、渝两厂既宅其两端，急应在中逐渐图谋新事业，视我力之所能，逐渐以经营之，较他人自易着鞭，谅尊见亦以为然。故有凤县煤矿之计画，要当于今岁竭力，先图其成，以答尊命耳。

日昨接五日来谕，敬悉渝厂定由申四、福五分头接办，自可遵行。惟粉厂与纱厂相接过近，婿意账目等虽可划分，然管理则不宜分割，即宝厂亦然，庶约束可严而不致政出多门，常生是非，且费用亦可减轻。故婿意重庆粉厂范围既小，基地房产等不能划分，则以向申四租地、租屋较为合宜，即宝厂亦以如此为宜，因一地实难两分也。间常拟将来两厂之合并组织，兹另列一表附上，粉、纱两厂之原料、原动、物料等可以完全划开。至同事之薪给及营业之费用，可以照营业洋额之总数，而比例摊派之，好在为数不多。粉厂之下脚制即应取消，将同事之薪给增高，两厂红利亦应合并，平均分派。目下，纱厂营业甚好，粉厂同事可以沾光不少，然粉厂同事为数有限，将来纱厂遇疲挡时，或粉厂转机，纱厂同事亦可沾光也。以前粉厂营业顺利时，下脚红利稍为多分，纱厂同仁均深艳羡，啧有怨言，谓事多而酬少。前年纱厂同事稍为多分，粉厂同事则又羡慕不置，恨不任纱厂职司，怨言又起，于粉厂影响办事之精神极大。以前两厂尚有先后、异地之别，然因同在一区，已有如此之噜苏。今屋宇相接，同办公室、同栈房、同物料间、同住宅区，而欲将待遇各异、管理划分，则纠纷之多将日见，其心劳力拙，故不如在此创办之初即将管理、待遇划为一起，直捷简易莫过于此矣。此应请核准者一。

两厂红账正在赶制之中，定将廿七年、廿八年分结。廿七年份除支去拆迁费四十一万四千余元外，毛余贰百五十七万元。本厂机器、房屋，连新添之机（信昌之机款在前年已转入厂，机户因折旧可多提），共为六百九十四万元。因拆迁之遗失及兵灾之损失，现留之机器、房屋估剩十分之七，则应提特别损耗为原价十分之三，合二百另八万元，尚余四十九万余元，支去照《所得税法》应提公积四万九千元，应纳所得税四万四千元，又官利廿四万元，又补缴廿六年度所得税三万八千五百元，净余十二万元，并入廿八年度分配。廿八年盈余除去拆迁费拾八万三千元外，渝厂约一百四十八万元（渝粉厂盈余约十六万元亦在内），宝厂十八九万元，除申、汉两地开支十四万余元，约共余一百五十三万元，照部颁《所得税章程》，应提折旧卅一万五千元，公积十二万元，所得税十一万元，官利十二万元（另十二万元拟在上海申九盈余项下支付），净余八十六万元。连廿七年度盈余十二万元，共九十八万元，拟作十四成：分派十成为股东红利；一成为总经理及申公司管理委员、监察委员之红利，如申九之分与董事会者然；一成二分为经副理及各厂厂长等之红利；一成四分为同事之红利；四分为工友之红利。紧邻裕华纱厂系如此分派，申九之新章亦相离不远。细核此章，如与我前章以十三分之二派作同事花红者比较，为数并不多。因我以前习惯载在章程上者不过以十分之三为公积及折旧，设令共结余一百五十三万元，照旧章应提廿三万五千四百元为同事花红，照新章则只以八十六万元分配，如作十四成，则每成为六万一千四百元，四成为廿四万五千余元，与旧章不相上下，而同事、工友之实得者不过三成，为十八万四千余元耳。此应请求核准者二。

查前年撤退时，同事均发廿个月之红利，而主持总务之人原有成头分派者均未发给，应按廿六年度之比例计算，补行发给，以视甘苦相共之义，其数约十四万元。又查前上两年，同事沿江、沿路押运棉花、机器等，备尝艰苦，时遇危险，幸叨福庇，未有伤死等事发生，均有微功可录。又宝、渝两厂建造之际，主持者均特别努力，似均应另给奖励，以资激劝，庶以后遇危难之时，不致规避，拟另提五万元分发。按上年份物料及汇水[1]上之盈余，与大华租金之收入（大华被

---

① 汇水：银行或邮电局办理业务汇款时，按汇款金额所收的手续费。

焚之机，现与该厂经理石凤翔[1]接洽，有赔金价之希望，我要其照现价每部赔七百另二镑，渠要减少，正在磋议中），为数约在卅七八万元，因系特余，故未结入宝、渝两厂之营业，拟与申九营余并在一起，故拟即在此数内提拨上两笔之酬金。此应请核准者三。

总按上两年营业，廿七年份汉厂盈二百九十八万，廿八年份渝厂连粉部共壹百六十六万，宝厂十八九万，除去廿八年份申、汉两地开支十四万，共余四百六十九万。支去折〔拆〕迁费用共五十九万七千元，拆迁及兵灾损失提备二百另八万，廿八年份折旧卅一万五千元，两年公积十七万元，两年所得税十九万元，廿七年度官利廿四万，廿八年度官利十二万，共支三百七十一万元，净余九十八万元。所以如此者，无非为厚根本、备万一，设遇时局敉平[2]，可以即行复兴汉厂及重建宝厂。如以上数九十八万作十四成分派，则股东得七十万元，总经理等得七万元，经副理及厂长、主任等得八万四千元，同事得九万八千元，工友得二万八千元。申厂方面闻余八十九万元，除拟摊官利十二万元外，照十二成分派，每成得六万四千元，股东得六十四万元，申九同事得六万四千元，申四同事得六万四千元，亦以四成分派，则总经理等一万六千元，经副理及厂长等一万九千二百元，同事二万二千四百元，工友六千四百元，申厂工友之份已由申九派数内支拨，故拟将此六千四百元提作申总公司同事之花红、物料及汇水之盈余。又大华租金共卅七八万元，提去十九万元，补发廿七年份未派之成头及奖励得力同事，约余十八万元。渝小粉厂共余十六万元，提去运费、折旧、公积及所得税等，照今岁渝、宝两厂之盈余一百六十六万元提净只得八十六万元之比例计算，则十六万元提净，只得八万三千元，作八万元提为福新五厂之红利，亦在此余内支去，

① 石凤翔（1893—1966）：湖北孝昌人，著名纺织实业家，时任长安大华纱厂经理。
② 敉平：安定。

净余十万元为股东红利。以上三项股东红利共为一百四十四万元，拟以一百廿万元升股，廿四万元发红利，两年连官利，汉、渝、宝三厂共摊发六十万元，已于前年八月发过十六万元，应再找发四十四万，加申厂摊发十二万元，则今岁三月底共发伍十六万元。所拟办法如蒙核准，即请电谕，［以］便照此结账。至福五官利若何提派，容俟结转清楚后，再行拟呈。专肃。

敬叩

钧安

婿李忠枢谨启

廿九年一月十七日

溥、辅、尔、伊、毅诸位弟台均此。

荣德生致李国伟

［1940 年］2 月 3 日[①]

国伟大婿青览：

接自宝鸡回渝之后述沿途风景及宝厂办法，甚详。其图早已阅过，方针亦明白，惟化费稍大，能望从轻路走为妙。凤县煤，能觅得佳处为幸。该厂用煤日需数十吨，一劳永逸，分堆厂旁，可售可用，分一点心或可办到，自用不化［钱］。棉、麦原料相宜，动力人工不吃亏，可以坚固。沪上各厂目前占优，将来或不及内地，人杂化费大，尤其如水电、地税，目下棉自外来固便，若从内地来来去去不上算，食住尤难。婿所目见，余无时不在忧闷之中，人心险恶，盗贼横行，所以希望内地早安，安居乡下，闲时到各地游游。争权夺利之心本无，目下争权夺利恶意横生，亦不愿见。前次渝厂发生误会，婿在申余即解说，至今如何？章小姐[②]见过，勇往向前，不亚男子，厂中得此助力甚幸。现在工厂不免有门户之见，吾国工业难兴，此亦一原因，能尽力化除即易收效。二提拔人才，如见真才，诱上熟路。曾文正招罗泽南，骆秉章爱左宗棠，收效之大，即是用公心、起能任。曾九围京城，三年始成功，成亦甚险，照今开通世界，则不合理矣。余前日招各厂及有力同仁谈话，商确总公司主任，推定舍侄兄弟，一切权利义务、内外整理均属之。尔仁有厂务，且其不熟内部，日后望其

---

① 原信无年份。根据内容，应为 1940 年 1 月 17 日李国伟致荣德生信的回信，故推断年份为 1940 年。

② 章小姐：章映芬。

在收复工场中任点有心得事。一心有己事，不愿在口舌门中谋生活。鸿增因先兄过后，误任事务致病不治，余至今暗悔。吾局虽如私人工业，然人多识见，不同等于政治，非各厂各处公开讨论，合理做去，不合勿动，即可免去以前之病根。生意顺逆必有之，事有利方做，不成事业矣。余此两年立定宗旨，扶侄辈守业，能三年毋改。在此风浪时节，渡过得着实惠，料理各事清楚，是非自有公道，商场信用回复，则余愿足矣。

寄来宝、渝、沪营业分润办法，阅后即交舍侄看过，决定照办，复电去矣。总经理分红，余从未收过，由栋兄转告，归侄收集还人。以后一切情形商量，即有私函，宜分函二侄，照前式告总理，现名主任。因粉部有总经理，纱部有外人董事长，茂无主权，不尚阔大也。是日栋臣兄亦列席，各人均到△△△。在余本是一片诚心，不顾自己，但求不滩〔坍〕台，不料得此战事，先兄作古，人事变迁。幸二、七、二、九[①]得力，为全局撑头，二年中已将风险脱去。余心中感激，惟不会花言巧语，俾奖诚在心中，不能取信于人，时时猜疑，可笑亦复可闷。金融界老辈有几人明知得我力，余不愿卖功，君子之交，淡淡而已。而恶劣之徒，欺我乡曲，视为应得，可恨亦可怜，此业之所以不振也。总之常在市，古称市井，信不负耶。

新岁过去月余，旧岁亦届，各业平稳，得利者多，得大利不少。百物贵，苦者更苦，乐者更乐，百事不开，冻死人已有二千余，前未有过。昨日大雪，积五寸，廿年无此景象。吾局平顺，得益各同仁眉飞色舞，失业者受苦，苦乐不匀。目睹者寓中平安，新宅尚未完

① 二、七、二、九：福新第二、七面粉厂，申新第二、九纺织厂。

工。七女[1]嫁后尚好，七婿伯忠[2]老诚平稳，余又去一心事。惟九女[3]自欲效力为痴，日间将抵渝，望大女劝之，由女界老前辈指其迷途，女子干事谈何容易。此致。

即问

日佳

德启

二月［三］日

诸同乡及明剑诸同事候之。

① 七女：荣辑芙，荣德生七女。

② 伯忠：华伯忠，“养蜂大王”华绎之子，荣辑芙丈夫。

③ 九女：荣墨珍，荣德生九女。

荣德生致李国伟

［1940 年］2 月 26 日[①]

国伟大婿青览：

来函已阅，启民兄已安抵为慰。所言如此，但知表而不知里。余从来不说荒唐话，到申一年看明内情，余之出言、行动不可以昔日并论。为此格式谨慎以图圆满，否则必为一班好事者利用时机折〔拆〕散大局，不但难复兴，不久将来前功尽弃，为个人，为社会，岂勿可惜？

四厂四分，鞭长莫及，婿与诸君毅力进行，乘此机会保住机本，余实厚望。日后无人牵得动，但望处处立稳，股东得点官利已可矣，本小也。所有存花、存麦与市上粉、纱，均能得利。四欲加至千万，或能成功，一至其数即注册，内注明申〡〥［一百五十］万、渝〡〥［一百五十］万、宝〢万［两百万］、汉五百万，能否足额，但看此六个月，用完棉花，照市出完棉纱，除去一切即假定分配，先行禀部立案可也。改注册章程等不必大更动，乃时再商。渝机将装齐开足。宝尚不易，幸冠英[②]、剑慧等有为，早观成功。惟百物昂贵，成本重大为虑，能避重省费，为后日之立足。前次欧战得利者均失利，余为前车之见，时时后顾，为言无他，慎重也，余均放心。

---

① 原信无年份。信中提及“到申一年”，荣德生于 1938 年 6 月回到上海，故推断年份为 1940 年。

② 冠英：瞿冠英（1904—1958），江苏靖江人。曾任汉口申新四厂工务副主任、营业主任。1937 年底入川了解情况，规划内迁事宜。1938 年 7 月赴宝鸡建厂，后任宝鸡申新纱厂厂长、总管理处副经理。

毛厂欲在宜宾觅地，麻则决在四之附近，就近与当轴[1]谈谈合否，此皆为被动。欲便于管理，四之纺决决不立脚长江，一通竞消水脚贱，与大开支者比，即知成败。麻无竞争，用在下产，在上亦不妨碍，四之基地留作他用，远谋也，意为如何？宝厂则希望不同，煤事详冠兄函中，农事并附。陕、甘工为首创，西之农无穷，宜用牛马拖之小机器，用人少、收效大。青省地广人稀，必为大农区，沙田亦为佳地种花生。目见归德一带，作良田，豆、麦、棉、桑择气候而施，皮毛产量必加，人口加增必然之势。同乡中如有好农者，至天水购地万亩，不十年必可成功。天成路不若宝成为宜，青、甘、川出口必归陇海，望东差数百里，实合轻不少。现在开山人工做惯，多费数十万元能开，见不少山头，天水必有支路入青，农产一多，牛马力决不足运，最少轻便路载十吨者。稚、宪二老能往西一游最佳，此老目见一过，地方利弊兴革，自有道理。青海成熟，可抵三四省，陕、甘亦抵数省。此次因战而转移目光，得力必在农工，年富力强之青年，实有无限希望。吾之纺织自造后，或有难料之数实现，余决不计较。目前，只望二、三、四、五诸儿[2]，一一自立，各处分润与吾，吾即一一散诸农工。

社会事业亦勿以年老为忧，目下留心壮健，用吾经验，并不以无钱为虑，亦不以有钱欲存放为念，前以商为目的，后以工为目的。诸君以工余之暇，多观国外新进步经济，化练、纺织、染麻、毛染、面、棉、麦、桑、麻、砖、木、丝制各物，有可兴者兴之，有可劝者劝人兴，不必事事有我为也。此吾壮志也，与同仁详谈之。此致。

即问

日佳

---

① 当轴：当权者。

② 二、三、四、五诸儿：荣尔仁、荣伊仁、荣毅仁、荣研仁。

德启
二月廿六日

剑慧、翔德[1]、明剑、冠英均此。

（未复。）

① 翔德：郑翔德（1904—1985），江苏无锡人。全面抗战后，他随公益铁工厂内迁重庆，先后担任过同心酿造厂、复兴铁工厂厂长。抗战胜利后，任申新第三纺织厂厂长。

荣溥仁致李国伟

［1940年］1月31日[①]

国伟吾兄大鉴：

前接奉廿八年十一月廿六日在重庆发来、十二月廿日在宝鸡发来两手教，均悉一一。久思作复，迟迟至今，实深抱歉。

此次吾兄亲临渝、宝两分厂，主事一切，规划周详，为申新争光，为申四奠复兴之基础，其毅力与勇敢之精神实为欣佩，凡申四股东莫不称道。又其在听闻廿八年年度营业状况报告之后，可称意旨完全统一，一致拥护申四渝厂之早日完成。开足所有迁到全部锭子、布机，无论战局之延长与和平，将来重庆一万锭可抵上海十万锭，希望不小。此弟在吾兄第一次到沪时所说，今赖各同事之努力，竟能实现，亦一极可乐之事也。

栋臣兄在申天天晤叙，今交来申四廿七、廿八年年度盈余分配单，已略为参阅，弟毫无意见，所拟办法甚好，今已回电照办。惟在第四项下略有更改，即申九附机盈余项下内拨“总经理及申公司管理委员会等”一成计若干，改津贴两经理，申不再受领。已与叔叔同意，区区之意，希勿却是幸。

申二、九厂营业一二月后已觉难做，照现进［度］出纱，大不合头，将来势必因原料困难，至停工或减工之忧（永安、统益等已减四日班，怡和停夜班），正在商改纺细纱，以拖长时日。粉厂亦同样情

① 原信无年份。信中提及收到1939年11月、12月两封信，故推断年份为1940年。

形，停多做少。

昨福申〔生〕公司经理吴味经先生由渝来沪，叙谈四川情形。吴君至庆新看过，宝鸡亦住二月之久。今由纱联会请客，为内地时常对“双马”“天女”“金城”为劣货扣留，恐阻销路，说明改外（英）商情形。如遇当地各关系机关，亦请说明为盼。

兄何日来申？四川起居惯适否？念念。余详栋兄号信。专此。

即请

大安

弟制鸿元手启

一月卅一日

大姊素容均此。

剑慧兄均此。

李国伟致华栋臣

［1940年］2月15日[①]

栋兄大鉴：

接廿七日来信，知弟十七日所寄之信尚未收到（设该信未收到，乞即电示，以便补寄）。该信内对于四厂之支配有详细申述，请求德丈核准，即行电复，以便结账。廿九日因尚未得复，故曾发电询问，至今未有可否之复，不知该信是否为洪乔所误，至为忆念。

该信内系详述沿途所历，并四厂各地之结余及弟拟之支配（宝厂盈余未到十八九万元，然相去三四万元，此间保险提备内有挹注之余额）。所谓十四成分派（弟拟十成归股东，一成归申总公司，一成二归经副理、厂长，一成四归同事，四分归工人），恐不能邀德丈之允准，然同事出力，不能不有相当之酬，否则人将生心，反于厂务有害。裕华前年由汉撤退时，同事得六十个月之报酬，机匠尚得廿个月，此系苏汰馀亲告弟者，因年底议发工人奖金，三厂（裕丰、裕华及我厂）共议奖额，故提到此数。此次大华被炸[②]后结账，提被炸损失二百五十万元，结余二百七十余力。同事花红提七十余力，石凤翔得十三万余，副经理徐某得八万余，苏汰馀得六万元，茶房月工十二元者亦分得二千元。旁人闻之将以为奇谈，然事实如此也。德丈及申

---

① 时间为到信日期，信笺右侧写有“二月十五到”。原信无年份。信中提及“裕华前年由汉撤退”，裕华纱厂于1938年自武汉迁往重庆，故推断年份为1940年。

② 大华被炸：1939年10月11日，日军空袭西安，长安大华纱厂被炸，损失严重，全厂停产。

股东或将云有限公司股东不负责任，然我多提公积及折旧已备万一，同事方面亦将少得，且申四根本未曾有何大责任加之股东。裕华则照净余之数，以十五成分派，只十五成之一为公积也。

且近来渝地生活之昂，较之申地更甚，一鞋之微竟至八九元。弟以棉袍自宝返渝，途中多动，已破污不堪，故重做普通川绉棉袍一件，共用去料工洋八十四元二角，实属骇人。目下，敝寓只内人及何先生三人，用女仆两人，一烧饭，一洗衣、收拾房间，不能最省。因路高低不平，出外后每久而方能返，月用在三百元以外，房金尚不出也。此月因做衣并稍有应酬，六百元尚未够用，然内人尚遇弟等不返家吃饭时，即不烧菜，只吃菜饭耳，实因用水用煤均极昂贵之故也。用人月工每人（女仆）九元，少则不做，可云苦极。故对于同事薪给既微，厂有盈余，花红似应多提，现拟之数尚较裕华为少也。

此请

大安

弟枢顿首

（二月十五日到。）

李国伟致华栋臣

［1940年］3月6日[①]

栋兄垂鉴：

申信自十九号至廿四号六封一日并来，十五日附示亦拜悉。此间望眼欲穿，而邮电信件姗姗来迟，可恶之至。汉信亦照收，照彦承来信，孙鸿赓翁婿似不知大体，然谊关至戚，不宜有如此荒荡之行为，望倩尔仁、一心两弟去信慰勉，当较妥善也。兹寄去四厂廿八年份总结、股东升股及官红利清单、申处同人花红清单，又宝、渝两厂一月份营业存该报告，均乞收察，转陈德丈及溥弟等。

昨得电云，由上海行归一万二千二百五十元，弟意申、渝两地汇水悬殊，颇不值得，故即复一电，乞将收得大华之金镑变售应急用，因该款存出无息，日后法币或将再落，然日后终久决能上升，故暂时不必向内地划出，既吃亏，又流入申地或将流往国外，损法币价值。同事划款，现定全家留苏者，可照全薪划，津贴不能计入；一部分在渝、一部分在苏者，照六成划；全部在渝者，不准支划。近同事收得红利，纷纷要求划申，弟遵尊旨股东官红利尚须在渝支付，自贴汇水，故花红不能照划，以谢绝之，乞台洽是要。官红利发给，望在申设法。此间存货多，宝厂用款巨，虽有多数银行抖我用信用（三家约可有一百五十万），然弟因在此时期轰炸堪虞，故均婉言谢之，因我各货尚非自有。工矿调整处，两厂共欠六十二万余（宝厂欠

---

① 原信无年份。信中提及“寄去四厂廿八年份总结”“大华虽被炸”等，西安长安大华纱厂于1939年10月遭日军轰炸被焚，故推断年份为1940年。

四十五万，福五五万，渝十二万余），上海[①]往来约廿万，中国[②]原有十万，宝厂营运八十四万，而宝存原料及建筑等料约一百十五万，渝存原料等虽有一百九十余万，然非制品，设遇机停，则原棉等不能出售，故弟意俟全为自有时，再用银行之信用款，则一遇缓急不致受迫矣。质之高见，以为何如？

近为宝厂军纱统制，给价只九百八十六元（廿支纱），而大华因被炸，特贴一百六十四元，与渝厂同价。故在渝奔走，谒军政部长[③]，蒙派曹次长[④]接见，从长商议；又储备司王司长[⑤]、被服科赵科长等函时，投呈及面述我厂之损失重大、成本高昂、复兴之建设费巨大，至五六倍之多，不能与大华比拟。因大华虽被炸，然只一部之纱锭，尚可修整，而布厂原动及震寰之租机依然开驶，我则损失重，上缴极巨，曾分缮详表，各种迁拆及沉没、毁坏等损失共五百九十七万余元。而目下宝厂日出纱三四件，因各种物料、工资之巨，每件成本至一千九百余元。附呈递去，并加以面述，深蒙各长谅解，先在此数日内开会讨议，总不使我吃亏，而阻后方生产之发展，及灰志士之气。同时，重托大陆银行经理孙荫侬在王司长处设法，因孙、王交好极密，总期办到在工程期内免与〔予〕统制，全部开出后亦照渝厂成例，统制三分之一或四分之一。看来虽不能完全达到目的，然经此各方之呼吁，及宝厂亦在西安软硬对付，总可减轻至半数以上也。

连接十日，弟在各方奔走，高堂深衙，行动又艰，以致怯力不堪。现留冠兄在渝催询，弟稍在厂休息，俟必要时，再亲自出马矣。

---

① 上海：上海银行。

② 中国：中国银行。

③ 军政部长：何应钦（1890—1987），贵州兴义人，1930 年 3 月至 1944 年 11 月任国民政府军政部部长。

④ 曹次长：曹浩森（1884—1952），江西都昌人，时任国民政府军政部政务次长。

⑤ 王司长：王钟，时任国民政府军政部军需署副署长兼储备司司长。

此间同人均专心于厂务，并无想发意外之财者，即有屯货搭股等事，亦系自保已有之财，与他处相较，实尚为规矩，不事投机者。至搭外股，则并不参加任事，一切望放心，勿误会。所云收拾人心、多加奖励，亦并无分外多给，较之裕华等实尚为少。弟自问作事利不先攘、难不畏避，策励同人亦均本此志，吾兄如有所闻所见而认为于理不合者，至望多多示知。尊驾在申，消息较灵，接触较多，较弟偏居一隅又忙迫无闲暑者，为心定神灵，如有旁人误会，至望详为解释，勿增弟之罪过，则万幸也。专此。

复请

△安

弟枢顿首

三月六日

李国伟致华栋臣

［1940年］4月21日[①]

栋兄垂鉴：

久未去信，因近日为进花、运花及调头寸事，诸多栗碌，致来书缺然未报，幸勿罪。连接上月廿一、廿六、卅日及本月六日之信，备悉种切。

弟素性对于公事肯负责任，对于利益喜上下均沾，诚以中国实业之不发达而股份公司常不能与欧西诸邦毗〔媲〕美者，均因主持者多顾私图，致社会人士视投资于事业为畏途，故各业即无由发展；又主持者遇有利时尽量自己多得，不顾出力者之辛勤，致有才有识有毅力之人不肯人尽其力，而事业因之堕弛。回忆前年十月三日在味腴别墅[②]宴别同人之际，弟即以两点标示同人：（一）使投资者勿生畏疑，则财不胜用。（二）使出力者勿灰志气，则才不胜用。谅吾兄尚能记忆，当时既以勉人，亦以继续自勉也。

今幸得众力之扶持，稍有成就，而责善者仍尚空言抨击，进则谓其胆大妄为、轻事冒险，以财产为孤注，乃宝厂不建造于迁地之际，坐待物价已涨，为人督促而后从事。在大华事变既出之后，而欲仍蹈覆辙，实觉可危，此其一。渝局既成，有利可图，则又催促进行，殊不知此间各物均缺，现能勉强开齐者，尚以自有小铁工厂竭同人之智

---

① 原信无年份。信中提及“弟进此公司已廿二年矣”，李国伟于1918年至汉口筹建福五，故推断年份为1940年。

② 味腴别墅：位于汉口的一家川菜馆。

力对付而后得济。故如钢领板及锭带盘等等，均用木质代制，其间种种困难，设计之苦，迥非身历者不知，此其二。回忆以前惊风骇浪、众谤喧腾，今幸天日晴朗，草木皆春，而尚跋前踬后，动辄得咎，实有令人啼笑皆非、毫无生气，其精神之痛苦为何如？溯弟进此公司已廿二年矣，平日让财重义，乃遇危难之际，尽力为此局图利，而尚未能见谅于人，是以未能免俗，亦作斤斤之计较矣。所云昆生[①]先生有先例可援，未知系何种支配，乞即示及详情为盼。

吾兄因汉事不能离申，拟待弟返后再作内地之行，均无不可。前因吾兄云欲赴宝，故速驾耳。敝八千五百元之存款，如家母不欲支用，则家中各种用款尽可付此间之账。因弟之官红利系存在渝厂，按月将支宕之数划清也，惟在此币价贬值之际，恐有连本消蚀之惧。查申地外汇，报载又近远大殊，望吾兄即告知。家母将此款提出为套利息，既稳而可以稍得利润，于寒家境况不无稍补也。

何君入股事，得吾兄四月六日来信后，即通知吴君转告，云得申信可以商量。据吴君云，何君欲入股我厂并无他意，只缘渠以前所得均已化为乌有，目下仅留申地房屋一所，尚值卅余万元，拟即售去而投资于实业，可以较稳；况江浙人（何系诸暨人）在西南、西北更应团结一致谋生产之发展，见我已有基业而声气通、人才多，故欲附骥耳，望我不必怀疑，云云。

溥弟所云目下锭价贵，可以多升，确系实情。惟目下只能升渝、宝两厂之锭价，汉则在未定之天，申则已作与九厂，只九厂能沾升价之利，故即以每万锭照五万镑计算，为三百万元。渝、宝两地二万六千余锭（宝有四千余锭为大华被焚），共为八百万元，然须打折旧，不过七折之谱，约五百六十万元。加四百廿万及何之廿万，共

---

① 昆生：吴昆生（1885—？），江苏无锡人，时任申新九厂经理。

升为一千万元。尊意以为若何？如此，则对方只占百分之二，股份既少，不致有大操纵。即如裕华，宋子文亦有数万股份在内，此次裕华开股东会，曾派南洋烟草公司之陈荣贵为出席，故知之也。

笔下接十一日信，知申方对山洞仍甚怀疑，然舍此无他法。前德丈来信亦云“现既迫于势，不得不做，则亦以洞为最稳”，云云。故已嘱宝厂就原定之方针进行，查宝厂所建山洞，系用厚砖圈砌造，上有一百二三十尺之坚土圈之，宽度最阔者不过十六尺，其余均系十尺、八尺者，故即遇炸弹不致崩裂。前三月造就五百余丈之十六尺圈，昨与迩英通电话，毫未走动，故上月内即进行。小洞工程已全部包出，请告知德丈、溥弟尽可放心，决不冒险。既彼等过虑，则只造一万锭稍另之洞，其余已装，在外者不再迁入。

目下，渝、陕两地之当局均视机器为最宝贵之物，即有兵险可保，然设遇如大华之被炸，则厂家既无生利之器，而后方即少制造之利器。故保险行赔款系消极的补救，最要最急者为积极的保护，现时口碑均系如此主张。是以渝地新设之厂，有山洞可利用者，均装在山洞之内。渝地之山均系硬石，所费更为不资，如上海银行投资所办之上川公司，其制造电料厂则均造于山洞之内也。故我方已进行得有把握，忽又中辍，他人将疑我尢诚意，于建设反反复复，甚不得体。

前张溥泉[①]先生在西北视察后，见我进行山洞工程，甚为称许，返渝向稚老尽量称赞。稚老与弟谈及，深以为善。得人佳〔嘉〕许，自可收无形之援，不宜再自毁之。况洞甚深，本须电灯取光，通风有出山顶之气筒，均可无虑。以后战事平靖，本应重建洋灰之机间，留洞以作栈房。栈房可以少建，无废弃之虞，日后如再有战事，可再利用。在此空军无法抵御之际，欧西各新厂均已有此设备矣。

---

① 张溥泉：张继（1882—1947），字溥泉，河北沧县人，民国时期著名政治家，国民党元老。

上月，渝厂余卅七八万，宝厂六万稍弱。渝厂本有四十二三万，因将石路、阴沟、围墙等及惠工设备均行打除，故结此数。此月出数可在五百六七十件，上月五百件稍另，而纱价更高，可望更好也。工业如流水，不可停止，停则生腐。豫丰潘仰山[①]才大财多，据其主持此事者相告，竟有存花廿一万担，扯价不满八十元，现分贮各地，如完全做清，盈余之数实在五十万元以上。该厂事权一助力多，将来战事完结后，决有大扩充。故陕西中国银行除将湖北官布局之机租下外，现更向成丰取得自制未完之纱机全套共有纱锭六千枚而经营之，将来中国银行方面于内地之扩展，决有先鞭之着。商厂如不努力，决将被挤，思念及此，又有欲兄即日命驾西来，共策进行之要求矣。时乎时乎，不宜坐失，瞻前顾后，徒失事机。愚见如斯，得无笑其为移山填海之举乎。专此。

复颂

大安

弟枢手启

四月廿一日

家叔款尊意仍照付，感之。

---

① 潘仰山（1895—1982）：浙江杭县（今杭州）人，时任中国银行郑州支行经理，并兼任中国银行管理豫丰纱厂办事处主任。

华栋臣致李国伟

［1940年］5月4日[①]

伟弟大鉴：

连上两函，想邀台览。今日接尊电委介亚细亚八万元事，已详号信。近日市面特变，一切均失常轨，银行方面银根万分紧迫，合丰方前月底计付结美金印币款七十余万，故银根亦紧，前允贰万元亦未能付。

近因尔仁兄事[②]，至德公两日未来，各人心绪不宁，因无消息，即新汽车及车夫亦无下落，捕房已报过，往后有资产及有地位之人均惊恐万分。市面如此剧变，在厂方获益更多，而他人注目亦随之而憎，此一定之理。德公眼光根本看错，即外汇方始终看长，除借我们贰千七百磅外，闻空美金壹万五须损失九万元，我们金磅照现市须损失五万余元美金。一心等苦劝无效，即命广新办理本厂金磅事，溥兄尚不知悉，兄左右为难，此事曾一再苦劝，告其美金决须至五元，奈其不纳忠言何。渠借去金磅有官利贰十万元作抵在本厂，公事方面以二十万抵贰千七百磅，照目前尚亏不多，此间将付各项均详抄报日流及号信。对于拟购锭子等，觉汇兑困难，尊处一时断难汇出如许之款，故决放弃。内地款汇沪汇水问题尚小，头寸问题关系甚大。此等变化早早看出，前请尊处酌汇若干至沪。一，知尊处进花；二，心理上觉汇水吃亏。实际早汇出尚属合算，此时裕华沪存大批美金，其获

① 原信无年份。信中提及"尔仁兄事"，应指1940年荣尔仁遭绑架一事，推断年份为1940年。
② 尔仁兄事：1940年，荣尔仁遭匪徒绑架，被关押58天后以50万法币赎出。

利之多，真真骇人。惟值此乱世，得利多即遭各方之注目，以兄愚蠢之见，以守为上策。

今接迩英来信，知在宝即装粉机八部，装至成都等处设厂。此事人力、财力均有关，一切仍请考虑。如尔仁兄事使阖家不宁，要钱、要名有何益处？德公方面，近日局面根本不敢与其谈天。在沪之人虽因无保障不若内地之安全，但内地政府此时状况究与平日不同，国策方面因抗战亦随时变迁，稍有不慎，即有受意外之打击。吾弟目光远大，兄素钦佩，奈此时情形每有不能以常理论，在创业者不能因有小顾忌而不做，所谓不入虎穴，不得虎子，然以退一步想，亦有考虑算得来与否。内地办事真真千辛万苦，人事方面为最苦，此时以维持现局可，不必多创门面。兄性戆直，谬见之处亦多，但实际忠言逆耳，于兄个人私心毫无二心，一切请勿见罪为盼。

此请

俪祺

小兄梁顿首

五月四日

尔兄事有人△测恐日方关系，惟无暗示之处，但此时局面处处易遭人忌，亦系事实。俟有消息，即当电告，以免远念也。

华栋臣致李国伟

［1940年］8月19日[1]

国伟表弟大鉴：

今晨接阅六日在蓉所发尊函，并在广元所发一电，文曰“路阻，今方到广，须留待成，已返否？电复挂号2450。伟”，均详悉一切。

志成事兄时时注意，本决［谨］福轮来沪时，托友人至温带其来沪，不意［谨］福不能进口，前日已原轮回沪。昨日往晤仲宣[2]兄，告其此事，渠云温行经理不相识。今日往托浙行副理商量，能否由温至渝。顷仲兄来电话云，目前由温至渝交通方面无把握，兼之中行不能为力之处，路线又长，近金华路一带时有轰炸，安全方面亦无保证，仍以返沪转港较为爽快。故托其电达温州中行，尽力协助设法来沪，否则由温至港。此说系三北[3]李志一兄云，以前常有温州至港轮船，渠亦允电托温州三北经理帮同设法，以早日离温为宗旨。至志成在温等中行伙食问题，决无计算之理，此系久［分］之面子，除电报照算外，余可不必置念。上述各节恐尊处悬念，当复一电，附上电稿，该电想早接洽。此事在舅母大人日夕盼望返沪或直赴渝，奈此时局面困难，好在有中行照料，一切较可放心；在兄亦日夕不安，诸当特别注意，勿念。

---

① 原信无年份。信中提及“尔仁兄仍在府休息……”等情，应为荣尔仁遭绑架获救后回府休养，故推断年份为1940年。

② 仲宣：赵仲宣，中国银行汉口分行经理。

③ 三北：三北轮船公司。

张彬方事前函已详告，尊论均系事实，兄亦知悉，即迩英亦知此情。苟渠不愿，则我们亦无损失，诸请面行指示可也。申九方面今日又将到五万元，暂存浙江兴业，上行方面要求代总公司还申三十万元，此事以延宕为宗旨。苟溥兄准诺，则不能不付，即要还每月至多两万元。此等情形，在兄不必见好于上行，以前接洽均系渠等以势力、情感来商量。按之事实，以前在私人方面确有相当之协助，不刚不柔之应付已十余年，现在仍当本此应付。申九方面能付到时，当尽力收取，盖此时各种局面均无一定之保障及把握，吾等只能尽心尽力，不以私利为目的，觉如此可各方面均有交代也。

今日忽接冠兄电，云："空袭，安。冠。"此事此间未见报载此消息，今忽有空袭，则我们又多紧张，一切请吾弟注意为盼。迩英已早安抵海防[1]，何日赴滇尚无消息，想有亲友协助，一切均无问题。尔仁兄仍在府休息，不问一切，精神已日见健康，惟每回忆前情，不免痛定思痛耳。专此。

即请

俪祺

表兄梁顿首

八月十九日

府报今日带回转呈。

久［芬］兄三日前赴港，又及。

---

① 海防：越南北部沿海城市。1940 年 9 月为日军侵占。

此信作就，仲宣来电话云，知志成顷已到府，故拟托中行所发之电已临时抽回取销。兄即电话至府询问，知确安抵，欣慰万分。如何情形，容回寓面晤后再告。当即发一急电，文曰："志成安返。栋。"兄意在沪能安心读书，则拟不必来渝，惟此事须询志成本人意志，兄等决不作何主张也。

伟弟再鉴。

表兄梁顿首

八、十九

（九月廿八日复。）

华栋臣致李国伟

［1940年］8月21日[①]

国伟表弟大鉴：

前日叠去两电，想已译悉。志成回沪后，精神较前强健，渠坚决即欲至渝入学，而舅母大人之意，值此交通困难之时，一人赴渝实不放心。今晨，兄至府详细询问，知志成宗旨并不十分为难，因良心上到沪后必须报到，而报到后不免须派其工作。兄告其此时团体中并无强迫工作之理，在此局面应安心读书，一切可不问闻，即震旦留级一年，毫无关系，家庭已谅解。祖母年高，谆谆坚留，为人情上应听从舅母之训谕。况即立时由海防入川，至少两月之后（因护照须半月），三个月后贤伉俪已能回沪，两月后至川已无较好学校读书，何不此时在沪在震旦好好读书。此时法租界已无一切活动，团中询问，可以家庭环境不许相答。详谈一小时，已允留沪读书，如此，舅母大人可放心。苟有困难，嘱其与兄商量，决协助解除之困难，兄朝夕相见，诸请放心。

此次志成赴浙，共用去叁百叁拾元，而电报费则不下贰三十元，人算平安到沪，亦一可慰之心。志成心地忠实，确系有为青年，兄劝其来日方长，此时劝其如何如何，系为其自身将来着想，渠亦深以兄言为不谬。

---

① 原信无年份。信中提及志成赴浙回沪之事，与1940年8月19日华栋臣致李国伟信中“托友人至温带其来沪”相对应，故推断年份为1940年。

此间秋热甚久，市上情形如昨。惟英撤防，局面已变，苟无活动，则一切仍甚安好也。

此请

俪祺

表兄梁顿首

八月廿一日

（九月廿八日复。）

华栋臣致李国伟

［1940年］8月24日[①]

伟弟大鉴：

前日寄宝一函，想邀台览。渝厂被炸一部，人员、货物及大部机器均无损失，闻惊喜交加。盖如此空前大炸，人员平安为最最可慰之事，惟修理及善后各事，又须费一番心血，兄未能在渝分劳，愧汗万分。去电请问应否请剑慧兄返渝指挥，想吾弟胸有成竹，有复于途。德公最悬念者为职工之安全，此间当已去电慰问矣。大局情形，日人猛力南进后，又传闻有和平空气，双方人民均所欢迎，惜事实如何，非吾等小民所能知悉耳。

汉口尊寓折屋事，兄因局势系不可理喻之时，只有吃亏购地，日前已由棫兄函托谈成采兄接洽办理。栽[②]、彦两兄处亦函告，此事由兄负责，不必请求台端核准。因此时迁出甚费周折，兄寓楼下已全部转租与孙克［鉴］[③]兄，月租贰百元，如此开支方面亦可稍轻贰百元。其余外客已嘱完全迁出，孙君人少，况系熟人，日后较易说话。崔幼南[④]兄近又来沪，隆茂之九十九件木架已出售，计日金八十元。万安存花决心售，因恐生枝节，汉方得此花款，开支方面又可维持若干时。汉方此时甚安定，一切可放心。天主堂到期前，请空厂介交安

---

① 原信无年份。信中提及“迩英已到滇”，而1940年8月19日华栋臣致李国伟信中提及“迩英已早安抵海防，何日赴滇尚无消息”，故推断年份为1940年。

② 栽：龚栽卿。

③ 孙克鉴：武汉著名西医。

④ 崔幼南：曾任上海商业储蓄银行汉口分行襄理。

康，未知介讫否？去电多日亦无复信，想有复于途。

志成读书事，决代其请南洋模范之英文教员在家补习英文，算学寒假时再说，届时吾弟亦可回里。此时至校读书，确有不便之处，此事系曜弟主张，舅母大人与志成亦同意矣。

此请

俪祺

表小兄荫梁顿首

八月廿四日

迩英已到滇，守航空到渝。

（九月廿八日复。）

华栋臣致李国伟

［1940年］8月29日[①]

伟弟大鉴：

日前接广元来电，知大驾已知渝厂情形，因路阻不能返渝等情已译查。渝厂来电报告损失情形尚不大，第二次被炸，只炸去油六桶，详情想均在途中。兄意吾弟可不必回渝，剑慧兄能去，定能应付裕如。惟厂被灾，纱厂即不能生产，值此局面，暂行停工修整，亦可减少责任。所存之棉花能运渝，有利亦可售去一部。各事吾弟必有精细之布置，恕不多述。

府上自舅母大人以下均安好如昨，令郎等已次第开学，日前送府学费五百元。志成读书因渠本人不愿再进震旦、大同、南洋，因英文有关，故决请先生，在家攻读英文；请滁生[②]弟每日教授贰小时算学；物理请交大助教杨景才，每星期六小时，杨君系托德新[③]聘请，因渠系现任专门算学之教授；中文请朱梦华先生。如此觉专心读半年，胜于在学校读壹年，英、算准九月一日上课，在学费方面觉损失较多，但以来川读书计，觉尚合算，谬见如斯，祈勿见责。今发上一电，文曰："有电[④]悉。志成已请妥教员，在府补读，府安。栋。"该电想已投前，一切请放心。

---

① 原信无年份。信中提及"渝厂来电报告损失情形尚不大，第二次被炸，只去油六桶"，应为1940年8月20、23日渝厂被炸情形，故推断年份为1940年。

② 滁生：华立，字滁生，李统劼妹妹李稚吉丈夫。

③ 德新：荣德新，任职于汉口福新面粉厂，后随厂迁到宝鸡。

④ 有电：25日电，韵目代日法以"有"代指25日。

海防交通今日报载有中断之说，查该处即通航亦不能运货。沪上暗杀、绑票日有发生，李申伯[①]于前日被绑，义泰兴经理亦绑去半月毫无消息，有身家者确均有介心也。专此。

即请

俪祺

小表兄梁顿首

八月廿九日

剑慧兄均此。

① 李申伯：曾任国民政府全国经济委员会棉业统制委员会常委。

华栋臣致李国伟、章剑慧

［1940年］9月2日[①]

国伟、剑慧姻兄大鉴：

昨日为星期日，今晨至公司接阅前月卅日、卅一日并二家兄处转下之电，读悉一切。惊知宝厂不幸被炸，竟受弹六七十枚，焚去棉花壹千余件，余无恙并保兵险，既停工清整，张彬方、徐阿毛、鲁阿毛均可来陕等情。当将各电转呈，德公、溥兄批阅之后不胜悬念，当写上一电，文曰：“伟、剑、冠诸兄均鉴：两电悉。惊知本厂被炸，受灾甚重，诸盼安心整理，特电慰问。彬方已偕迩到滇，余俟接洽。德、溥、栋。”该电想早呈览。

详阅家兄转下之电，知除被焚棉花外，其余各项机件均可无恙，真所谓不幸中大幸。吾兄一行系警报后安抵，惟到宝后睹此情况，烦闷之处不言而知。弟未能在宝协助分劳，心中更加惊愧。真相情形，想有信于途，现沪陕航递奇迟，此信到陕不知须若干日，因此此间亦烦闷异常。渝、宝两厂先后被灾，虽属不幸，但人员平安，尚系可慰之事。渝厂善后尚未接信，故不知何日可复工，千头万绪只能安心渐渐应付。在此战事不停之际，吾等工厂被炸，亦意中事。惟往后方针应取急进或缓进、紧缩或扩大，想吾兄胸有成竹，弟无意见可供献，殊觉愧汗。尊处被炸，只《士林西报》及《申新报》有记载，据云系

① 原信无年份。信中提及“渝、宝两厂先后被灾”，应为1940年8月申新四厂渝厂、宝厂先后被炸一事，故推断年份为1940年。另，信中提及“前接迩英电云，在滇守航机”，与1940年8月24日华栋臣致李国伟信中提及的“迩英已到滇，守航空到渝”相符。

炸兵工厂及宝鸡通天水之交通，现均炸毁及断绝，并无“纱厂被炸”之字样。以现状而论，内地工厂处境确日趋困难，惟事在人为，吾兄有特殊之勇气，日后或有特殊之成绩。此时上海方面已毫无评语，一切请本事实相机应付，因沪上与内地情形根本不同，一切不能随便议论也。

张彬方系偕迩英同行，前接迩英电云在滇守航机，彬方等必押行李乘汽车至渝，其日期不能约定。鲁阿毛当饬照报，招其与弟接洽，惟此时海防交通中断，即允来，不知何日可到，如何当电告，因信函太迟缓耳。申九前月月结已结出，本厂约可分得叁万六千，廿日后如可收款，当内支付，另存不谈。合丰方面前闻七个月只余九万元，折旧官利已提去，目前仍无利可图。新［天］纱厂闻又不了，沪上纱厂已日趋困难矣。

此请

大安

弟华荫梁顿首

九月二日

统弟[①]暨冠兄均此。

（九月廿八日复。）

---

① 统弟：李健，字统劼，李国伟堂弟，1940年8月到宝鸡主持宝鸡铁工厂事务，后任厂长。

华栋臣致李国伟

［1940年］9月24日[①]

国伟表弟大鉴：

大驾赴广转宝后有两旬，因无甚要事，至未作函，歉甚。此间自接大驾到宝后适遇大空袭，除叠接尊电后，急欲盼一详函，守至今日始接得。本月三日所发号信想系不便，故亦未能知悉尊处受损情形，觉甚悬念。实际此时各事有吾弟及剑兄布置，信函各处检查，于事实确不便多写，因有害而无益。德公虽时来询问，兄亦将此情告知，盖此时各事千头万绪，目前如何如何之计划，日后必另有变迁，现在可说各事相机应付。此间宗旨已详以前各信，进退均由大才定夺，恕不多述。

汉花事已详号信，款已收八万六千元，连前存及申九近收三万，现款已有十五万余元。近日美汇十九元近右，查前借机款贰千七百磅已用去，故现拟先购美金五千元，另存大通，备日后购机之用。上二行来要款，现推其十一、十二月，俟申九收得，即代还五万，由总公司转办，此中内情请询迩弟即能明了。此时此间不购物料，存款可不必多存，惟日后每月有壹万余元开支，随时付之。兄诸事当负责，保管尊款，请勿悬念。汇票情形竟无人能看得出如何结局，有钱者均收黄金及货物、地产，上海游资甚少内移。海防主权已去，昆明已受轰炸之威胁，照此情形，港、渝亦有中断之虞，各事困难，觉方兴未

① 原信无年份。信中提及“海防主权已去”，越南海防于1940年9月被日军侵占，故推断年份为1940年。

艾。上海情形，本范围均好。一心方面，兄一再探听，均不肯明言实情。私人方面甚受打击，荣府内情，吾弟亦素深知，兄弟姊妹均要做做生意，利害方面不言而知。兄早早看出此情，故一切均未染指。此时无利可得，而亦无害私心，殊觉庆幸，各情晤迩弟必能洞悉。

沪上生活又日见增高，食米、［洋］米七十元，使市面大受其害。公共租界电车已总〔罢〕工四天，今公共汽车亦全体罢工，幸法租界一切照常。法租界戒备森严，通至公共租界之路大多阻断，检查甚严，因绑匪太自由，故不得不如此。越界筑路方面，小路上随时有剥猪猡[①]之事。生意方面，内运固不通，即沦陷区各物均要有派司，真所谓物物统制，即日货亦不能自由运销。如此状况，人民何处谋生糊口？即兄寓此时有三十二人吃饭，每月吃米五担、煤球半吨，小菜、油盐、水电、捕捐等项每月至少八九百元，房钱不要，衣着、学费等均不在内，兄本年九个月已用叁万余元。如此情形如何得了，书念及此，殊为寒心。

尊府一切如旧。志成读书甚勤，现仍拟令其来渝，此信到时当先有电接洽矣。

此请

俪祺

小表兄梁顿首

九月廿四日

① 剥猪猡：上海方言，旧时上海盗匪抢劫行人，并将受害人身上衣服也抢去，称为“剥猪猡”。

华栋臣致李国伟

［1940 年］9 月 27 日[①]

国伟表弟大鉴：

今日接九月七日所发手书，详悉一切。两旬来日夕盼望之详情，今始接悉一一。吾弟一行如此长途跋涉，真真千辛万苦，兼之携带巨额法币，更使旅行者胆寒，万事吉人天相，一切自能安然过去。惟以后长途旅行，吾弟一行亦经验丰富。以此推想，开发西南、西北确系不易之事。附下各信均已一一面交。舅母大人处亦望信已久，兄亦将尊函呈阅，亲友中闻悉之余均惊惧异常。往后汽油日趋宝贵，长途汽车旅行恐困难日加，尚请注意。

渝、陕两厂此次被炸，损害均无理想之巨，德公、溥兄等均欣慰万分。善后各事有吾弟勇敢精神之指挥，及各同人冒险救护，此均不易得到之事实。但吾弟负责太重，各项建设、生产事业在此世界战争之秋，其困难觉方兴未艾，诸事尚请相机应付，门类少、范围小而进退亦易。愚陋之见如斯，未识吾弟同意否？

沪上各事日趋悲观，统制方面日加严厉，沪宁、沪杭间真真无生意可做，今年无锡做丝角者均大大亏折，小麦沪上租界中能来之货真真麟毛凤角，沪上游资多均趋投机之途。自五月间汇票、物价大大变迁后，损失之大实不可数计，今年年下之难已至穷途〔图〕匕首之时。近日动端者即两租界交通工具之联合大罢工，现已延及清道夫、马路

① 原信无年份。信中提及“渝、陕两厂此次被炸”，1940 年 8 月 20 日、23 日渝厂被炸，8 月 31 日宝厂被炸，故推断年份为 1940 年。

工人，如不能早早解决，则凡有工厂均将受无穷意外之损害。此等事在工人实际困难，个人得米贴，而渠之家属实不能生成〔存〕，米价六倍于前年，煤价亦如此，兼之房租昂贵，事实如此，而每人所得并无五六倍于前年。人口多，食用品均供不应求，不能生产之人口增，而恶毒之方法亦方兴未艾，此等状况请闭目一思，已不言可知。吾弟去年在沪已早觉不能在沪同流谋生活，确有见地。此时欧战方酣，白人在沪之困难亦日见增加，一般人推测，上海恐成天津第二，亦系可能之事。书久及此，真真万念俱灰。

昆生自尔仁兄事发生后，至不出厂门一步，该厂情形内容好，已步步注意。然此等局面究能维持若干时，恐无人能知悉。沪处各情，已详号信及前去另函。汉花款汇美金，想亦赞同。因法币亦无利息，欲套利息势所不能，况系公款，一切不在此中打算。留汉同人生活困已久，其见机酌加，此时各事系投鼠忌器，不得不如此。迩英日内想可到陕，一切面询必能洞悉。

志成事本可安心读书，因渠所入之处已由首脑将全体名册呈于汪处，《中华日报》已全部登出，故有令其至渝，俾可安心读书。德丈不赞成令其至渝，故尚未定夺。一俟成行，即当电告，信函太迟，有事均祈电示为盼。府上一切均安好如恒，请勿悬念。专此。

即请

俪祺

表小兄梁顿首

九月廿七日

剑兄、统弟均此。

李国伟致华栋臣

［1940 年］9 月 28 日[①]

宝第二号

栋兄大鉴：

到后因诸事栗碌，月初上一书后，久未继续另告，关于厂务方面已由号信中陈述，故未再赘也。兹接自成都转到八月十二、十九日及廿一、廿四日，又九月二日各示，备悉种切，兹分复如后。

（1）渝、宝两厂自被炸后，渝厂方面曾由李其猷[②]兄向厉无咎语及用款额子须缩至壹百万元。前添借之陆拾万元曾于炸后即行还清，八月节前又还去廿万元。结至目下为止，只欠一百四十万元，我货物尚不止此数，乃汉生兄招无咎详谈，欲于十一月底还至一百万元。其理由则谓：（1）大□返国后兴致欠佳，关照上行营业不再扩张，紧缩暂守，故对于工厂投资欲在可能范围内限制。（2）此次汉兄在申，知吾厂曾汇沪卅一万元，又美金一万元借与合丰。渠深知合丰目下营业不顺利，倘沪上专以渝厂为缓急取给之所，则渝厂所用行款几非购备△料，间接为沪贷用，实违该行贷款我厂之初衷，故渠意欲对我将头寸紧缩，免△流款去沪云云。其第一因如何，不得而知；至第二因虽亦言之成理，但吾厂向该行用款△有仓库作抵，该行只求抵押品之是

① 原信无年份。1940 年 10 月 16 日李国伟致华栋臣信中提及的“上月廿八日上第二号函”，应为此信，故推断年份为 1940 年。

② 李其猷：时任上海商业储蓄银行重庆分行经理。

否充足可靠足矣，实无用问我款项之何去何来也。接无咎来电后，即电其商之汉兄，仍照前合同履行，因未到期，不宜作废而凭空限止用额也。乃汉兄仍执上述二因不变，嗣谓目下吾厂急切不能完全复工，疏散后仅开三千锭，则款项运用自减，故拟请缩至一百万元，将来全部恢复，固仍可依约用至一百六十万元也。同时宝厂向上行所用六十万元之信用，由经春先兄来向剑慧私谈，云奉总行来信，欲求归还。（此事暂不必发表，因经君之意为欲与吾厂往来，须待其至重庆商谈后，再行正式通知。）故近亦逐渐归还，还至五十万元时，再行决定全还与否。此系被炸后银行对我之态度，我不得先自筹划，以顾信用。惟目下百物昂贵，费用日大，如不继续生产，则存货不能变款，势将坐困，惟有前进方能解决，卓见何以教我耶？

（2）渝厂所办之花，目下运重庆者不及四分之一，渝厂尚不敷用，尚须络续向外购进，故将自运之花出售，实不可能。

（3）申三欠上行之款欲向四厂筹划，此事万万不可允诺。无论目下在炸后损失重重，银根奇紧之际不能为力，即日后有余款，亦不可开此例。因厂基借款系我向中行担保，设无关系者代为筹还，则有担保者将振振有词，迫我履行，势非全盘奉送他人不止矣。

（4）汉霞飞路[1]地皮承知照栽卿，并由棫兄致函谈成采，决计购下，亦系了去一事。惟该地并无出路，须与谈成采立约，在彼屋后出路方能有用，乞注意办妥为要。

（5）两厂修理后开机情形，已由号信详报，不赘。惟渝厂损失殊大，因遇雨之故，且疏迁时恐不免遗失也。

（6）志成承为请滁生弟等教读，至感维护之周，乃来书反多谦损，感愧兼并也。

---

① 汉霞飞路：今武汉市江岸区岳飞街。

此颂

双安

弟枢手启

九月廿八日

迩英现到蓉，已派汽车夫前往接迎矣。

九厂尚有盈余，至慰。请分存，留作沪、汉两地之开支，并备明年发股息。

李国伟致华栋臣

1940年10月16日

宝字第三号

栋兄大鉴：

上月廿八日上第二号函，谅已赐察，久未接手示，至为系念。兹有应商各事陈列如下，请即商复，无任盼切。

（1）近来国际风云紧急，汉存须否作变动处理？鄙意在特区者改由德行保管，法界者托游兄想办法，能否托人运一部分到内地，均请筹度而行，至要至要。因弟处鞭长莫及，须由吾兄全权办理矣。

（2）近来各种物料有不能接济之虞，故请李劳勃赴申，将已办好之物存于尊处者设法运来。兹附上另单，均系急用之物，可即办。就待其到申时，如认为可运，即交其首批试运。尊处如能有人愿意随其同行办理此事者，可请一人同来，因其意欲一正一副及一老司务一行三人共同办理，此事弟曾交其介绍函一件。渠约于下月初动身，取道东路[①]视察搬运之情，如果顺利，则以后不致告匮矣。

（3）成都地位甚佳，物产丰富，将来必为西部之重心。（一）因西北、西南多为山地，而成都独居四川盆地之中心，人口众多，农产极饶。（二）因天成及成渝铁路均以此为出发点，往西康公路亦必经是处，实挽西部交通之要道。我在内地已有基础，则该处理应有一生产机关，方足以资联络，而目下工业尚以粉厂最为容易，故已在该处

① 东路：川滇公路。

购地造屋。目下，迩英弟及致中兄已在该处筹备，有相当成绩。重庆所造之机亦已大部完工，在彼新地创业，不得不联络当地人，以厚声援而利进行。又同事游资明年分后为数将巨，亦需有寄托之处，故决计另组公司，分请吾兄及溥弟等为发起人。兹将致溥弟等之函附上，乞为转交，内中措词乞吾兄核阅，代为陈明另设公司之优点。每人所入不过一二万，为数有限，而可成一永久之事业，所有萧[1]、蒋[2]诸君均系有身价之人，自己亦有事业。我既系内行，彼等落得坐享，十五人中四个为外人，范[3]、袁[4]两君可为自己人，则支配之权均在我方，吾兄不必虑不易统制也。兹将《发起宣言》缘起、计划书及拟订之章程寄奉三份，二份请交溥兄等，一份请兄斧正。如加费用，乞即日电复，以便着手组织。按此事势在必行，实缘上级、同事明年游资必将增加，势须有归纳之地以安其心，申地既有合丰等先例，此间不妨效法。又闻一心弟等曾有在内地创毛纺厂之举，如须继续进行，尽可合为一起，庶我锡帮在内地者，均团结一起，声气厚则办事易，谅吾兄亦以为然。弟函彼等亦曾及此意，请兄有以成之，则所欣盼也。两厂大略情形已详致渠等信中，不赘述。申分厂可余若干？亦望示及为要。专此。

即请

大安

弟枢手启

廿九年十月十六日

① 萧：肖寿眉，四川军阀杨森妻兄，建成面粉厂成立后任常务董事。

② 蒋：蒋鼎五，第十战区司令长官蒋鼎文胞弟。

③ 范：范济成，曾任成都商务印书馆经理。

④ 袁：袁国梁（1901—1970），字达璋，江苏江阴人，重庆福民面粉厂经理。

李国伟致华栋臣

［1940年］10月22日[①]

宝第四号

栋兄垂鉴：

十六日上第三号信中附成都粉厂缘起、预算章程等及致溥仁兄弟等信，又拟办之物料单，谅已收察。今接上月廿四、廿九日大函，备悉申情。因生计艰难，治安有虞，加以世界大势不稳，日后至何地步无从推测，见报载美侨积极撤退，则美币是否有影响。兄因售得之款恐有折，阅已均购美币，则战事之波及于世界金融亦祈注意，此时左右为难，诚有无所税驾之欢。全记事前函请兄酌定需否变换办法，谅已在筹商中。

近来内地汽油昂贵，极不易得，行路甚困难，将来沪、港间交通有问题否，亦不能预料。弟本拟于阳历十二月初动身返东，惟环视各情，深恐去后不能重来，途中又或有意外，且此间工程届时均尚不能完毕，故拟不照预定计划，今岁不再南旋。家母处已去禀征求同意，吾兄有何高见，盼即示及。实缘万里奔波，深觉其苦，在此时局，戒心又多，故有此拟议耳。迩英弟在途几及两月，弟等由蓉来此，亦走廿余日，吃尽辛苦，以前不畏行路，今则兴致减少矣。

剑慧因渝厂重建及此间统制各事，于十八日赴渝，现尚未接到达

① 原信无年份。信中提及的“十六日上第三号信”应为1940年10月16日李国伟致华栋臣信，根据信件编号，故推断年份为1940年。

成都之电，渠夫人、小孩则留此也。火车头及传动等因均系杂凑，故时常停车，现统扯每日只八九件，电机约二月后可开，窑洞亦在该时可开一部分，目下建筑材料不易，一切延滞耳。二儿承招拂，接曜弟电，知已于十三日到港，惟尚无到渝之音讯，一切劳神，感谢感谢，并请照呼舍间，盼恳盼恳。专复。

祗颂

大安

弟枢拜启

十月廿二日

华栋臣致李国伟

［1940年］10月23日[①]

伟弟大鉴：

昨奉九月廿八日宝字第二号尊示，详读一切。兄于本月初忽染流行病，至连发寒热七天，退热后又转疟疾，请中西〔医〕十一天，近三天始能下床行动，而仍无气力。盖兄二十余年向无卧床两三星期之久，所谓好汉只怕病来磨。今已吃饭，拟再休养数日，即可出外办事。此两旬未能有函奉达，诸请见宥。兄前所寄各函，知均蒙台览，九月二日尚有一信，想亦早接得，兹将尊询各示分复于后。

（一）渝、宝两厂情，知机器方面均无大损，至银行往来情形，兄已早知悉，因芸侯[②]已将渝厂被炸报告交阅，汇下各款，渠均知悉。对于接挤〔济〕尔仁兄款无异议，惟对于美金等款接济合丰事不甚明了，并知渝厂共结美金三卅〔万〕，另有壹卅〔万〕半付交冀曜弟，系何款项，兄告其此事兄虽未得通知，但可保证必系支付机器货款。渠云该时美金结价均在廿元以外，你们一方面欠银行透支及押款，一方面搁置巨款，亏损如许利息，不知如何算盘。该时介眉[③]适在沪，闻渠等讨论，意我们此时确有钱不还债，银行何必放如此巨款。内地工厂存货虽有兵险，银行算不来，如此放款，当时此等情形，兄觉渠

---

① 原信无年份。信中提及“九月廿八日宝字第二号”，此信应为1940年9月28日李国伟致华栋臣信的回信，故推断年份为1940年。

② 芸侯：李芸侯（1888—？），上海商业储蓄银行内汇部经理。

③ 介眉：杨介眉（？—1942），上海商业储蓄银行董事长兼代总经理。

等虽如此说法，我们有我们宗旨，兄又不知实际，故未函达。今蒙兄询，知尊处已受其催询，诸请相机应付，此时能少欠则少欠，于我们亦有益无损。汉生兄在沪，渠告△内地情形非常乐观，渠愿协助，今尊询各节均系芸侯主张，渠早有函通知其猷。渠在介眉前云申新方面欠款甚巨，渠等发财之厂，均注意自己扩充，上行沪、渝、宝一家，大家不能矛盾。此等主张，介眉焉有听不进之理？银行家势利，苟不时加注意，遇急要时真真受累不堪。

（二）渝厂所办之花不能出售，确系事实。此事德公鉴于此时内地运输困难，能少负风险，亦乐得减少风险，并换水养鱼，兄无成见。

（三）申三欠款事，兄早早说明不能支付，即德公反对最烈，鸿元、一心、尔仁诸兄亦反对，奈芸侯一想〔厢〕情愿之意见。意渠在沪处处帮忙，公谊私交均应协助，处处以压力加于鸿元等三兄，因三兄确有求于彼，真所谓强不穿，此事真要气死人。现鸿元兄允于十一、十二两月申四将申九盈余项下还其十万，付转方法申四支总公司，总处还申三，惟要求另存，不能还何账。查申四尚欠总处四万余元，如我们付出，则十二月底总处欠申四六万元，申三与申四无关系，此系大家讨论之下如此应付，德公方面尚不知悉，德公处由尔仁、一心两兄负责。此事如不如此，则情感日伤，于实际无益。兄处理此事已一丘思维，他日面晤后，即知兄之为难，办事不力之咎，亦无法推托，尚希见谅。

（四）汉霞飞路租地事，现谈不通，购下决转租两三年，此事已详号信。

（六）志成事，因渠不愿居沪，决已来渝。今日接电话，知渝厂已来电，已安抵渝，各情面询即知一切，恕不多述。府上均好，舅母大人前日尚来看兄之病，一切可询志成。今志成已至渝，请妥为布置，令其读书，电告舅母大人，俾可放心也。

（七）申九前日可分五万余，似兄出外，即向收五万款当保管，一切尊示事酌可也。

（八）沪上情形，此时局面又变，日美关系严重，使人心又不安，美金已缩至 [十六元五角]，前将花款购进之美金五千元要吃亏不少。尚有渝厂所购者约算照旧之价吃亏甚巨，此事应如何布置，尚请加以考虑。今将《申报》所纪载情形剪下附上，请台阅。沪上情势，如英美放弃上海，则各情恐照天津第二，该时变化正多，外间谣言外国银行之保管箱有嘱人早日开启之说，若然则美金存款亦有问题，兄之目光为时尚早，故盼吾弟早日来沪一行，一切均可商量商量。盖如紧要时，如有骤变，则各事无法布置。汉口来信，因美侨撤退，欲将万安栈货物可售者早日出售，企业亦来询问，兄适病卧于家，嘱棫兄函汉，无论何物均不许售，一切听其自然。盖此时有人要佣金，纷纷来接洽，稍一不慎，枝节横生，兄不敢负责，想吾弟亦同情也。仲宣已定明日赴港转渝，今来晤叙，兄告其渝、宝两厂与渠行往来一切请帮忙。渠云剑兄对于利息计较甚烈，在此局面一切可放松。渠对于戴禹言及杨某两人生活可怜，前允维持之 [三百元] 已改为 [一百五十元]，渠不计较，嘱请吾弟可否仍恢复 [三百元] 之数。此事请查问，如能恢复即恢复之，留一感情，于我们将来亦可多一说话之处，诸请才夺。草此。

即请

旅安

小表兄梁顿首

十月廿三日

月结报告查无，遗失？如不便，请抄示大略为盼。

李国伟致华栋臣

1940 年 11 月 15 日

宝字第五号

栋兄垂鉴：

接十一月廿三日[1]大札，备悉种切，并谂贵体违和，以疾至廿余日之久，谅系养生不慎所致，幸即痊复，至为欣慰也。兹将所示各事及请办各事分复如后：

（1）上海行因我被炸以为将有累于彼，横来干涉，我四厂与各联厂分开注册，股东各别，不能相牵并论，彼仓库借款只须货物抵足，不能问我款往何用，所云均不在情理之中，今其亦知无损于彼。渝厂用款及宝厂用款均已恢复一百六十万及五十万之额矣，目光如沙，实觉可笑。我稍顺则挨，稍滞则逼，我如尽还则又不收，多用后稍有挫折，即妄生是非，派人不是。试思如不多用，彼等何来利息，开销何自而出。恩将仇报，弟亦因不平，故信笔而出，乞勿介意而再评论于弟也，一笑。

（2）申三欠上行之款在总公司转账，吾兄不得不敷衍，确系实情，最好以后须能抵账，方能不致只出无入，望善为处理，至要至盼。

（3）霞飞路租地事，接信知已延长租期，两年加租九十元最为妥善。接栽卿来信云，福信须登记，故欲将地契及执照等寄汉。惟鄙意在此状况之下将契取出交去，或致反生事端，故以暂行推宕为得

① 十一月廿三日：系写信人笔误，应为十月廿三日。

体，不知卓见以为若何？

（4）志成已到成都，近闻与迩弟同行来宝，在申诸承招拂，感谢感谢。

（5）世界局势丕变，太平洋风云又紧，全记事前信曾请另作图谋。昨接电知尚安，然早事预防，可无后悔，望兄熟筹何者为妥，即行设法。因弟僻居内地，鞭长莫及，无法顾到所有。存物如物料等如能托人运出，最为妥当。售出图利者多，不得不慎，卓筹概不接谈，实属胜然，亦望作相宜之图谋，以免损失可惜也。全记去年九月至今年八月之账单已寄来，晓君等拟仍照去岁办法，发红利七千五百元及同人酬金每人薪水一个月约共九百余元。弟已去信允准，由我交彼半年之栈租一万六千八百元，扣去弟名下之二千五百元及经理花红二百元，共二千七百元，计应付彼一万四千一百元，已嘱其向吾兄支付，望即照给，向取收条。初意本拟不付此款，惟思目下时局虽变，然尚未见底，我为维持信用计，不得不按期履行契约，好在存彼总有着落，不虞其他，只利息稍为吃亏耳。全记职员加薪，弟不知共加几成，惟已函其由兄办理，此事通知于彼，故望告晓君，以免彼此隔膜。如洋人方面亦须加给，不妨比例增加也。

（6）美汇将来我须购物，既进勿必再动，决不吃亏。近来统弟在此制造罗拉锭子、钢领圈等，均用旧管子、旧洋元及钢轨、弹簧等改造，成绩甚良。我在晋省及广元等地进土铁不少，厂中亦有旧铁可利用，以后自造三四万锭并非难事，则针布、钢练等向外洋定购，为廉者势在必备，故需用甚巨，即粉厂之筛绢等亦非向外购买不可也。

（7）仲宣重入内地，谅眷属未同行，贴费三百元，遵照办事也。更言兄贩卖颇得利，今岁初仲宣曾欲其进渝厂工作，然渠外务甚多，自己不能拘于职务，有误贩卖之机会，故仲宣虽欲其进我范服务，而渠则并不欢迎也。今当函渝，嘱剑慧仍送三百元可耳。

（8）弟及内子决计不返，因近来飞机常常出事，设遇事端反为不孝。家母寿辰请兄及曜弟代为主持，弟拟在永安公司请客，一切摆布虽有详禀于家母，乞卓见裁行，不胜感盼。前曾有信请另为支洋一万元交家母，谅已照办，至寿事之请客等费，则请为支账是要。

（9）建成事蒙吾兄及心弟电复，得申地诸人之赞同加入，无任感幸。嗣又接兄另电，足见关切之深，更为感荷，已有复电，照尊意办理。惟如渠等决欲进行毛纺事者，则不妨请熊源弟将机器详图寄宝，此间大部分亦可自制，较他日事平之后运进为廉，而着手亦可较速。至申地之机，如能留下，待他日进行时付款出货最好，则可与自制者相辅行，俾资借镜改良，则所至盼。目下则既不能运进，坐搁利息，则不若装在合丰，即行生利之为得计矣。

（10）上月营业，此间结余廿艸〔万〕，渝账尚未来，另九月份宝厂十三艸〔万〕。另渝厂因未开到几日，故结亏三艸〔万〕，不到年底，详账当不见，便带奉月结，则大都系预约，不作为凭也。此间电机约阳历年底可以开工，则一切机器均可恃之而开，目下装原动及纱机等异常忙烦，窑洞及一切栈房、住房等建筑亦在并力进行之中，故弟不能离。他人则未免迟误，不能因地制宜、当机立断，是以不能离去，致再迟误。舍间各事只得有烦清神，甚感不安耳。弟拟将此间各事完毕后，于仲春之际赴渝，在彼视察，一切布置完善再行返申，共作快聚也。专此。

即请

侍安

弟枢拜启

廿九年十一月十五日

细姊[1]前均此请安，内子亦请安。

---

① 细姊：华栋臣夫人李仔容。

华栋臣致李国伟

1940 年 12 月 27 日

沪〈第〉九号

国伟表弟大鉴：

前上七、八号函想已投前，今接宝字第七号大函，详悉一切。兄病确已完全痊愈，惟胆病恐不断根，现仍服药。尊示殷殷嘱摄生之道，自当注意，盖已逾始衰三年，一切不能不听古人之言，诸承特别关切，心感无涯。

嘱送舅母大人之款已许前，舅母现只付叁千元，其余坚命暂存，并云他日须酌付若干汇锡应用。寿事已在布置，礼堂设于府上，暖寿已定［五十元］席六桌，初三亦备寿桌六桌，美华已定卅桌，因公司中已全体送一大银鼎，故不能不全体柬请。一切当约曜弟妥为办理，请勿远念。

建成股款事亦得前函，今附下致一心弟等函亦阅悉，尊论各节非常确切。闻一心弟明年决须至川一行，渠等办事能说不能贯彻实行，明兄亦喜宣传，尊拟合作，觉不可能。惟日后身入重地，吃亏者系德公，吾弟缓日至渝时可暗中留心看看，俾日后无可设法时为其想一两全之办法。兄系旁观者，此时创业不论大小，在于得人，此时局面，凭良心做事时，更无法指挥。因生活情形高无止境，如经营之事无法进展获利，其损害之大，亦不堪言。既一心弟对于复兴并不想观局，兄旁观觉该厂前途并不乐观，谬见如斯，未知高见如何？统弟在宝知甚得力，此皆吾弟指导有方，渠在济南确有相当成绩，现改就商业机关，凭其经验，努力前进，确于双方有益。家庭方面亦甚欣慰，惟舅母大人以眷属不能同在一处，事实上两面悬念，然目前欲解决此事确一困难之事也。

转运物料事已详号信，新购卡车港处亦来信提及，各事当尽力办理。今日路透电云华南又有大轰炸，各事只能听之天命，盖凡事不进则退。现港处可负责，则各事较有头绪耳。

同事迁厂酬劳事，尊拟办法已代陈德公、溥兄，渠等无主张，均云一切请全权处理。申四、福五股息事，想已有示于途。渝、宝两厂月结，培兄[1]已将十月底止寄，其数与尊约者同，惟支配方面确一困难之事。此间福二、七闻有五 M 以外，上年暗藏之数亦有此数，仍照旧岁［去］，股东可得六分，此均不宣布之事，顺以附闻。物料最近付去铣刀款美金［八百一十元］、钢丝布等［八百元］。所有前存美金已支去壹千六百元，美金最小至十六元，近又回至［十八元五角］，进出之大，实无把握。沪、渝汇水仍在八五六折，渝厂有头寸，请电其于阴历年内酌汇若干，因近支付汇款为数亦甚巨也。沪上米价有人一石［一百〇五元］，租界巡捕连米贴平匀起码九十余，稍高平匀至［一百三十元］，从此各业均纷纷要求米贴，长此不已，如何得了。白煤每吨［二百〇七元］，煤球八元八角，穷人日穷，不堪回首，奈何奈何。专此。

即请

俪祺

小表兄荫梁顿首

廿九年十二月廿七日

---

① 培兄：龚培卿，李国伟表妹夫，曾任汉口申四会计主任，后任总管理处计核组组长。

李统劼致李国伟

［1940年］2月18日[①]

鼎哥[②]赐鉴：

沪江告别，行复半稔，近维公私百益，式如所祷。前得沪书，悉吾哥已赴新都，以未稔地点，未克函候为罪。夏历年初，三哥来书并哥函，悉近往返川、陕，沿途视察，有在绵阳、成都间创设铁工厂之鸿图，将为发展川、陕二省工业计，并命弟效力。弟于役铁道十余年矣，于公虽不无微劳，而于私则鲜裨益，重以吾哥之命，未尝不欲舍此就彼，但事实上在最近半年内无法离此，请为吾哥述之。

弟自济南撤退后，奉命襄办交部乐昌机厂，主事者另有兼务，不得不由弟一人主持办理。几及一载，粗有规模，而广州事变奉命结束，完毕假归。当时以功败垂成，虽事不干己，亦觉事不易为。维当局以辛劳稍著，特准假一月，而弟颇有不愿再返之意。迨在沪一再稽留，一再电促，而在沪日久，亦觉不可耐，遂复绕道而来此厂。此间当局为前平汉机务处长李维国[③]，与弟本不相悉，以贵州交通不便，运输困难，筹设机厂锻铸为基本，一切所需原料既不能依赖洋货，势非就地取材不可，特由杨莘臣先生（交部路司帮办）转命前往。弟彼时本无意前来，而又无从推诿，故走沪暂避，但半年归来，仍强而来

---

① 原信无年份。信中提及李国伟筹设铁工厂并邀请李统劼为其助力，与1940年4月3日李统劼致李国伟信内容相对应，故推断年份为1940年。

② 鼎哥：李国伟。

③ 李维国（1886—1975）：湖南郴县人，曾任平汉铁路汉口管理局局长。

此就铁工厂（锻、铸、炼）主任兼工程司。

现此间机器尚未运全（此厂之设目的在发展内地工、农矿业），而一切基本原料如生铁等一无所有，来此后第一步即着手烧制火砖（自用及出售），现已完成出品矣。第二步，改良土法炼铁（生铁），盖湘、黔一带土制生铁（即翻砂用铁）所产不少，而除制锅外（吾锡王冶坊所制锅尚采用湘省生铁），工业上无用处，盖用此翻制之铁件不能钻、镟、刨，质太硬，即所谓白铁是也（川省恐亦如此情形）。现拟用土法炉加以改良，炼制翻砂用之生铁（即 Foundry Pig Iron），已开炉，但尚未改良完成。最近，直接收买土生铁翻砂能车能刨之铁件（此种方法系弟于无可想法中想出，厂中尚保守秘密），近为川桂公路制造桥梁铁铸件四十余吨，正在赶制中。此外，近正研究铸造韧性生铁铸件（Malleable Cust Iron），即能弯曲之生铁铸件，亦系利用土制生铁（俗称牲钣），大致已成功，但尚未大量生产矣。

现本厂各部分以种种关系，尚未有成绩表现，只弟主管部分尚不恶。自得三哥来信，筹思再回，将辞意告诸李维国兄，彼云："以部今〔令〕督促本厂如此之严，而本厂现时所能表现之成就均为吾兄所主事，若要走，吾又何说？"李兄在路上已数十年，年事亦已高，办事亦颇多毅力。在此情形之下，弟势不能一走了事，只可暂允再帮忙半年再说。弟于哥命极愿效力，且在此月三百余，实得尚不及三百。而为公家做事，力倍事半，殊无留恋之理，且吾哥所命，自信尚有一得之长，但现时情形稍异，不得不暂方命，想吾哥必能谅之。苟在此经办各事，一切制造方法确有把握，再出而为吾哥效力，则弟之所大愿也。设厂计划可否示知一二？虽不能至，而心向往之矣，余容续陈。

敬请

近安

弟健谨上

二、十八

（三月一日复。）

李统劼致李国伟

［1940 年］4 月 3 日[①]

鼎哥垂鉴：

昨奉廿九日手示，敬悉一是。前吾哥以内地机械缺乏，拟在川、陕各地设立铁工机器厂，招弟相助。弟以在铁路机厂已十余年，亦自信于一切机器制造稍有根基，欣然应命。惟深以机械设备添置之不易，五金材料之十分缺乏为虑。顷来示云，生铁十分价昂且缺货，拟先炼制翻砂生铁，一以应社会需要而谋利润，一则供自制造纺织机、面粉机、榨油机以及普通机械之原料，自是根本之图。惟兹事体大而复杂，成败因数〔素〕既多，非如他种工厂之设备具、材料有，经营得当，方者为方，元〔圆〕者为元〔圆〕，即有成效可比，否则今日内地生铁之缺乏，无论如何，不当如此。盖亦因不可一蹴而几也，请一述之。

（一）矿砂之供给，自领矿区自行开采或采购，只须铁质较富、含硫少，交通便。川省綦江、广元一带，铁非不少，当无大问题。

（二）焦炭之烧炼，此为炼铁最要原料。川省煤矿不少，当不难获得，适于炼焦含硫少（生铁大敌为硫，而硫之来源大半从焦炭）、灰少之煤质。

（三）耐火材料，火砖为炼铁所必需，且数量需要不少，质亦须佳，现时大约不易采购，而价值必太昂（此间弟自烧之火砖本专供自

① 原信无年份。信中提及“至于吾哥亲自来定之说”，1940 年 5 月李国伟亲往贵定，邀请李统劼到宝鸡主持宝鸡铁工厂事务，故推断年份为 1940 年。

已翻砂炉用，因有需要，间亦出售，每块九寸砖售九角），川省需要更多，价当亦可观。若炼五六吨生铁炉，必需五六万块以上。若有适当耐火材料，自制便宜多矣。

以上三项，只须有人力、财力，弟自信技术上无大困难，且可不需用洋货或机械也。

（四）关于化炼铁矿，苟以上三者具备，能造新式小号化铁炉，一切重要设备均能备置，化炼铁矿本亦无多大困难，但非所语于今日。若用土法，所产又不适于翻砂用，原来炼铁无论新法、土法，学理上几全相同，只有技术上之差异。普通翻砂生铁含矽（silicon）多（翻砂生铁之分类，即以量分，如一号大约含 Si=2.75%，二号 1.75% 左右，三号更少，土铁“麻水”约含 1.0% 左右，“白口”约在 0.5% 以下。矽质使铁软，但每经一次溶〔熔〕化，即减少 0.25% 至 0.35%，若铸件含矽在 1.0% 左右时，即不能镟、刨，故虽第一号生铁若连续溶〔熔〕化四五次，即不能镟矣），而土铁含矽低，而其所以高低之故。粗言之，新式炉用热风，土法则用冷风，炉内热度高低不同之故。此外，土铁含硫较高，亦因热度低，硫去不了，但若木炭化铁（黔省土法均用木炭，川省闻木炭、焦炭两用），则质地之佳远胜于普通生铁，即在现在，若干重要机件须承强力者，尚有规定须搀用万分之几十之冷风木炭生铁（Cold-Blast-Charcoal Pig Iron)，但必须搀和相当普通生铁，否则质虽佳，硬度高仍不适用也。以上为土法生铁与普通翻砂生铁性质不同之所由来，即非关于原料与学理上之不同，而为技术上之差异问题。兹再将各种炼铁办法述如下：

（一）纯用土法，设备简、出产低，品质视所用原料而异｛从翻砂上而言，麻水较诸白口为适用，以其含矽较多也，但若用为炼毛铁（即熟铁）则相反｝，费省（每炉建造费不过五六百元），易成（均土石及木料）。此间为利用土铁起见，在去此三十余里，与本省志于炼土铁者合办一炉（以用木炭，靠近荒山，地僻多匪，故不能常去），正月开炉，只产麻水万余斤，以炉中生障碍停止（此种障碍即新式者亦时有）。此种炉高约二丈余，现定本月十五左右再开，每日约可出麻水、白口二千余斤，如要产更适宜于翻砂之生铁亦可，但每日只能出四五百斤，此种炉至多继续不停百日即需修理（无多费用）。

（二）建新式小化铁炉，炉高约三四丈，每日出五六吨生铁，用焦炭为燃料，建热风炉，打热风，所感困难各点如下：1. 机力设备需用七八十匹马力蒸气打风机（风压需三四磅每方寸），Reciprocating Blowing Engine ①若 centri-foqul Blower ②即不适用，压力不足也；又其他钢质风管等。2. 耐火砖各种约需七八万块。3. 需时半年至一年。

（三）改良土式炉，炉身建筑大致照土式，内部重要部分用火砖，用木炭或焦炭为燃料（焦炭较木炭火力大，可增生产），用热风建铁管热风炉，用人力大风箱或离心风机（炉身低，及如用木炭压力须小，又离心风机易自制，可用十余马力柴油机拖动），若能每日出二三吨甚或一二吨翻砂生铁，则成效著。因建筑设备赀甚少，若要增加产量，增加炉数即可，但此为弟本拟在此进行之计画，现焦炭已炼成（本厂所用翻砂化铁炉本用木炭），即拟进行，在厂址附近建造试炼，苟结果而佳，则弟有十分把握矣。

弟意在此非常时期，企业之道有二。其一，即趁此时来内地工作之机会，发展机械制造企业，立一不败根基。战时固有需要，即和平后仍可继续发展。正如吾哥所云，即以陕省棉花而论，自种植以至［成］布，灌溉、扎包、榨油、纺织，何一不需机械，发展无穷，利润尽有。其二，即从事非常时特缺、特贵，需资不多、需时不久，利益高之小企业。一旦和平，无需要或不能立足时，即弃之不惜，即弟

---

① Reciprocating Blowing Engine：一种往复式鼓风机。

② Centri-foqul Blower：离心式鼓风机。

所拟试办之改良土法生铁矣。至若现时化上十余万，成立一规模不大不小之炼铁厂，如上说之第二项。在此非常时期，当有利益可图，而建设需时久，不免错过机会，若一旦平和，不说一二千元一吨，即一二百元亦不可得。生产成本既不能与大规模之炼厂相竞，而此项工厂，又不能如普通机械制造工厂之有活动性、变更作风之余地，势易失败。吾哥兴办企业二三十年，自无待弟之哓哓，而弟于炼铁总算有门径，故为述之，吾哥或且笑其迂矣。

弟意宝、渝两厂，现既以设备、材料一时之不易补充，且均有主持人可应付，似不需弟之助力。若四五月后，弟在此试办之土法改良炼铁能有成功（现在此间一切所需矿砂、炭火砖均有相当把握，故较易办），即立即前来从事炼铁；若试验无大效果，或该时生铁供求已渐平衡（弟意现时从事于此者必多），可不需自炼，则弟仍前来助吾哥规画机器制造。为弟个人计，自以立即前来为得利，但弟之于吾哥，究非普通 Employer+Employee 之比，苟无七八成之把握，遭遇失败，或无成效，非独无以对吾哥，抑且不智，未谂吾哥意为如何？若有他项意见，或须弟前来一行，弟当于廿日左右来渝商谈再定。至于吾哥亲自来定[1]之说，请不必多此跋涉。自渝至筑[2]，三日可达（即至柳州之公路），自筑至定，半日可达，惟近多雨，道途难。且弟之辞虽经口头勉允，迄未正式允准，吾哥来此间，当局势必亲自商谈，更不好办。若吾哥来示，须弟先来渝一谈，即请假一行再返；若即须弟前去久留者，弟则先请假，先离此后再说。专此伫候明教。

并请

大安

---

① 定：贵州省贵定县。

② 筑：贵州省贵阳市简称。

弟健上

四、三

（四月八日复，通信址贵定县中南路廿二号。）

李冀曜致李国伟

［1940年］5月31日[①]

伟哥尊鉴：

日前接奉手书，嘱代剑慧兄购住宅一所，迄今尚未得合适者，俟有相当者，即当与二姨母[②]大人商酌购进也。申地因汇票缩后，物价均昂，故住宅屋出售者甚少。而建筑公司或地产公司新造者，房间等既小，而价则较吾哥在申时高出二三倍矣。上月中旬，栋哥交来支票八千元，嘱代吾哥套息，于月底套入利息四分，于六月底可取出。伯母大人暨二姨母大人及嫂嫂留沪之款，亦有大部分套入，如至六月底仍有厚利，即当仍继续套也。近日欧洲战事变化，致美股票及上海股票均大跌，公司中投资者损失甚多。尔仁弟事至今尚无切实办法，两方数目相差尚远，三五日不易解决，幸各方来消息，身体则甚好，且可无危险也。

日前，栋哥谈及吾哥拟在渝设一制铁炉，此间各人意见自不能一致。弟意如可另立一正式有限公司而与申福新分开，则将来不受牵联，则可少许多话说，未识吾哥意如何。此间各人如有赞成办者，自可加入股份；设有不赞成者，则无须加入，亦无须再说闲话。而将来此公司进行则可照正式手续办理，无须各处请示矣。

报载重庆屡受空袭，谅贵处在郊外，或较城市中为安全也。沪寓

---

① 原信无年份。信中提及“尔仁弟事至今尚无切实办法，两方数目相差尚远……”，应为荣尔仁被绑架事，故推断年份为1940年。

② 二姨母：秦萱。

自伯母大人以下均安好，勿念。余容续陈。专此。

敬请

大安

弟楙顿首

五月卅一日

嫂嫂均此问候。

李冀曜致李国伟

［1940年］7月18日[1]

伟哥尊鉴：

日前读致栋哥函电，得悉近况，并知嫂嫂曾入医院开刀。此间诸人均甚悬念，未识可已复原否？若胆部须用手术，最好可来申医治，申地设备既完全，休养亦较便利。

志诚〔成〕前因拟赴渝校读书，竟忽离申赴浙投考，后经栋哥托金华中国银行人去劝阻，渠已允返申，现正在途中。惟昨日起交通又断，今仍托中行人设法接济照料，若此间路常不通，只可径往内地矣。

尔弟已返家半月余，现尚在休养。申地市况近日甚乱，将来工商业均成问题，带投机性者更危险，春舫兄竟因此而牺牲，甚可惜也。租界内谣言甚多，而房屋价格仍高，二姨母购住宅事只可稍缓，俟有适当者再进行，请询剑慧兄意见如何。

卓亚于上月十二日产一男孩，身体均好。伯母大人自志诚〔成〕出走后甚为挂念，身体尚好。诸侄及侄女现均放暑假，季荃[2]、介寿[3]等下学期亦拟转入南洋模范。申战区各厂情形如前，近日又有发还之说，惟恐难实现也。余容续陈。即此。

---

① 原信无年份。信中提及“尔弟已返家半月余”，应为荣尔仁遭绑架获救后回家，故推断年份为1940年。

② 季荃：李季荃，李国伟四子。

③ 介寿：李介寿，李国伟三女。

敬请

夏安

弟楙顿首

七月十八日

嫂嫂均此问候。

章映芬致李国伟

［1940 年 6 月］23 日[①]

国伟哥赐鉴：

屡阅号信，知兄等尚留成都，嫂嫂病疟疾甚重，不知已否复元？念甚。妹身体甚好，蒙屡在号信中提及，感甚。知兄等身虽离渝已，心中实不甚放心，特抽暇将屑事（大事可详于亦、培诸兄号信中）详告，想亦吾兄所乐闻者。惟妹杂事繁扰，时间不多，信笔所书无甚组织，幸恕草率也。（兄离渝后，妹已有一信寄宝鸡。）

兄住宅工程尚未完毕，全部完工恐在一月之后，汪府至今未迁来，不知何故。妹于人情世故极浅薄幼稚，惟既蒙兄指示关照，妹必遵命不误。汪府如来，必善意招待，请勿念。现两何先生住兄处，兄前所用女仆均已离去。

十二日炸后，重庆草木皆兵，人心惶惶，确甚紧张凄惨。惟近数日来，警报较疏，大众对于警报之恐怖景象复渐忘去。重庆市面复活，纷纷迁回，我厂办事处亦于今日全体搬陕西街新址，而同仁家属亦无一疏散者。除妹将宿舍中冬季用品及工友中冬衣之一部分及少数同仁之衣箱迁往白沙渡，以及培卿兄将家中箱件迁一部往南

---

① 原信无年份、月份。1940 年章剑慧致华栋臣信中提及“晚于六月十二日随同国伟哥、嫂自渝起行到蓉，后嫂嫂患病甚剧而留蓉”，而此信中提及“知兄等尚留成都，嫂嫂病疟疾甚重”，1940 年 7 月 14 日章映芬致李国伟中又提及“嫂嫂病体想已复元”，因此推断时间为 1940 年 6 月 23 日。另，重庆 1940 年 6 月 12 日遭遇轰炸，与信中“十二日炸后，重庆草木皆兵”相符。

山外，其余无一人一物作疏散之计。蒋、瞿两家[①]家属虽亦、培兄等欲请迁南山，彼等无意亦徒有计划而已。至于其他家属，曾由亦清兄以兄意通知疏散并令登记，而大众表示请厂方保留疏散之空屋，如真此处炸掉，再迁不迟。妹素胆大，而于兹事颇忧，设而无事，固属万幸；或而真炸及南岸后山，老弱妇孺众多，其时凄惨之状，善后之道实令人不堪设想也。对于此事，妹略有意见，兄可姑妄听之，备作参考。（一）后山所拟造之职员住宅，或可暂停，以免增加密集。本厂朝鲜人房屋虽不方便，而离厂较远，转有疏散之益，不妨暂住。（二）黑石子房屋，妹本早与讲妥收回，惟因房客索费迁移，故迟迟未成。实则此等费用，妹意不可过算，现今在疏散声中，乡下房屋居奇，自是意中事。即在平时，房客迁移亦需酌贴，以示睦邻宽厚也。（三）现今营业情形与平时不同，处处由人求我，即在穷山僻壤，亦顾客盈门，此其一。而自轰炸疏散之后，各机关团体亦多下乡散居，各处非复昔日之集中，市区有所接洽，并不因在重庆而方便。故妹意营业处实不必另起炉灶搬返市区，即设一小小办事处，亦不妨朝去夜返也。如是招呼方便，减少危险，而人力集中，亦较经济。

自兄等离渝，欧洲战局急变，而厂中亦颇多事。妹职务内事，能力所及，极肯负责实做，不愿多说，决不因兄等离去而稍懈。职务外事，妹才识两浅，不敢与份，而极关切，因兄等远离，而益甚愿略述所见，幸勿责妹之多管闲事也。关于福粉事，自十二日轰炸后，市面混乱，供求相差过远，致价格飞涨，［经］号自十五、十六、十七、十八至今，明日将再涨至廿一元一袋。而我厂出售复多视情面买给，致直接用户不易购得，暗盘至卅元左右，妹数日来对此事颇忧。（一）本厂工友多有借此从中取利者，在先亦清兄因示惠于少数高级工头，

① 蒋、瞿两家：蒋叔澄（曾任汉口申新四厂供销股长。1937年申四、福五内迁时在宜昌负责水路运输事宜，后任申四宝鸡厂副厂长）、瞿冠英两家。

特允购给，固亦属人情。惟一袋可赚至十元左右，请求十袋，即有百元进账，然后惟利是图，人人眼红，工人莫不钻头觅缝，设法购粉，无心工作（盖购粉十袋即较一月工作为有利也），实坏工人风纪，并应〔影〕响本厂名誉。今日妹再三申言其害，亦清兄已决定停止工人赖面子购粉之事，并取消门市，一律归营业处发售。惟营业处似亦须改变方法，以少量直接售给用户为原则，效福民之法，每单五包左右，不得超过十包（现今在十包以上始打单子），借免居间人渔利（我厂顾客中有借本厂面粉日赚千元者，殊堪痛心），而利用户。（俄国大使馆无粉做面包，致向外交部交涉，由外交部备公函转市政府，转本厂购粉数袋，吴国桢[1]以名片再盖私章向兄请求购粉两袋，于此可见一班，乃致门市日日几致动武。）（二）现今政府朝野集中讨论抑平米价，报端日有论文，今面粉如是，亦必有统价之事。妹意我厂今既有左右粉价之权，应设法改良发售之法，平价出售。济此轰炸声中，民食困难声中，殊不应乘间图利飞涨市价。自十八元跳涨廿一元，原系福民袁国梁等之意（闻袁等欲涨至廿三元，无咎等执中议论，始定廿一元云云），今日复由福民、福新联名在《时事》《申报》广告"因麦价高涨，不得不略增成本。……"等等。福民初开，或欲乘机多赚，立定脚跟，惟如是涨法，必招物议。我厂立场较异，实不必人云亦云，亦清兄等亦颇觉不合，苦于无从实行耳。

渝厂人材虽多，而缺刚果决断引领之材，因循规范坐守其成固可有余，而应变意外则颇不足，兄固亦必知其详者。亦、培诸兄谨慎小心有之，而亦清兄失之过柔，培卿兄失之过小；妹则资望、经验两差，年少气盛，失之幼稚，更不足道。故妹虽力主大哥与兄同去，而心实忧之，惟望兄等早去宝鸡商定大事，早返渝厂耳。

---

① 吴国桢（1903—1984）：湖北建始人，1939 年 12 月至 1942 年 12 月任重庆市市长。

至于兄付亦、培诸兄以大任，则彼等小心翼翼，时时合作会商，极能和衷共济，而对兄命则慎重遵办，十分忠勤，惟苦于会商过多，言多而少实行，议多而少决断。自兄等离厂后，妹办公桌旁终日会议，自国际局势至厂中大事，晓晓〔哓哓〕无休，妹虽不敢与份，而颇以为苦。更有妹不以为然者，往往一事之行全厂共传，甚于广播，如今日遵命汇申廿六万即是一例。我等办事固光明正大，不必秘而不宣，然亦不必人人皆知，浪费力量。兄如以为然，或不妨暗示一二。妹对兄极为钦佩，尤愿得兄指示以求进步，更切盼兄计划之事业逐步成功，故妹愿直言所知所见，如有错失，祈兄立即指正；如有可听，祈能有助于兄之指挥于万一。好在所述均在号信之外，妹以表妹之地位闲话家常而已，兄姑妄听之可也。有所批评，或系狂论，不足为外人道者，幸兄勿致妹招忌为感。

兄之事业计划，妹钦佩无已，他日前途无穷，当可预卜。事业愈大，需人材愈多，兄固早注意及此，妹以幼稚之目光统观，兄之部下实以大哥[①]为最有用，而亦以大哥为最忠诚，确能作兄之左右手而共患难者，而大哥之成功，亦唯赖兄之提携为最易。故兄与大哥合为两得，不合为两失，妹见有所意见，即深为不安。大哥略有脾气，而于兄忠诚无异，幸兄不疑，推心致〔置〕腹，令彼多负职责，而于此千载难逢之时代中破格提携，使彼有巩固之地位与产业，彼有优越之地位亦即增强兄之力量。平日顾忌于各方之牵制，兄或不便多患于大哥，而此时实是机会，局外人所不敢多议者，兄于此时使一跃出头，他日助兄之事业无穷也。妹亦曾再三劝大哥勿听他人离间之言，勿生疑异之心。今虽似已共安乐之时，而以事业论，适在开端之始，岂可因小利而失大事哉！

所言皆妹幼稚之意见，或为兄识者所笑，则一笑可也。夜深甚，

---

① 大哥：章剑慧。

恕草率。余容后上。

敬颂

旅安

表妹映芬敬上

廿三日

嫂嫂前请安道念。

章映芬致李国伟

［1940 年 7 月］14 日[①]

国伟表兄赐鉴：

接读来示，欣悉一一。嫂嫂病体想已复元，最近闻已迁居唐公馆，许婉清前日来厂亦云及嫂嫂此次病颇重，恐须再休息月余始克动身也。旅居一切不知方便否？甚念。

昨接二妹[②]来信云，志仁[③]已自宁波来内地，恐至成都考军校云云。不知究竟如何，已否抵蓉？妹同学徐某有弟，亦最近与多数同学走宁波至桂林，不知是否与志仁等同走，妹正去信探问。想必此事兄已早知，志仁或已有信也。前二舅父[④]来信，昌弟已安抵昆明，不日搭车来渝。满妹亦已抵昆明，有信来，在兴业建筑公司任事。彼因工作较空，欲觅一高中程度学生作家庭教师或为补习之位置，兄如有熟人在彼，便为介绍为感，彼地址为昆明护国路 48 号兴业建筑事务所。兄处房屋尚未完工，汪府亦未迁来，日前有信，亦清兄需月底迁来。

重庆近两日来无警报，闻敌方休息一星期云。而天气酷热，车间时在百度[⑤]左右，公事房在百零五度，庆小最热时至一百十五度。辄

① 原信无年份。信中提及“明日发七月份薪”“最近发表吴闻天调任平价处处长”，1940 年 7 月因日军堵塞中国出海港口，致使后方物资供应日益匮乏，物价持续上升，一时舆论沸腾，国民政府经济部平价购销处处长章元善引咎辞职，由该部参事吴闻天接替，故推测时间为 1940 年 7 月。

② 二妹：章央芬，时在新四军从事医务工作。

③ 志仁：应为志成，系写信人由于语音造成文字之误。

④ 二舅父：秦毓浏。

⑤ 百度：华氏度，100 华氏度约为 37.8 摄氏度。

夜不见凉，清晨亦汗流不止，人人饭量大减，辛苦万分。夜班男工均躲睡地洞中，亦只得听之。女工均满头疖疮，日夜班均睡走廊过道内。新饭厅至今尚未完成，旧饭厅内气味难闻，挤热不堪。工人走动极多，男女工均感缺乏，车间中停车甚多，裕华亦然。人事课谢先生曾招回五十个，亦无补于事。近日仍四出招收，而因警报、天热，请假回乡者日多，维持开车困难万分，故出数大减也。在此天热又兼时时警报，问题特多，事务处极感人手缺乏之苦。现杨婉瑛先生暂调消费合作社帮忙，庶务课暂请李丹忱专管防空洞，会计课潘先生已返公司，（因孙荫庭先生巡示外庄之故）致会计科又缺人，又因疏散关系，亦清兄令妹黑石子再派一人，妹实无人可派也。前庶务蔡达元先生本极得用，冬季后派外庄，妹拟调回，而无咎兄谓不可，转介绍李惕平先生令兄，而妹以非相知可靠者，又不愿任意录用。

后山地已在进行中，一部分已写定。妹与张耀村先生每日上下一次写约、量地，又是地主，又是佃户，每主一小块，麻烦之极。现今房屋材料已运到一批，而平土工程尚未开始，以妹猜度，恐搬拆完毕当在二三月之后，颇为心焦。他日事务方面，管理当更缺人，盖他日如后山另起宿舍、另立厨房，安全方面自为上策，而事务方面必派一二人，惠工方面亦最少需一人也，妹与亦清兄正在商议中。自重庆连连轰炸后，上下人手均感缺乏，各机关亦恐慌万分。前妹赴燃料管理处接洽煤炭，在分配组遇郭泰运先生，系妹南昌时同事，彼谈及有意脱离管理处，来厂相助庶务或消费合作社事。彼人尚灵活能干，妹本极愿介绍与兄，惟至今辞职未准，反为加薪卅云（彼本月薪九十元）。后方万事待兴，而人手缺乏如此，实属堪忧之事。闻沦陷区及上海等地颇多有志而苦闷之人，如有可靠能干者，或助彼路费，鼓励来后方，于公于私均属一举两得之事，不知兄意为如何？是否有此等相当人材也。

前黑石子农场吴幼之先生在宜遇险，退回衡阳，至今尚无消息。黑石子农场事至今不得进行，所云疏散房屋材料已去，而尚未动工，收回数间亦乏人照看。妹自兄等走后，因警报连连，意外事特多，妹不敢一刻离厂，故亦不能常去黑石子。前在黑石子，妹经手租下大驳一只、小划一只，得用万分，大驳专供运麦，小划往来黑石子、白沙堆运料（房屋材料及材料课物料）。今白沙渡栈房已满堆白布、颜料及方棚油等，铁管亦在该处。妹因该处较荒僻，故极赞成民康借一半作临时工场（有工人男女卅余，专做急救包），概可较热闹而避人注目也。该处附近新筑房屋甚多，裕华栈房前次大雨塌倒，压坏利华机器零件多件。前日史小姐有信来云，中国银行在附近造堆栈未成（盖好屋面）而塌，系限日过速之故云云。白沙渡侧，前妹主张养猪，兄亦赞同，今猪棚已成（共十五方，捆帮〔绑〕、茅屋顶，连平土约二千余元），而猪棚又派作他用，养猪已不可能矣。妹已请史小姐改名“白沙渡二栈”，以便疏散时家属前去居住，“猪棚”名不雅观也。惟妹确知昨南岸或厂中被炸，家属无一肯搬者，故妹拟将厂中现存黄花六百余担运去，雇匠弹成棉被，如有人去住则停工堆置一间即可，无人去住时亦可将空屋应用。现今天热，人人不注意此种问题，待到冬来，重庆各处轰炸损失不可计，棉衣、棉被必起恐慌也，而厂中将黄花运出，亦是疏散也，不知兄以为如何？现今白沙渡事务日繁，栈房材料往返亦均归农场兼管，布置疏散事项亦无人前去。妹意史小姐既出国之举已罢，对农场诸事颇感兴趣，亦能胜任，现在白沙渡亦颇能负责相助，则本厂实不妨聘为正式职员，使彼安心留此。盖事实上，白沙渡实确需一职员招呼，而厂中又无人可派也。史小姐固是妹友好，惟妹处事并无私意，前妹曾探询彼肯否留白沙渡任厂中新村职员之事。彼因白沙渡环境不恶，亦颇愿意，并表示不计待遇，故曾回绝新运会及政治部宣传处之聘请。而彼在白沙渡颇负责任，惟因兄离厂时未作正式决定，故妹迟疑未与彼谈及。惟史小姐决非愿久居作客者，故妹愿早为解决，祈兄见复为感。如兄同意，妹拟一职务待遇附上，请兄裁核修正赐下。

明日发七月份薪，同仁中有要求援申四往年西瓜津贴之例。查去年并无此事，惟同仁言，去年系庆新，而今年系申四也，亦清兄当即征求培卿兄意见。重庆天气酷热难当，西瓜如黄金，价高万分，每斤六角，殊难与昔日相比，今决定每人半担云云。

重庆物价飞涨，生活困难，而人手缺乏，此次工人工资平均随裕华一样涨 20%，而技术工人仍不时往外跳，今日又走一电匠。本月闻裕华职员均加津贴卅元，同仁中亦有以此问亦清兄者。盖本月米已达每市担$58，而上月只$32，面粉上月兄走时$14.5，今则$25，无怪人人恐慌也。最近发表吴闻天调任平价处处长，惟物少人多，供不应求，平价之事仍属困难耳。在物价仍日益飞涨之际，同仁薪津是否有再行调整必要，兄贤明，当不劳妹多虑者。余容后谈。

敬祝

旅安

表妹映芬敬上

十［四］

十一日，裕华工人要求六月结算红利，有怠工现象，现尚未解决，工人中均云恐一旦炸掉，厂中不管云云。本厂工人安靖，勿念。

章映芬致李国伟

［1940 年 8 月］15 日[①]

国伟表兄赐鉴：

送兄等西行，明知暂别，而不胜依恋。于工作方面说，妹固突失指南，犹不致忸怩畏难，兄等虽未勉以重任，而于职务内事，妹决能格外努力谨慎从事，以不负所望。惟于情感方面言，则殊不能自解耳。盖他乡作客，川中别无至亲，今兄嫂、幼侄一旦离去，自后黄昏寂寞，仰望重山，俯视急流，倍增乡思也！

书至此，有警报，由电话悉兄等车已开出，想已离市甚远，惟大卡车未开出，颇心焦也。

自十二晨警报后，至今晚（十五日）始克抽暇续此信。当日，市区惨炸情形尤甚于去岁五三、五四时。想兄等已于号信内详悉一切，厂中事可报告者有数点。

一、公司办事处迁厂时，鲍耀祖、过宝瑗等同仁招呼一切，至为出力，栈务工、警卫等均派往重庆抢救物料、用具，大数抢出，无甚损失。办事处同事等暂住新医院楼上（即以前华煜卿、杨荫甫先生等住宅），即在经理室办公。厉先生仍在重庆设法一办事处，派数人朝去夜还，以便接洽。惟近两日来重庆已如死市，办事处之成立或尚待

① 原信无年月。信中提及“自十二晨警报后……当日，市区惨炸情形尤甚于去岁五三、五四时”，抗战时期日机对重庆的野蛮轰炸，尤以 1939 年 5 月 3 日和 5 月 4 日的轰炸最为惨烈，故推断年份为 1940 年。另，1940 年 8 月 12 日日机轰炸重庆，左营街防空隧道内因窒息而死伤百余人，故推断时间为 1940 年 8 月 15 日。

相当时日。

二、门售与营业为方便起，即合并办事，面粉归营业，孙荫庭负责，麸皮仍旧门售。潘先生兼厂中出纳，马进调助做账。

三、加紧防护团工作，将全体土木石工赶筑防空洞，当日炸后，有防空司令部特派员来厂检查防空洞，认为章宅下防空洞上竹架无用，土层非加高、内中非加撑不可。新洞（龚宅附近）亦嫌出口处土层太薄，务必以土石加高二三丈。对于前山办公室下之洞，则尚称满意。故经防护委员会开会议决，决照指示连夜赶做，而在办公室下第二、第三洞再向里打通，直至栈房下，如图：

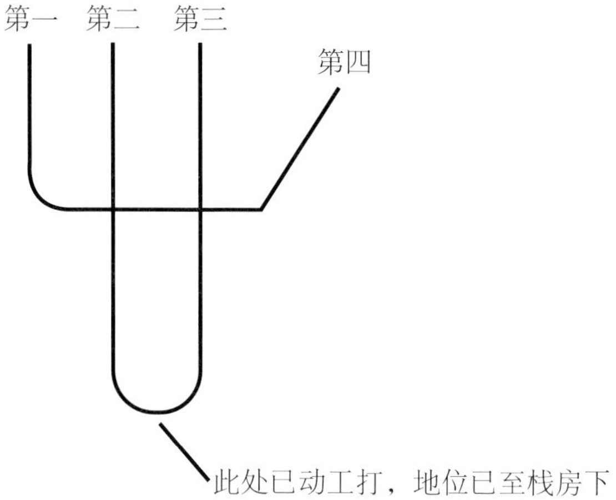

具他消防团、救护组、避难指导组，均加紧演习，以防万一。现每一洞已有救护队一队、救护药品两袋、担架队一队、指导员两人（后山由龚培卿、顾校长负责）。另设警报组，由魏逊男、李鸿良担任，传达警报消息。职工等因目睹市区恐怖情状，极能重现合作办理。

四、裕华办事处全毁，近日连夜将棉纱迁移白沙渡，敌机广播本有下次炸弹子石之说，加上裕华之迁移纱棉，故街市居民人心惶惶，厂中尚较安溢〔逸〕，而女工自退、私逃者亦复不少，日夜车均关五六部之多（三日来已走百余人，现在舍只六百卅人左右）。裕华当然更甚，彼处女工有逃来本厂者。妹意兄见甚是，我等对工作求尽心尽力，然务须沉着稳重，牺牲处只得牺牲，无从冒险者。故妹不管停车多少，工人之坚欲返乡者仍听去，而有遭难来归，暂亦与收纳。

五、厂中铁驳已连纱棉下移，停白沙渡。黑石子佃户茅屋今日已由张先生前去办妥手续，收回五所，以备疏散物品或意外之用。

六、市上粮食已大恐慌（因无来路），本厂已购进大批米、油、咸菜等存贮兔子房，以备万一。每晚加做馒首二千，以备警报过长充饥。因粮食缺乏，面粉视为奇货，本厂门市供不应求，紊乱万分。间有工友及有关方面从中鱼〔渔〕利。今日竟有多人以十六元半购得，而走出大门以廿八元转给他手者，殊堪痛恨。妹曾建议本厂直接登记小面铺饼店，然后平价分派，以示惠长期顾客，而免第三者从中渔利之恶习。惟闻福民已可于后天（星期一）出粉，福民一出，我厂当大受应〔影〕响，现今之门售怪现象亦必可无形消灭。所可憾者，福民粉各方已证明较我厂为优，则他日我厂必居二位，殊令人不甘心。妹对机器等一无所知，不知有否良法改进，以与福民争一日之长也。

七、汪先生尚未迁来。前日，郭斌佳来称王世求部长住宅被炸，无处住，欲借大哥楼下住，后商得何先生同意暂让，故何太太等暂住兄处，惟至今日尚未搬来。郭斌佳住所亦被炸无余，彼亦欲住来，苦无余屋。惟近日有炸弹子石之谣，此地系工厂区，恐欲来者亦有戒心。同仁里房屋略被震坏，现福生弟住彼处，使告家兄嫂，福生弟安，照常办公。

知兄悬念，略述所知，其余大事当可详于号信。兄等甫离渝市，厂中即遭变故，幸黄厂长、培卿兄等协力处置，稍免群龙无首之苦，大小同仁亦颇能一小〔心〕一德共同协助。兄能既因要事西去，对渝厂亦勿过念，如有万不得已事，亦清兄等随时均能有报告者。妹一介女子，无所能为，惟既蒙提携，任为职员，范围内有关杂事当尽所力，求不辱命。

自返渝后，追随吾兄工作数月，蒙兄对妹多加信用，感激万分。然妹决不敢因此有擅越、自作主张之处，幸兄深察。兹有一事愿略加解释，前庆小顾校长代申新教员加薪，每人拾元。妹有条呈，蒙兄批“照办”。妹因教员薪金素在学校经常费中，而顾校长又有代课教员，不必一律之语，故妹即通知会计课“李董事长批准增加学校经常费六十元（因有教员六人），作教员加薪之用，由校长分配”。其后，亦清兄询妹何以此事兄言不知，妹思或系加薪与经常费混合，致兄忘去之故。自是妹办事不周到，然决非擅作主张，请兄查明谅宥为感。至于兄等离厂后，大小事件妹当悉遵厂长及培卿兄等之命令、意志行事，决不有所主张、有所擅越，致令兄等悬念。妹自身之康健、安危，亦决小心注重，幸兄等勿念可也。

按申新之用女职员由妹始，今则渝厂方面有七八位之多，妹因恐成绩稍差，即愧对吾兄提倡之意，而致塞他日后进妇女工作之路。故事事竭尽能力，不愿后人，免招讥嘲，常自勉励并勉在厂女职员，而妹对女职员之录用亦因之格外小心者也。然习惯所至，亦或有人轻视女职员，并觉女职员不易调派、不耐劳苦者；亦或有人总觉女子不过女子，不足以共大事者。妹素抱以事实示人之旨，决不以言词辩，惟不知在此数月间，兄对女职员之印象、意见如何耳？

妹自入川以来，参加申四迁建，虽所用非所学而兴趣甚浓，虽经验缺乏而日以继夜求其进步。所以如是者，一以报吾兄之知遇；一以趁此非常时期，求插足于实业界有所树建耳。其后蒙委以总务之职，论妹之才识，实尚不足当此重任；论妹之志，则并不以此自满，故妹曾计划俟惠工人事稍上轨道，妹将多注意于会计、物料。秋凉后，妹将每日抽一二小时，专攻工场、机械及管理方面之知识，待抗战之后，设法得机会往国外参观或实习年余。若是，则他日或可稍有地位，稍有出息耳。妹计划如是，其实现因赖一己之努力，亦视吾兄之赞助提携耳。以兄之观察，妹之计划是否可能？妹之前途有否发展余地？兄之道德文章，妹所深拆〔折〕，祈兄指示并时加教诲，不胜盼祷之至。

夜深倦甚，恕草率。大哥处隔日作函，请转告妹安好，现住家。

敬颂

旅安

妹映芬敬上

十五日晚

嫂嫂前请安。

李棐致李国伟

［1940 年］6 月 30 日[①]

伟哥如晤：

前读寄厂中电报，得悉兄等已早到蓉，但因嫂嫂染有贵恙，未能继续首途来宝，未知现在已稍痊愈未？念念。

卡车在二十二日抵此，彼等述及渝地轰炸情形，实属惊人，谅兄等亦饱受虚惊矣。宝鸡近情甚安，空袭又少，近月来只一次而已。厂中各事除纱厂如常外，建筑进行极慢。前两旬为端阳节，兼之农忙，故各项工程几均停顿，尤以窑洞为甚，刻下已渐趋恢复。昨日晚间，于六号窑洞中“细 S”口忽发现泉水，水流甚急，初只一小孔，瞬间即成大穴。当夜接菅〔管〕引水出洞，然附近墙底亦均受水浸湿。目下，该号洞工程已加停止，水源口多砂石，故再行开入或有所困难，亦未可知。水自五号洞方向前来，目下五号洞进行尚未达如斯深度，或者将来亦有切此水源可能，但［亦］唯待其进至此点再说。汽〔气〕洞如今一、二两号已掘入十三丈左右，再三四丈即可抵洞身。然一号洞距底尚远，二号只五六十尺而已。

火车头已于二十七日抵厂，如今正在装配，拟于五六日后试行开车，拟先传动六千锭。粉厂工屋如今尚在倒三和土[②]，完成无日。因

① 原信无年份。信中提及“昨日晚间，于六号窑洞中‘细 S’口忽发现泉水……瞬间即成大穴”，与 1940 年 7 月 8 日蒋叔澄、瞿冠英致李国伟信中提及的“六月卅日，厂中六号洞贰百廿尺处发现泉源……”相符，故推断年份为 1940 年。

② 三和土：即三合土，一种由石灰、黏土和细砂所组成的建筑材料。经封层夯实，具有一定的强度和耐水性，多用于建筑的基础或路面垫层。

新建厂包工少人负责，虽每加催促，然亦失其效用，目下尤无若何办法。

吴伽义[1]先生现已階〔偕〕经济部李汉庭君，首途赴陇县视察煤矿，大哥于十三日飞渝，适吾兄已于早一日离渝，未能与晤。渠在渝留一星期即返香港，然迄今尤未接渠抵港消息。如今欧洲战事甚紧，故香港将入如何阶级亦难预料。

日前曾去函约敝友陈宣君内来，彼系南洋中学高中毕业，沪江商学院肄业年半后，任陈日平会计师事务所助理，并兼爱群女中会计主任。闻渠将于日内内来，弟曾嘱彼先到重庆，再转搭本厂车来宝，希于便中转知渝厂为荷。然如今宝厂职员日多，闻下次卡车再有大批来到，故渠内来有无事事，亦一问题也。再，李宣德君前因毕业事，故未能即行内来。刻接父亲来谕，谓渠亦拟于日内来内地工作，然目下滇越路已受日人监视，不知实情如何？

弟在此一切如前，近日天气亦已转热，但夜间仍甚凉爽。闻不日将入雨季，若是则必应影响及建筑工程。炉子间如今犹在扎铁，约两星期后或能浇灰，固工人太少，亦无之奈何也。嫂嫂身体稍愈否？谅即来宝相见非远，余容面叙。即此。

顺颂

旅安

弟棐手上

六月卅日

统哥及剑慧哥、嫂均此问候，不另。

---

① 吴伽义：吴伽毅，江苏镇江人，矿业专家，时任申四工程师，负责煤矿调查。

蒋叔澄、瞿冠英致李国伟

1940 年 7 月 8 日

国伟先生赐鉴：

上月廿七日曾呈芜东内附函等，定荷钧察。今奉六月卅日尊示各情，均经拜洽，晚在西安长途电话中各事均略为呈告，定荷赐洽。兹再分陈于后。

（一）李夫人病情，今接渝厂号信，将近痊愈，闻已出院，正在调养中。闻讯之下，欣慰莫铭〔名〕，谅此信投达时定卜全愈矣。

（二）重庆连遭敌机惨炸，幸赖先生布置妥善，未蒙损害，至为欣慰。舍下又承关注，嘱迁南山，尤为感激。遵当即为去函，嘱令照迁也。在此敌机烂炸时期，自以离去厂中为善。

（三）宝厂工程近来仍在积极进行之中，惟以雨季来临，不免稍为迟缓也。原动方面，透平已大致装配舒齐；炉子已装好一只，正待圈砖，其余一只因管子不敷，尚未装竣。近以时常下雨，工程进行较为困难，但原动方面已有三分之二完成，其余三分之一当亦不难完成也。炉子间屋顶尚缺洋灰，壳子上之三根屋梁未能钉好，亦以下雨关系，未能早日浇好。出纱方面，每日仍为六件左右，上月共出 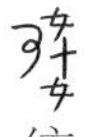 [一百五十五] 件左右。因引擎屡次损坏，出数不免稍为减色也。统制事，汪局长[①]只允二分之一，晚力争须四分之一，结果暂以三分之一，惟俟火车头开出后，再为商谈。此事曾于五日拍奉一电，云“纱

① 汪局长：汪奇柏，时任国民政府军政部西北第一军需局局长。

暂允统制三分之一，余待火车头开出再谈，价暂不作，待得渝确电后再商。昨返宝。冠”，定荷先此赐洽矣。

（四）原棉运广者前后共计装出［一千九百〇八］件。计第一批由调整处及自己卡车共装出［六百二十五］件，现已由广运渝；第二批托运输司全部由轻便铁道经双石铺再转广元者共计［一千〇七十五］件，由调整处大车直装广元者计有［一百七十四］件，由本厂卡车直运渝厂者共计卅四件，以上三处共计装出［一千二百八十三］件。现宝鸡结存机棉［一千七百七十三］件，正在设法续运中。花价近较沉寂，交易停顿，仅有隔年红花做，开每担［八十五元］左右。纱价，我售出十八支纱［两百件］，价［二千二百五十元］、［二千二百元］，廿支纱［一百件］［二千四百元］。闻渝市因空袭及海防阻断关系，各纱狂涨，廿支已至［三千七百元］云云，未知确否。西北情形稍为不同，且当局限制出省，加以农忙关系，未能随渝市上腾。我现在存纱尚厚，以后拟暂看一步，再为兜售。

（五）六月廿六日接奉尊电，云“电悉。申款已汇，成丰事作罢，统制向汪请求展期三个月。内人今进医院，势将延滞。伟”，敬洽。六月卅日，厂中六号洞贰百廿尺处突发现泉源，水势甚大，较前粉厂开出者为涌，现正接管将水引出，该洞工程只能暂为停止。当时晚尚留省，当由叔澄兄拍奉一电，云“六号洞220尺处发现泉源，刻较粉厂泉为涌，正接管引水中，该洞工程暂停。澄”，定荷赐洽。日下仍接水管引水外流，此洞工程只可暂停。

（六）吴伽毅先生已到陕，请其探煤，言明月支四百元，非纱厂职员无另贴，只供膳宿，敬已洽悉。陇县煤矿已于上月廿九日偕同经济部李焕庭君乘滑竿前往，甫于昨日返厂，据云运输为最大问题，煤质尚佳，将来每日可出百吨左右。吴先生当另有详细报告函呈也。

（七）在省时曾接奉一日尊电，云“电悉。向汪力争照渝例统制四分之一，价1500元以上。火车头开否？锭现开数，盼复。伟”，敬洽。统制事已有电陈，火车头自上月廿七日送厂即由一鸥[①]兄积极装配，今日可以试车，如成绩良好，当可开足六千锭。

（八）燃煤问题近以各地山洪暴发，白水[②]煤因中间桥梁冲断不能来宝，三原[③]煤亦以泾河桥断关系不能来宝。惟已去电溯歧兄，嘱其设法尽量驳运，若不能成功，亦嘱其多多积存，以俟该桥修复后大量运厂也。澄城煤尚有来厂，闻已分到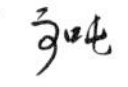［二百吨］，惟以各处均靠澄城煤维持，恐我亦不能大量拨到也。现时厂中尚有存煤450吨，如火车头正式开出后，用煤量当然较多，只能向各处努力设法耳。西安各厂因煤源断绝，以致停工者已有数家，大新亦已无煤。我现时尚可维持，请释廑注[④]。

（九）此间透平间尚缺出水管16″者250呎[⑤]，如做钢筋洋灰，需时一个半月，价约五千元之谱；如用生铁铸造，需时约计一月，但价甚昂，约需三万余元左右。急待进行，当于六日拍奉一电，云“透平出水16吋[⑥]管250呎，如做钢筋洋灰，一月半可用，价约5000元；用生铁铸，一月可用，价三万余元。急待进行，如何？电复。冠”，定荷赐洽，有复电在途矣。顷接尊电，云“电悉。出水管用生铁铸。伟”，敬洽，遵当照办。

（十）七日续奉尊电，云“卡车望即开，将文书箱及申信带蓉。伟”，敬洽，遵当照办。卡车本早已修好，屡次准备开渝，均被雨

---

① 一鸥：龚一鸥（1902—？），无锡人，时任申四宝鸡厂副工务主任兼原动部主任。
② 白水：今属陕西省渭南市。
③ 三原：今属陕西省咸阳市。
④ 廑注：廑念，殷切关注之意。
⑤ 呎：英尺，1英尺约为30.48厘米。
⑥ 吋：英寸，1英寸约为2.54厘米。

阻，现在只能俟天气晴好后再为开出，如今日不下雨，明晨即可开行。当于昨日拍奉一电，云“电悉。照办。卡车屡开，均被雨阻，准天晴即开。冠”，谅荷赐洽矣。

（十一）附上各处来信四件又乙件，又统吉〔劼〕先生信乙件、剑慧先生乙件，即请察收，并乞转交为荷。专此。

敬颂

钧安

晚蒋叔澄、瞿冠英启

廿九年七月八日

剑慧、统吉〔劼〕两先生均代候之。

附信五件，又贰件。

（成丰函悉。车床等能合作最好，望进行。卡车已开否？伟）

章剑慧致华栋臣

［1940年］[1]

栋臣姻丈钧鉴：

上次迩英丈返申，曾托带呈一函，想已邀鉴。及嗣在渝得五月廿四日大示敬悉，因临行匆促，未及作复为歉。

日前，三舅公大人寿诞，晚及维亚[2]远隔关山，未及躬行趋贺，又为歉疚。家岳母承推爱招拂，备见吾丈笃于戚谊，晚及维亚均感激不止，不知家岳母等已安抵锡地否？甚为悬念。月前曾托汇三百元交家岳母，想已照转矣。

此次遭逢国难，兼及厂难，当时迁厂建厂，晚冒尽风险，吃尽夹当。今幸得天之助而有此意外之成，渝厂去年盈二百万元，今岁预计得在八九百万左右，悉数归之股东，固未尝有一毫之私取也。去年终，承吾丈及国伟哥推爱，分润四万余元，然扣去撤退时及乱离中之亏帐，所存一万左右耳（福五欠帐可以不扣，而申四不能不扣）。年来开支日增，人皆有私，名利两字要亦未能为太上之忘情，然股东既未有一言之嘉奖，而反谋谗之者无所不至。清夜自思，晚果何罪而获

---

① 原信无日期。信中提及“海防、仰光恐将均有问题”，因海防于1940年9月被日军控制，故此信应写于此之前。另信中提及“渝厂去年盈二百万元，今岁预计得在八九百万左右”，因申四渝厂于1939年1月21日正式开工，故推断年份为1940年。此信还提到“乃闻沪上仍有对晚攻击者……代陈德公及诸少东之前”，与1940年9月章剑慧致华栋臣信中“到宝后方奉读八月九日手示，承示以乱世毁誉均可不问，以及总公司德公暨诸少东之对晚眷爱之情”相对应，故此信应写于1940年8月9日之前。

② 维亚：糜维雅，章剑慧妻子。

此报？借曰：“平时锋铓太露，开罪于人。”然吾丈试思，当时抗战既节节败退，渝厂之建既未奉股东命令，于公于私均有难料之痛，即从晚来渝之同人，亦多心怀观望。若不气盛，何以稳众心而齐事？若不稍露锋铓，更何以克服各种困难？此亦不得不然之势也。所愿知人论事者，须予以各方面之观察，若必欲以一瑕而掩全璧，以小节而弃大体，此则所以使志士扼腕而英雄长叹息者矣。今社会上贤达，颇多能谅晚心迹行事者，然股东中乃多不谅之者，酬庸未及而罪愆先来，揆之天理人情，宁得谓乎？

晚自廿七年十月奉令办理善后，嗣后两厂撤退、渝地建厂，以迄宝鸡之行，一切设施均仍在吾丈暨国伟哥领导之下。虽中间困苦万状，然卒赖两公洪福，幸未陨越，而无日亦不期两公之早入内，以期得所秉承。今幸渝厂已行开足，宝厂且将完成，又以保有兵险，万无一失。虽仍轰炸可虞，然较之一年前之夕不安枕者，固已相去霄壤矣。晚自知以待罪之身何敢恋栈不去，故一再向国伟哥辞职，未蒙谅解。乃闻沪上仍有对晚攻击者，则晚何必更惜此区区之利禄哉？伏乞吾丈以此区区之苦衷，代陈德公暨诸少东之前，叨在至戚，故敢直摅所怀，尚乞谅察。

迩英丈不知何日返宝？最近欧战已剑及履及，远东亦似将届图穷匕首现之时，海防、仰光恐将均有问题。以后中日战事不知如何结局，亦殷忧无已，临笔不尽所怀。专肃。

谨请

钧安

姻晚章桓叩上

章剑慧致华栋臣

［1940 年 9 月］[1]

栋臣姻长钧鉴：

晚于六月十二日随同国伟哥嫂自渝起行到蓉，后嫂嫂患病甚剧而留蓉，中度几度拟先行赴陕或返渝料理厂事，卒因嫂嫂客中患病，乏人招料为虑而未行。同时，乃乘此机会在蓉筹备设一仓库及小规模之粉厂。在蓉数度觅地，俱甚昂贵，结果在东门外五公里处公路傍购成一地，广约十四亩，勉强足够一仓库及二百包小粉厂之用，现由致中兄留蓉主持，而迩英丈过蓉时或拟稍足勾留设计也。

晚等于八月五日离蓉来陕，沿途霖雨成灾，桥梁路基均破坏，在梓潼留十日而始至广元，在广电闻渝厂被炸，忧心如焚，即拟先返渝料理。乃因回南之路亦坏，故虽得申电嘱归，而亦未能行。在广十四日而路始通，行至宝，不幸吾厂即于是日被炸，可称祸不单行矣。幸落弹虽多，机器俱无损坏，又以透平间屋顶中三弹，竟以钢骨洋灰深厚坚实而未损坏，装好之机器完全无恙，可称大幸。惟棉花则被焚者竟在一千一百包以上，虽保有兵险，然损失亦殊不赀矣。最近得渝厂报告，知房屋虽被毁甚多，然机器则未全部毁损，拟先开二三千锭，再疏散三四千锭于后山，想此各情俱由渝厂直接报告矣。

---

① 原信无时间。信中提及“嫂嫂患病甚剧而留蓉”，1940 年多封信提及李国伟妻子患病留成都，故推断年份为 1940 年。另，信中提及“今渝、宝两厂均遭敌机狂炸，善后诸事百端待理”，1940 年 8 月 20 日、23 日渝厂被炸，8 月 31 日宝厂被炸，故推测月份为 9 月。

到宝后方奉读八月九日手示，承示以乱世毁誉均可不问，以及总公司德公暨诸少东之对晚眷爱之情，感怀无已。晚往返渝、陕者已有四次，每次必途经留县之张良庙，每过必晋谒游览，敬仰之余，辄生吾人处世立身能如留侯其人者，方足以语完人。盖人与人相处之间，亦诚难言，又以吾范情形，若不见几而作，其后亦恐有难言者，故遂生及时引退之念耳。实际则于国伟哥，则相随半生，亦曾忧患共经，甘苦备尝矣。而于吾丈，则谊属至戚，久蒙爱护，又以吾丈霁月光风之胸襟，诚恳热心之待人，为可感佩又愿奉为领导者，终始追随也。至于德公，则在德为尊，在齿为长，而晚又为工商中学栽殖之人，亲受化育者，而诸少东亦俱英俊有为，可以奉为领袖。晚如能为各方谅解而爱护提携之，则实愿尽毕生精力，鞠躬尽粹〔瘁〕以为之耳。而况荣氏事业实兼衣、食两项，其意义之大，范围之广，求之当世，尚不多见，此实为吾邑之光。晚又愿其保持勿坠，而又愿进一步发扬而光大之也。此次之不迟〔辞〕艰危，不顾一切，亦所以为此愿也。今既承吾丈及德公暨诸少东之慰勉，自当继续努力，期图报于万一。尚祈吾丈及德公暨诸少东时赐箴言，俾作南针，实不胜感祷之至。

今渝、宝两厂均遭敌机狂炸，善后诸事百端待理，而展望前途，殊难乐观，实不胜其殷忧也。待天晴路通，晚或拟返渝一行。临笔不尽缕缕，容后再陈。专肃。

谨请

钧安

姻晚章桓叩上

维雅附叩

德公暨溥仁先生及诸少东，均此请安。

荣尔仁致李国伟

［1940年］9月27日[①]

国伟兄大鉴：

顷接九月八日赐书，并阅致栋兄函，悉吾兄长途跋涉，冒辛茹苦，安抵目的地。此种坚忍与苦干之精神，实为我辈青年之楷模，在工业开发史中亦为不灭之史迹，佩服之余，实应与吾兄道贺也。

渝、宝两厂此次罹灾，幸赖吾兄之指挥有方，干部人才之冒万难，得早日恢复，此间人士深服人定胜天，亦由吾兄精神所感召也。大姊病后经此长途之苦，不知受有劳顿否？务望善自调摄，早复健康。孙鸿赓表兄暮气已深，不能做事，无论荐出去或自用均不合，弟个人思想，故认可按月贴其另用为安。闻申四津贴至年底为止，则明年起准由弟个人贴彼，每月五十元可也。

抗战以来，父亲大人东奔西走，感触甚多，尤以到申后情形迥非，大出意外，无形中万百事由积极一变为消极，各事见解亦抱慎重。即以升股事而论，亦即认少勿滥，人心无定，可同患难者未必可同安乐，可同安乐者未必能同患难。故家父之意，酬股不如酬现，以股东之升股而论，亦以脚踏实地，以实力自赖为宗旨。故有时微与吾兄之提议相左，非不欲迎合潮流，实为未来计耳，尚希见谅为荷。合丰得吾兄援手，已日有进步，一俟金融略为宽裕，三弟当尽先筹划还也。屡蒙关注，不胜感激。

---

① 原信无年份。信中提及“渝、宝两厂此次罹灾”，推断年份为1940年。

申地荆棘遍地，弟目下闭户读书，本拟随同栋兄内行，惟渠须候兄来再定行止，故暂作罢论。苟个人经济许可，颇愿赴美国一行，以增智识而广见闻，因此时实为最好机会也。余不一一，专此。

敬请

筹祺

弟尔仁手启

九月廿七日

章剑慧致李国伟

［1940 年］11 月 3 日[①]

国伟表哥大人钧鉴：

别后在广元曾上寸缄，想已先此鉴及。廿四日深夜十一时到渝，廿五日未及过江，即遭敌机狂炸，陕西街及交行均着弹，时弟适在经济部防空洞也。廿六、廿七、廿八又炸，虽已雾季而敌机仍肆虐至此，今冬之未能乐观，于此可见。归后观察各方形势，听取各人报告，已感日不暇给，而渝厂悬而未决之事又不在少数。益以渝地友好纷来慰谈，更觉形疲神竭，屡作函详陈，而千头万绪不知从何说起，以此迟迟，尚乞谅之。兹先就一二大事详陈如左：

（1）军纱统制已略陈于号函内，弟到后因厂中各事待理，兼为休息计，三日未来城。第四日汪局长书条相召，方知石君[②]已做各项工作，俱对大华有利，于我形势甚劣，乃急采逆袭策略，连夜做呈文，要求全免统制，这与前呈西安军需局者更进一步（呈文已在号函中寄阅）。第二次见王副署长时，并强调说明我请求之有理。二日见陈署长，亦说明此点，明知全免不可能，然不得不以此为交换之退步。三日署中已有初步决定，为（一）大华统制布每日五百匹，价六十八元，纱十五件，照市价九四折（纱不能算统制），约占其全生

① 原信无年份。信中提及“闻仰光、香港价因外汇涨……设法购十辆”，与 1940 年 12 月 4 日李国伟致章剑慧信中提及的“仰光购汽车不知已接洽有眉目否？”相对应，故推断年份为 1940 年。

② 石君：石凤翔。

产量十分之四五。（二）申新统制四分之一，价 20 支 2300 元，我乃提出答复四分之一改为十［六］支纱四十纱，八、九二日轰炸期内免去统制，大致可允。惟大华尚在力争优待中，故我亦未接受，俟机再取进止，汪到乞勿松口。

（2）经济调度与上行接洽经过，亦已略陈于号函内。渝厂头寸本紧，此次军需局运款至陕，弟因西北钞券缺乏，故请求带运五十万。兹以头寸不够，乃改为四十万，如此则各行存款均罄，而上行用款且超过 160 万矣。今日再与赵汉生接洽，请其通融，关于宝厂事，彼并允以河南仓库作抵，并不限于五十万，尽量用云云。弟以上行气度小，一紧即吓不起，拟探询中、交两行[①]，另订合同，不知钧意何如？经济部借款尚在进行中。

（3）运输问题：1. 卡车渝价太贵，走过四千公里者，须三万元，闻仰光、香港价因外汇涨，仅二万余元而已。弟意最好乘此滇缅路通时，速行设法购十辆，并可将存沪、存港、存仰光各物运入。现在多方接洽中，或能有成。2. 拉拉车可由沙鱼涌走衡阳，入口价渝交整车每部六十美金，价似尚不贵，弟拟先购五六十乘，并将存衡阳货运入。以此两点，不知吾哥意见如何？尚乞电示为感。

渝厂亦清、培卿、无咎辛劳殊甚，且均力争上流，可嘉。惟因时局万变及百端纷烦，似以有一综揽全局之人主持较为有利。弟自思恐亦不能常在渝地，而目前叔澄又不能来，则迩英实为一最适当之人，故曾乞电留来渝。如荷我哥赞同，则弟即拟候保险事解决（因中信局欲弟在渝解决也），即乘飞机赴兰州。惟此须吾哥赴兰者为之，否则弟旧车已不能走，旅行车又或将为迩丈坐去，弟将无法来陕也，或觅便车行亦可。万一如吾哥认为弟有留渝之必要者，则请告之内子，盼

① 中、交两行：中国银行、交通银行。

其归来相叙耳。如欲随哥嫂赴兰游览者，则到兰后可乘飞机归来，亦殊迅捷也。厂中已开五千锭，出纱八件。陕统制解决后，渝或有波澜。匆匆，不尽所怀。

敬祝

钧安

弟桓叩上

十一月三日

嫂嫂前请安。

因时局促，内子处不另作函，请以此告之。

章剑慧致李国伟

［1940 年］11 月 20 日①

第二号

国伟表哥大人尊鉴：

日昨奉读九日手示，敬悉一是。弟返后各事栗六，又多酬应，而渝地自轰炸以后，接洽诸事辄远在十里以外，以此终日奔波，无暇握管为罪。兹将各事详陈于左：

一、重庆在弟到后一周间，曾连续轰炸四次，嗣后则虽有晴天，敌机亦未前来。一般观察今岁虽在雾季，如敌人意欲来炸，亦属可能之事，故大多仍存戒心。自小什字至都邮街，或焚或炸，已无一椽之存，而颓垣破壁间，最近已群起建筑一种临时式的房屋，以为贸易之所，气象似日趋兴旺，而建筑材料亦货俏价昂，砖已达千余元上矣。纱市曾因谣传宜敌撤退而跌至〣〧［三千七百］元，今又涨至四千四百元。棉亦曾一度趋跌至〢〨［二百八十］余元，今则仍为〣〣［三百三十］余元。麦价狂涨，合川价已达七十余元，且无货。渝市变化之猛，令人兴叹。

二、厂中清花间将完工，以后可不致受阴雨减工影响，现已开五千余锭，日出纱十件。后山因电力尚未接好，未开。弟今后之计划为：1. 旧厂中间折〔拆〕去之屋面，仍用瓦盖好，再络续装二千锭，

① 原信无年份。信中提及“日昨奉读九日手示”，根据 1940 年 12 月 4 日李国伟致章剑慧信中提到“上月九日之信作第一号”“接上月廿日手书”，故推断年份为 1940 年。

盖无论如何，旧厂终较方便而迅捷也；2.新厂已成房屋，可装2300锭尽先开工，后再添造2300锭之房屋以为备屋，随环境及情势作为伸缩迁移之用；3.铁工厂移后山，另建新屋备用，络续添造纱锭，造一锭即装一锭，关于逐步造锭计划另详。以上各点，事关渝厂大计，尚乞我兄裁夺核示为感。

三、铁工厂较前大有进步，似已上轨道，现除粉机在积极制造外，正制造中者有小车床、钻床和花缸等。蔡兄努力而能做事，轰炸后受影响最小，实返渝后最感满意者。看此情形，将来自制纱锭当非难事，而现在地址适处两大之间，裕华原动间，且适在其侧，连带波及，要为题中应有之事。为珍惜此母机计，亦有迁地为良之必要，不知吾哥及统勏兄以为然否？

四、渝厂金融状况以目前之160万实不够用，存五千担花或二万担麦即须160万，兼存且须三百廿万矣。过去160万已属大借款，目前则物价贵十倍、二十倍，160万等于十六万耳。现渝、宝两地又汇寄困难，缓急随时有此区区者，深恐有误事机，故弟意拟再至少增加一百万，如上行不肯，请其让出纱厂或粉厂，不知钧意如何？一切当遵嘱小心应付，决不强图也。

五、保险接洽经过已略详号信。中信局范君对弟表示好感，称愿在弟未离以前，无论宝、渝兵险、水险，作一个总解决。经几日来之折冲及密商，大致内定宝赔32万余，仅去2万余元，已出我预计之外；渝厂为43万，更占便宜。宝厂日内即可送出，渝则尚须培卿与沈乙夫商量如何做法，惟内容复杂，莫可究诘。此结论谈好已一周，是否更有变化，实无把握，弟亦颇感应付之乏术也。

六、汪局长已调升任军需署财务司长职，闻不日即将携眷来渝。此公精明廉勤，离去西北，应为西北可惜。闻继其任或为西北会计分处之汪处长。此次与汪同行之蒋某，即为其副处长。据蒋君云，此汪之好实不亚于那汪，故弟在蒋临行之时，曾重托其在新汪前关说。蒋君青年有为，嗜好全无，亦系一正派而力争上流之人，如彼仍在西北者，我可力与接近，当有助于吾厂耳。

七、建成事因未得申方之确切答复，故虽在蓉、渝两地略有接洽，然未有肯定之表示，股款更无论矣。今接宝电，知沪方全体加入，闻之不胜欣跃，盖足见大家趋向团结、携向前进，此种好现象，实弟年来梦寐以求之者矣。现渝地袁国良〔梁〕兄照数加入，此外则均系本范围之职员，薛明剑弟亦劝其加入若干，熊祖同[1]及萧寿眉则候弟到蓉时再决定，弟当遵嘱不超过原拟之人之数也。近得蓉信云，唐庆云及穆伯廷介绍邓锡候〔侯〕[2]子及周凤池，想致兄已有信提及，不知钧意如何？乞示及一二，以为弟到蓉接洽时之南针。

八、建成人事之支配，何致中主持一切并兼理蓉庄，张之光主持厂务，协助何兄。（弟意之光兄之留蓉为必不可少之事，盖致兄独木不成火。蓉厂虽小，规模仍全，之光兄久隶部下，老练隐〔稳〕健，定可胜任愉快。）秦宝煜君主持会计，此外则韩君现任公司职（系吴宪老介绍，曾在福七服务机间），拟调蓉工务。陆维纬君担任事务及栈务（杨光煦及陆正华均不能来），陆君已至蓉，其加入弟不甚知之。不知钧意以为然否？极盼能用命令发表之，俾可渐成规模也。

九、建成机器约两月内可完成，现正研究如何运输，水路木船可直达，小轮则至叙府，卡车则较迅捷，惟锅炉难装。建成房屋已函电催致兄速造，此时事业重在一“速”字。麦子狂涨，论川谚之“豆七麦八”，则以米价比例似尚须上涨，故如能在蓉觅得适当栈房，最好购进二三千担，以免一开车即吃贵麦子，来一闷头棍也，不知钧意何似？

十、弟此次返渝，细察渝情，吾厂负责之大员若亦清、培卿、无

---

① 熊祖同：四川成都人，化学家。

② 邓锡侯（1889—1964）：四川营山人，时任川康绥靖公署主任。

咎诸兄以及徵平[1]、蔡炳文诸位，俱已克尽厥职，不特无庇可议，抑且应加奖勉。弟自思假使弟之在渝，以弟之懆急盲行，或反不能如今日之隐〔稳〕健徐进耳。惟弟默察大局，委员制似较逊于集权制，盖见解多而效力少也。如今渝厂厂务及总务亦有专责者，营业有主持者，以及运输、铁工各事，其间在各个本身实已妥贴无庇，惟其各个关系联络间，似尚缺少一种原素。弟因念及迩英先生方在蓉未行，论其历史资格，在吾范亦三数者之间，论其处事待人则和平温厚，而最近在宝半年似更有长足之进境，以之坐镇渝地，且蓉厂方在建设，可就近招料，亦未尝非策，故遂有前电之发耳。尊意三点更扼要处，自当遵办。

弟回渝将近月，然事之办妥者不逮十一，庸驽无能，愧惶无已。既已千里赶回，又不能抓抓就走，弟意如宝厂非十分必需，弟来者则留。弟于渝以较久之时间，使弟在此时局剧中或可静观，所得随时电告，以为钧座决定大计之协助，此其一；金融之调度、物料之供给，因弟之在渝，或可协助二三子之不足，此其二；运输之困难，或能设法减少一二，此其三；蓉厂方在建设，渝地就近招料，事半功倍，此其四。弟亦知来宝于本身较为安适而永久，然自念方在壮年，又以与吾哥关系之密切，南北奔波固所乐为，又不敢自图安逸也。一切当以尊意为归，万一如弟有半年之留者，即拟由内子返渝，汪局长将携眷返，不知可搭其便车否？弟昨来松村稍作休养，因咳嗽请周纶诊视，今已渐愈，乞勿念。匆此，不尽一一。

即请

大安

① 徵平：何徵平，何致中之弟。

弟桓叩上

十一、廿日，于南山松村

嫂嫂前均此请安。

统哥前请安。

冠英、叔澄诸兄候安。

李国伟致章剑慧

1940 年 12 月 4 日

宝字第二号（上月九日之信作第一号）

剑慧表弟垂鉴：

接上月廿日手书，因有西安之行，致未即复为歉。吾弟到渝后各事忙碌，贤劳可知，曷胜感佩。兹将各事分复如后：

（1）重庆轰炸之惨，毁损甚巨，以后难免再有意外，自应预防。目下因临时建筑各方增添，致砖价昂至千元以外，即宝鸡之砖亦几及千元矣。在此时期添建屋宇，只有随时在盈余内打去，以防日后成本加重，无以合算也。

（2）厂中清花间，闻已改用钢筋、洋灰，不知确否？纱锭以开足为是，已叠次有信有电通知，谅均收洽。后山作二千三百锭之备屋，值此雾季已届，可以从容为之。值此物价高涨，生意日渐难做之际，宜就便宜及叨打两方着手，吾弟精明，不必兄之多嘱也。铁工厂移后山另建，络续添造纱锭，与此间同行前进，自可照办。蔡兄能力颇好，闻之至慰，此间所出各物亦日渐增加，惟因厂房尚未完成，故不能大量生产。目下钢领圈及罗拉等已能自制，成绩颇好。钢领圈系用锅炉上废弃之 Super heater[①] 水汀管铝制，罗拉系用旧熟铁洋元改造焠火，成绩均佳，故已在做大量制造之工具。锭子亦在试做中，此三

① Super heater：过热器。

者解决，其余翻砂之件，除大滚桶外，均无问题，故日后纱机之自造已有办法。渝厂可以同时进行，至出规模，将来互相攻错，可期尽善尽美也。白铁由洛阳来，托王同然所购者硫质过多，经去电止购，已办就八十吨。此批吃亏不小，广元所购八十余吨则甚合用，加铝百分之二三，即可变为好铁，洛阳货虽加至百分之七，尚不能全好，费炭又多，故以后购物千万试样而定也。

（3）渝厂银行头寸只有一百六十万元，值此物价高涨之际，确属不敷调度，如上行能加额最好，设或不能，向他行说定一百万之额，以备不时之需，存一活路，进退舒齐。兄之愚见，目下渝市花价在三百二三十元之组，则尚可进。麦价则已属高昂，不必与人争购，因粮价不能长此上涨，将关治安。即以成都行市而论，两星期前致中来电进小麦 255 市石，每石高至八十三元一角，合每百市斤为五十七元，曾去电止进，嘱跌价时再行电告决定。三日前来电，则每百市斤已跌至四十七元，相去至十元之巨。昨去电嘱其照价进存五千担，照此 47 元之价，日后可不吃亏，故进货切勿在蜂〔疯〕涨时入手，宜以冷静态度处置之。陕省麦价前曾涨至每包七十元，今亦下落至五十九元，每包二百市斤，业已嘱王同然至绛帐收购，拟办满二万包，以备开厂之用。中行借款花 210 万、麦 80 万已签定。花每市担 170 元，现亦在泾阳等处收购，已有 500 余包，正在继续进取中也。

（4）保险赔款如此解决，实费吾弟之大才，望从早收归以挹注渝厂、宝厂之营运。鄙意如数笔均能收到，则不向银行加额亦可敷衍，因渝厂存麦已能用至明年二月，在此粮价高涨之际，不必急急添买。目下只须备花，多购三四千担，每日有纱、粉。两厂之余款加以两厂保险赔款有九十余万元，尽可调度，如购汽车等可以用购，就外汇支付也。

（5）汪局长调升司长，新任于一日接事，故兄于廿九日去西安为彼等道喜，同时接洽以前纱款之估算及以后征额之确定。因接军部上月十八日公事，自十月份起，廿支纱给价二千二百五十元，十八支二千一百八十元，十六支两千一百元，十四［磅］布每匹七十二元，并准自同年六月份起，所有前供军用之纱支，依据原价每廿支纱一件再增补三百元，十八支增涨二百廿元，十六支增涨一百五十元。至所请与渝市各厂平均征用一层，正在查核，各厂局需要数量作一统一办法，候另案公布云云。同月十六日又有一公函云，该厂因轰炸损失，恳求免征军纱，仰与陕军需局商定征额作合理之处置云云。当以吾弟前与议定之征额及补价未见明文核准，须径向陕军需局重行接洽，深恐局长更动后，因未曾接头，致有变动，故即询问前汪局长在渝之议是否作数，渠一口允承照约办理，并先拨借洋陆拾万元以作账，补前取之纱价及预支之卅万元。渠云部中既如是批复，因各厂情形不同，只可作个别解决，应来一公事，声述重庆约定之额及已取之纱作价标准，彼当向新局长解说接洽之经过，从早批准云云。前汪局长对我维护实为可感，当于卅日将公事送去，本月二日至军需局与两汪局长作一简短谈话，请其照约批准。惟其等交代事忙，故约定于十日边再行进省作详细之结算。前汪局长此次之调动，观其言语似有不快，即陕省各友亦为彼抱不平，官场作事每因人进退，不问成绩，殊可慨也。新汪局长人甚朴实，惟不及前局长之开展，将来接头恐不能如以前之痛快，日后如有变化，当再电吾弟向部力争也。此次石凤祥〔翔〕在渝能得布价增涨，而纱价反跌去五十元，虽为数不多，惟数额未曾规定，不知大华是否仍照五百匹征用？对于我厂曾否有不利行动，能探问而得其大概否？

（6）建成事得申电云全体赞成，计德、溥、熙、辅、尔、心、熊、通、化等共入洋拾余万元（化为王化南），惟大新之毛纺织机计有钢丝机一套三节，针布全新走锭两部，计七百廿锭，宽幅布机十台，准备机全照原价廿七万相让，马达及装箱费不在内，整理机可以代做。嗣又得栋兄另电云，该毛纺织机加入，渠与溥、仁等并未知悉，现在申不能运入，故以缓办为是，当即去复电，请将加股详数电告，毛纺织机无法内运，只得暂缓，最好将能自制之机先寄图样加造，一经运入，即可装配齐全开工，可速复电云均不能自造。同时，又得栋兄另电云，溥、辅两人各加股二万元，鸿庆[①]及其各加股壹万元，心、方股额另有函详云云，今尚未接信也。鼎五兄处昨有来信认二万元，吴念劬认壹万元。今接号信云，袁、萧两人共交七万元，甚好。兄意念劬对此因无余资，不感兴趋〔趣〕，故发起人可另推他人，在邓锡侯子及周凤池两人中决择其一，望探听两人平日之行为而定之，如范济成不能多出，亦可将发起人取消，乞即就近视情势而定，以我九外六或我十外五为比例也。重庆同事中认股额数，均望即抄清单寄宝，以便支配。外股除萧、袁两人外，其他另碎详认股附入者，亦望寄详单。成都方面亦请致兄抄寄中也。

（7）建成人事之支配，拟何、张为正、副厂长，兄亦早与卓见相同。该处无机械专长之人才，近聘得郭梦蝶兄，系浙大机械电机毕业，在外任事已十余年，颇为相宜，即往任工程师之职，容将职员支配发表也。

（8）建成机器两月内务须完成，机间已由此间寄图，于前月廿边寄去，嘱不可滞谋，赶速建造。力事既定，即应速做，此确论，亦实情。吾弟素与鄙见同，望将渝粉机从早制就，在出厂之前应先校试一次，务使行动圆滑，如将来到蓉后发见不良，修理费事也。机件之大者可即付水运，其余则以卡车为迅稳，或即用所定之拉拉车廿辆，如已在重庆有现可得者以之运机器，将来来宝十辆、留蓉十辆，作运

① 鸿庆：荣纲仁，字鸿庆，荣宗敬三子。

货之用。

（9）仰光购汽车不知已接洽有眉目否？前电欲自往，惟弟夫人知后大不赞成，再三为内子言之，故去电请派人前往。其实渝、蓉事正忙，南方天气又湿热，与弟不相宜，故以亦不往为是，不知近□已物色有相当之人否？

（10）渝、蓉事准请吾弟主持六个月，一切就稳妥之途速办。此次叔兄返渝迎母，兄派汽车将弟夫人及四宝送回，定九日动身。兄俟此间锭子开齐、布厂动工后，当与弟换防，由弟返宝稍为清净几日也。

（10）〔（11）〕家母生日拟照节约储蓄所定请客办法，乞吾弟代为办就，请渝厂同人一叙。其余每人送储蓄券，大人十元，小孩五元，至亲加倍。工人方面加菜，每桌一鸡一肉，酒菜费及储蓄券望均代付，转敝账。储蓄券用兄劝储名义向银行另购，共用若乞抄清单示及。

（11）〔（12）〕小儿志成来宝，述及钱子泉[①]及过荣庚，及因生活翔贵[②]，不够敷用，申述困难，竟至泣下，望量情加与津贴是幸。专此。

即颂

旅安

小兄枢手启

廿九年十二月四日

---

① 钱子泉：钱基博（1887—1957），字子泉，江苏无锡人，文史学家，钱锺书之父。

② 翔贵：物价上涨。

李国伟致章剑慧

1940 年 12 月 11 日

宝字第三号

剑慧表弟垂鉴：

前去第二号函计已收察，今接廿五日大札，备悉种切。吾弟拟在渝多留数月，至为妥善，前信已详，今由叔澄兄陪弟夫人定于三日后动身，因四宝昨发疟疾，故拟待其清后启行也。兹将各复分复如后：

（1）建成股款知重庆方面已收十万另五千元，不知重庆小同事及中级同事尚有愿入股者否？此间附股一千元者甚多，现共有十四万二千元，上海共十三万元，成都尚无来信，如重庆中小同事有入股者，亦望另单示知。袁君欲再加三万元，待汇齐知确额后再定。袁君之意欲加入名义，谅系董事或常务董事之职，亦望示及也。

（2）小轮船已否购妥？希望从早办就。此间武功之机，曾向其问价，渠查原价为三万五千元，现则物价增高十倍，意欲索之卅万元，惟未曾启口，只云物价如此。尚语在十万元以外、十五万元以内，可以接谈。渠亦未来复，故恐不能成也。目下物价高涨，成都厂成本恐极重，惟有从早开出，以趁时机。

（3）一心毛纺织机索价廿七万元，与新昌开来之价相比，并不为贵，且甚廉宜。惟目下无法运，即能运，运费极昂，似不合算，前曾去电请其在申租屋装出开机营业，因接其信云，预算在申制造，羊毛原料每磅四元，每码制服呢当可获利三元余。如果若是，则不若即行生产，我可加入股份，待日后运输有法，再行内迁，同时将机样详细绘出寄来仿造。因近来统劼弟对于制造纱机已有深确之认识，目下细纱机各部铁件均已翻过，成绩甚好，且又参透。对于钢丝机之滚桶，亦有法自制。即如毛纺机大至七十吋者，亦能翻造。故去电一心处，请其饬人将详样寄来。在迩英离申时，一心循郑翔德之请，欲将复兴拼入四厂。惟为迩英在途转辗迟延，迄到后始接得，即曾去信云可商办，惟目下复兴粉厂之机既已改好，恐彼等不足此想矣。建成股款，伟仁夫人及尔、心两弟如认二万元，憬熥认一万元，望其以后互相联络，再不为人所挑拨也。复兴印度纺已否制出？成绩若何？渠等现又接得新批生意否？今日接一心弟电云，有材料二吨亦拟托我新购之车带渝，运费照摊。故今晨发上一电通知此事，请向申直接电洽，谅可照办也。

（4）渝厂如此调排，以从早开足为原则，最为妥善。所谓静如处女，动如脱兔，实获我心，至感至佩。实大原动已于七日烘火，现已加煤，明后日可以开。进水小透平将另一炉加压测验，三四日后可以烘火。发电机本身约须三四日之烘湿，即可发电。火车头震动过甚，常将拖细纱之大地轴折断，上月三次，此月又有两次，致本月上旬出纱大见减少，只四十余件，不得已向陇海路购得地轴三根（轮轴），用去八千余元，以备替换，日后电力能发，则可无此等耽延矣。

（5）总处组织因事忙人缺，尚未能具体化，此事早晚总须实行也。

（6）冠兄于昨日赴西安，向军需局结账，前汪局长已赴洛，新汪局长因未见部令，对于我之补价及八、九两月免征及每月缴廿支卅五件均不承认，云须奉上面来文后方能照办，否则须照部令每件廿支增加三百元计算。故接冠兄电话后，即嘱其径电请吾弟向军部储备司接洽，请求将前允之语履行，望即速申请。上月十六日之部批我径向陕军需局请求作合理之处置之公文，此间陕局未曾收到同样之咨文云，故请吾弟再在重庆作又一度之奔波，有劳清神，殊觉歉感耳。

（7）自办煤［矿］事，上月初即派吴君往耀县视察，周溯岐所提之煤［矿］，觉交通便利，有合作之价值，曾与该［矿］筹备主任高君订有合作及贷款之单稿，月底又同兄在西安议有具体办法。现高君正在省奔走，该方之股东开成立会，据云年前总可办有头绪，惟陕人作事甚缓，不知日后如何情形耳。至在蒲城[①]领［矿］区自采，如可径向经济部翁部长[②]处领到者，则吾弟尽可进行。刻电话至西安，招吴君接洽，此事尚未能通，待磋商后再当去电告知办法也。

（8）卡车十部知已订妥，接95号号信，知须四五个月后交货，未知何以如此迟缓？可否商催提早，我存沪、港、仰各物急待运进。前电须安利美金七千元，当已致电袁君，请其照付，谅已收用。所订卡车系向何行定购？付款谅有妥保也。

（9）接七日电云“年底将结账及所得税均有关之升薪事，盼即决定电示。桓”云云，文气不贯注，恐有错字，故尚未电复，待见信后再去电。兹将年底结账情形大略述之：（*a*）所有房屋被敌毁而兵险未能赔足者，将其全数打去，机器亦然。（b）所有临时建筑及开山填土等，均行打去。（c）物料余及铸记花余均不结入，以备他日物价低落及运费过昂之挹注，不入盈余。（d）同事因炸出力而须给特酬者，即拟单寄来批准及支付作开销。（e）存花、存麦、存纱、存粉等，照银行仓库押款之抵价作算，如系七折，照七折算，如系六五折，即照六五折算，军纱照实价算。（f）总盈余除折旧、公积、所得税之后，

---

① 蒲城：今属陕西省渭南市。

② 翁部长：翁文灏（1889—1971），浙江鄞县（今属宁波）人，1937年任国民政府经济部部长，抗战期间主管中国的战时工业生产及经济建设。

以十成分派，提去二成，另立一户，为报酬迁厂同事之需（只有渝厂如此办理）。此二成照例与无限公司股东红利相同，收受者可不纳税。惟如并入计算，则纳税之额将增，如不拼入计算，则收受之人须纳税，两者以何法为宜，乞与培兄商酌。如能阴〔隐〕瞒无关碍否，否则纳税过巨，亦将惹人注目，视纱厂更为肥事矣。此系落〔荦〕落〔荦〕大者，甚余细事，或再有他种支出，兄尚未思及，可与培兄详虑而补之。结账草稿作就后，先寄宝鸡，各项应加以备注，待兄过目后，如有修改，再当批商，而后再行誊正，作正式之年结也。粉厂盈余，以添造屋宇之费并入房屋项下，共成本若干，与汉来机价比例分配盈余。

（10）荫妹所云外祖母及家母作寿不请吃，积资栽培人才办法至妥，惟小吃恐终难免，且为数亦不多。兄对于家母生日之办法已详前函，分送亲友节约券以为记念，并示提倡购券。好在奖学金既不须全数拿出，每年只出利息数百元，不妨并办也。专此。

复颂

日安

小兄枢手启

廿九年十二月十一日

荫妹均此候安。

章剑慧致李国伟

［1940 年］12 月 22 日[①]

第四号

国伟哥钧鉴：

迭奉四日、十一日两大示，敬悉一一。兹将各事分陈于左：

一、运输事甚不易办，归后迭与经理汽车公司商量购车事，应者虽多，然不是以旧车冒充，即是索价奇昂，道奇新者渝交价竟在四万五千元以外，然弟以美金加征用计算，则绝对不须此数，故迄未成交。且经理此种事业者，滑头奸诈者多，所谓大多是白相人[②]之流，一不小心即上大当，故弟拟自赴仰光一行。其后得尊电嘱勿行，乃不得不在抖售中间择一二比较的稳实可靠而品性尚不刁滑者签订合同。大略已如号函所述，至交货期限则因据确实调查，仰光无货，马尼剌[③]无货，甚至道奇厂定货三月以前者悉已售完。市上之相传抖售者，非骗人即系旧者冒充，故弟宁可时间稍长而脚踏实地、老老实实请其向厂家订定货，好在蜗牛跑墙，时间虽长，终有达到一人也，且价值较他家者便宜多矣。至保证则有十万元之银行担保，且刘鸿生先生口头亦为之担保，此君系初出茅芦〔庐〕，想不致即干滑头事也。惟时

① 原信无年份。根据信件编号及信中提及“迭奉四日、十一日两大示”，此信应为 1940 年 12 月 4 日、11 日李国伟致章剑慧信的回信，故推断年份为 1940 年。

② 白相人：方言，旧指不务正业、游手好闲的人或游荡无业、为非作歹的流氓。

③ 马尼剌：今译作马尼拉。

间稍长，太平洋风云方紧，如有类于海防之变化，则合同上虽仍规定我不受任何损失，然亦有类于丰源之油，合同归合同，事实上仍不能不由我负相当损失耳。然弟一再思考，深觉在此时要绝对把握、绝对安全之事绝对没有，不冒三分险，即属寸步难行。只要不上当、不吃亏，事前凌空考虑后，在比较中择一最安全而便宜之路走而已。然最后之结果如何，弟亦殊忧念耳。

二、仰光运输虽通，然因国际路线已有三月不通，军用品之急待运入者无数，故政府禁止商运，无论新车、旧车，完全扣留。我即自有卡车，亦不能运，此亦为弟所以愿即订交五月后交货之道奇卡车理由之一，盖届时军用品能运走大批，即有开放商运之可能矣。目前商货之可能入口者有三条路[①]，一为温川，一为沙鱼涌，尤以沙鱼涌之路最为便捷，盖自香港至沙鱼涌一段海路，完全在英领海之中，不受敌舰阻扰。自沙到韶关，因均小件肩担及小船运送，敌机亦有轰炸，难得代价之感，故虽间有轰炸，亦尚安全，为此弟经过相当时日之观察，认为最有希望者，乃即发电上海，请其全数运港，勿迟疑观望，一面托大通严君、民康孙君（前号信误为沈君）。孙君系民康派在衡阳收购土布者，已嘱其留衡。盖当时我范人手实感不敷，征平兄既须坐镇重庆，而用宾、荫庭又以无咎妻病，无咎势不能不分一部分精力、时间招料其病妻，故亦无暇可行，余子则才力不足，派去亦无用处。惟最后弟认为此路实太重要，靠人不如靠己，乃决计请徐用宾兄前往，并添设韶关办事处，请其常驻韶主持内运事务。弟预计每月至少可有卅吨货内运，则我厂沪上存货可瞬即运完，乘此时机可再电申办货，盼与统哥、冠兄等商量后，径电申为荷。用宾兄已于日前飞港，与徐赞平兄接洽后，即取道沙鱼涌进口而至韶关，以后此一路即

① 三条路：信中只说了两条路，第三条路未说明。

全归其指挥调度矣。目前，在衡则有民康之孙叔良君，在申拟押货随入者则有之光兄介绍之张君，以后即留其专任此路之押运事宜。

三、运输部办事始终未上轨道，徵平兄以一人而兼办内外，亦已声嘶力竭。至今会计科运货未结账，开缴未付账，存油不知数，推其原因，人力不足及尚无组织是也。今后卡车增多、范围扩大，弟意拟成独立部分，弟亦分一部分时间来照顾全局运输，徵平兄请其担任调度车辆及对外之事，再请一文牍兼会计，专做表册、账单及书信之事。此外，新桥造一车棚及栈房，用一职员管理，而沿路押运仍为孙亚伦君，最近徵平兄来请求孙君改为正式职员，可否？即乞裁夺示知。

以上种种，均祈钧裁，示以遵行之道，实不胜感荷。余事当另函详陈。专肃。

敬叩

钧安

弟桓敬启

十二月二十二日

李国伟致荣伊仁[①]

1940 年 12 月 8 日

一心三弟垂鉴：

上月廿七日，迩英弟到宝带交手示，备悉一切。内地交通不便，迩弟又随地滞延，致该信迄四个月后方到。适因宝厂为军部统制棉纱事，兄又于廿八日即行赴西安接洽，迄月初方回，至稽裁复。返后又接十一月十五日大示，兹分复如后：

（1）承欲将复兴铁工厂归兄主持，深感相契之厚，惟自探申四、福五两厂之事，在此尚未完工之际，职务过烦，将有顾此失彼之虞。况明剑、翔德两兄办理复兴已有成绩，如专心前进，决可有效，兄不宜掠美，故不敢受命。设欲为对外应付统一，对内意志集中、人才易于分配、办事易于划一起见，而欲将复兴及申四现有之铁工厂归并为一者，则卓见所及，兄愿追随。惟申四系无限公司，不能擅自加入其他组织，故如果须合并者，尚以另起炉灶汇融汇为一，方为合宜。谨将管见略陈如左：

（甲）招股创设一股份有限公司，专营制造机器事业，或名“大新”，或名“建成”，或另题新名；

（乙）将原有机件照市值去折旧，收归新公司；

（丙）新公司选举董事长及常务董事，支配业务之进行；

（丁）新公司聘请粉机技师、纱布机技师及冶金技师各一人，由

---

① 原信无落款人。根据信中“舍弟统劼”及“岳父”等语及电文落款“伟”，推断落款人为李国伟。

冶金技师主持制造厂事务。以后得视营业之顺利、社会之需要添聘各项专门机械之技师；

（戊）新公司聘请营业主任，专司对外推销事务。

原一业之成，必须有专长之人才终日专心致志、埋头苦干，而后方有功效，决非仅事抄袭可以立足，故欲植永久之根基，应设备完全、制造道地。然在此非常时期，达到此两点甚非易事，一则原料不继，二则技工甚缺，三则料工异常之贵，四则机械不全，故在此时期铁工厂最不易办，获利亦最难。四厂之所以筹备铁工事业者，实因纱、粉厂另〔零〕件补充每为铁工业所挟制，既贵而又不合用，且不能济急，动辄延迟，故不得已而自谋于补充制配另〔零〕件。有暇之际，则再从事制机事业，积少成多，而为他日自添之地步。是以见利不能求速，吃本殊为巨大，常有人因有机床数种均来要求合作。兄因彼等均欲求近利，而生铁原料根本无着，运输又异常困难，故均婉为拒绝。今如复兴厂照翔德兄之意，欲与申四取得联络，然复兴厂近来营业已为有利，明、翔两兄坚苦卓绝，业著成效。设因合并而致结果反不如前，将无以副彼等之期望，此应请吾弟审慎者一。自抗战进入第四年以来，沿海均为敌人封锁，以致铁料极贵，质品既劣，且不易得，对于机制事业更不易着手。近来复因百物昂贵，投资者均集中于贸迁事业，而想在此物价高贵之际设厂，成本过大、造厂费时过久，如无机会可趁，将来无以善后，故制机固难，售机亦更难。设合拼后无事可为，势必自制为申新他日扩充之机，自制则投款多而为利薄，则非特无以餍同事之望，且无以副投资者之望，此应审慎者二。兄与吾弟忝属至戚，休戚相共，即四、五两厂所共事者，非至戚即旧部，为素所提挈之人，平时措施稍有不周，尚能动之以情，责之以义，或不致有离经越规之事端发生，惟对付已深觉其苦。以兄所闻，各方不入耳之言殊多，人非仙佛，谁能预知？在上者不易，则事后常为人指谪，所谓现成话易说，古今大抵如是矣。

（2）毛纺厂事近经种种探听，实在无法运输，已详前函。兄意可否在申先行装出，开机生利，如须有他组织，兄可参加并募集股本，待运输有办法，再行装入。目下据人调查，自仰光运重庆，每吨需洋壹万四千元，而尚无运输工具，运价须否再涨，尚在未定之天。故目下万万不宜装运，因机件既重，运输更难更贵，将有不易摆布之苦。今既购机在手中，则不若再行集款，在沪地租屋装出，从事生产可以有利，谅吾弟亦为然也。

（4）〔（3）〕建成粉厂股款，吾弟等认筹若干数，请即行电示。因目下交股者已不少，须从早开成立会，故盼吾弟等从早电复也。

（5）〔（4）〕毛纺织机经与舍弟统劼研究，可以自制，请为饬人绘各种详细图样，即行分批寄下，以速为宜。今发上一电“迩带函及删函均悉，容详复。毛纺织机既购下，［可］在申装开，当参加股。毛纺织机此间能自制，盼绘详图，分批寄下，俾得筹备。建成粉厂入股若干，乞电示。伟”云，谅兄赐察有复在途矣。

（6）〔（5）〕近经研究之下，纺机均已分批试造，成绩甚佳，以后可以自制。现用土白铁加合金，以木炭翻造，内地无洋生铁之困难我已解决，可以源源自造，不必仰求于外洋，实我范之一大快事也。

（7）〔（6）〕同事加股于申四，系接岳父大人来信云，同事此次内迁之功不可磨灭，两丈之股份只须占全额之六成，盛厚之意溢于纸上。故有前拟之呈请，欲将仁意普遍于厂中同事也。今又不赐准允另拨现金报酬，则惟有照廿七年十月间临时股东会议决之办法，将一部分机器之生利拨作报酬，庶有根据耳。

廿九年十二月八日

秦毓浏致李国伟

1940 年 1 月 17 日

国伟贤甥青鉴：

前奉大复，悉有宝鸡之行，日内计可返渝，上月中旬曾上寸缄，谅登记室未知。迩来兴居如何？渝市久无空袭，未知信否？渝厂业务何若？剑、伟起居何如？念念。便希惠示一二，以纾下怀。

浏前以南宁告失，此间或有余波，行囊羞涩，旅费无着，故拟停汇家用，储备旅资，已饬昌儿知照，并函亚芬转陈令堂，亦予停付。兹以桂南战局[①]稳定，年终在迩，诸儿需付学费，故本月份拟汇奉二五〇元（约在二十五六日付汇）。沪方已函请令堂照付昌儿收用，自下月起拟仍恢复原状。尊处浏拟月汇百元，沪方请令堂照付昌儿壹百元，以资应用，即祈转请令堂照办，种渎清神，铭感五中，永矢勿谖。前得昌儿来信，伊欲赴东求学，现请张君森如设法援助，正在进行接洽。浏经复允并嘱昌儿，对于纺织工程究以何项为吾国所需要，毛织欤？棉纺欤？丝织欤？径向吾甥请示，即祈赐教，俾免误入歧途，无任企祷。

此间在岁杪[②]年初，日有空警，以戒备森严，幸未入昆，仅炸滇越路桥，破坏交通。十日以后迄无警报，亦幸事也，即祈释念。浏远叨福荫，均告无恙，惟口麻舌呆，言语不利依然如故，迭经诊治，迄未获效，只可听之造物者如何主政耳。专此奉达。

---

① 桂南战局：桂南会战。

② 岁杪：年末。

即颂

筹祺，并祝年釐

愚舅氏浏启事

二九、一、十七

甥夫人暨剑慧夫妇处，代为致候、贺年为感。

（昆明。）

（运输课。）

秦毓浏致李国伟

1940 年 5 月 5 日

国伟贤甥青鉴：

上月二十五日台翰祇悉，承示旅行南针，感何如之。兹接昌儿复禀，悉内子允予西行，故伊遵召来渝，改习会计，以伊在南通一年级时研习数月，略知一二矣。刻正在温习珠算，筹办护照，俟伴启程，俟有定期，再行函陈。昌儿年幼无知，辱承下采菲葑，予以汲引，自今以后，昌儿登庸有途，合家蒙庥矣。云情厚谊，殁齿不忘，容图后报。

迩来贤伉俪起居如何？渝市雾季已过，时有空袭否？念念。昆地久无空警，亦幸事也。专此奉复。

顺颂

双绥

愚浏启事

二九、五、五

附赵元培信一件，请代付邮转递为幸。以伊有返沪接眷之意，浏拟嘱昌儿随同西行，俾可在途有人监护也。又及。

秦毓浏致李国伟

1940年5月29日

国伟吾甥如晤：

昨得昌儿来信，述及护照已领到，准与周芬[1]甥女及交大学生同行，约下月初启程，行期以交大学生之旅费问题尚未解决，故未确定。前闻台旆曾往筑垣视察，日内计可返渝，昨日敌机又来渝肆虐，贵厂谅未受殃。贤伉俪兴居如何？念念。昆市在五九以后迄无空袭，诚大幸也。浏托庇无恙，惟口麻舌呆依然如故，祈释远念为感。专此。

顺颂

俪祉

愚舅浏启事

二九、五、二九

甥夫人均此。映芬处代为致候。

① 周芬：章周芬，章剑慧小妹，李国伟表妹。

李志方致李国伟

［1940年］6月14日[1]

父、母亲大人膝下：

敬禀者，大考中男得五月中手谕，敬悉一一。考期中未有暇作禀，考完后即同宜生表弟去纽约二姨母[2]处，过二姨母四十寿辰，方回校。本拟于今年暑期出外同数位同学旅行之事，现已取消，因得上次大人不以为然之故。其实今年之机会颇难得，如明年暑期中，旅行之伴将比今年少，同时明年暑期中，男将入厂实习，暑假只有六星期。现在男决定住校读书，因校中今年暑期学校中男可以选读者较少，故拟自己读书，而不读暑期学校。

上学期之成绩单已发出，男即附在此函中寄上。共有五H两项C两项P，无不及格者，绩点为4.46，离first dean's list[3]只0.04，亦可云不幸矣。

重庆近日被敌机轰炸甚利害，不知损失如何，不胜思念。欧洲联军方面可谓完全败绩，巴黎亦失守，来势有如我国之退出南京，诚出人意料之外，此地影响亦一变。反德之影片亦时时出现，物价亦增高，政府方面亦正式助英、法，所少者仅对德国宣战而已。

暑期中，男每日上午八时起身，九时起读书，下午作游泳、划船

---

① 原信无年份。信中提及“欧洲联军方面可谓完全败绩，巴黎亦失守”，1940年6月14日，巴黎不战而降，德军进入巴黎。另，信中提及“闻二舅在沪被绑”即荣尔仁被绑架事，故推断年份为1940年。

② 二姨母：荣卓仁，荣宗敬二女。

③ first dean's list：优秀学生名单第一名。

等运动，晚十时睡。读之书现在拟于两星期中读完关于染料、化学之书，以后拟读纤维、炸药诸化学工业之书，此等科目暑期中均不开。此间气候尚不热，比纽约尚凉快不少，不知重庆现在如何？

大人福体想必健康，念念。上次在纽约时，二姨母大人曾言及彼颇思四川竹笋，不知大人可否寄彼若干否？二姨母在九月底以前地址仍为：（Mrs. H.L.Hsieh，969 Park Avenue，New York City，U.S.A）。上次白木耳已收到，曾向男言及并托道谢，并云因无暇作书之故。二姨母又添男孩，满月时适值四十生辰，故力留男等过生日后再回校。

祖母大人处，现已时常有谕与男，闻二舅在沪被绑，不知现在如何？余容后再禀。专此。

敬请

金安

男志方叩上

六月十四日

李志方致李国伟

［1940 年］6 月 30 日[①]

父、母亲大人膝下：

敬禀者，日前寄上上学期之成绩报告单，谅必收到无误。上学期男共选读九课，得五 H 两 C 两 P，平均绩点为四．四六，较上学期多〈○〉．四八，四学期之总平均为四．二二，可列入第二 Honor group。

久未得手谕，不胜思念，不知大人去桂阳后已安抵重庆否？抑因重庆连日空袭故，在他处暂住？在重庆之厂不知平安否？男不胜思念，望下谕告知。

男此暑期中留校自修功课，纽约回来后三星期中已看完关于炸药及胶木（plastics）之书各一本。平时以划船、游泳为运动。此间天气亦极凉快，颇似中国之庐山气候，连日温度虽天气晴明，亦不出八十度[②]。此暑期中多数同学均离此间，回国之同学亦甚多，大多数同学均得学位，下学期新来之同学恐甚少，因注册处至今尚无新自中国来之同学要求注册。

欧洲战事，上星期中法国之战败，单独向德国求和，实出多数人意料之外。因此，英、法在远东方面亦软弱不少，安南、香港等地之命运将来如何，诚未能豫料。美国之舰队自上星期得密令离珍珠港后，行踪至今未知，目的地为巴拿马抑远东，此间意见甚多，但均为

---

① 原信无年份。信中提及“上星期中法国之战败，单独向德国求和”，法国于 1940 年 6 月 22 日战败于德国，故推断年份为 1940 年。

② 八十度：华氏 80 度为 26.67℃。

推想，无人能知底细。

宜生表弟现亦在此间读暑期学校，选课颇多，共有三课，每日向男请求指导，男均尽力为彼解释，但彼时常有想不出之时，不大肯多费脑。男现在设法训练彼之理解力。

男现在身体甚好，望勿念。余容后再禀。专此。

敬请

金安

男志方叩上

六月三十日

（七月廿九日复。）

李志方致李国伟

［1940年］7月14日[①]

父、母亲大人膝下：

敬禀者，久未得手谕，谅一切必均安好，不胜思念。前日得启运叔叔自纽约来信，知彼于六月底离重庆，彼在重庆时，大人已到宝鸡，故未遇见，但知大人均安好。男待有暇时，当去纽约拜访也。男复去后，已又得来函。

男在此间每日约读书六至八小时，上次提及关于胶木之书已读完一本。最近所读之书藉〔籍〕，系关于冶金术方面者，现在读 Metallurgy of Iron and Steel。因冶金术为同化学有关系之学科，故一切均能昤〔领〕悟，并颇有兴趣。想现在中国对于钢厂之设备亦系急须，因炼钢为一国之基本工业，实较各种其他工业更为重要而切于实须，如可能，男颇思能兼读化工及冶金工程。

男在此暑期中，似乎略有改变，以前读书非每日上课、作习题不读，现在能知自己至图书馆寻书读。或因此地虽在暑期中，间散之同学亦少之故，因此得有影响。校中之规则，学生平常绩点在三.五以上者，得有权利能不选读而去考任何课目，考取后即有学分，故男如能考去数项，则兼读两课亦不致多费时日。

男现在身体甚好，平时作网球、游泳及划船等运动，但星期六、

① 原信无年份。信中提及“姨母要四川竹笋之事”，与1940年6月14日李志方致李国伟中提及的“二姨母大人曾言及彼颇思四川竹笋，不知大人可否寄彼若干否？”相对应，故推断年份为1940年。

日颇无聊，因游泳池及船房均不开放。平时男每日下午自两点以后均费于运动，自暑假开始后已晒黑不少，体重亦略有增加。

宜生表弟在此选读三课，开始十分努力，现在不十分用功，多数习题均不大肯多想，似有点有头无尾。五舅[①]于彼处暑校完毕后，将到此来避暑，大约将于二十日左右抵此，届时男或将减少读书时间矣。栋臣姑丈，闻祖母大人谕上云及亦已去重庆，谅必安抵。

近日，重庆天晴之日多，闻敌机轰炸甚为激烈，不知产业损失重大否？不胜思念。联军在欧洲失败后，敌人在远东势甚凶恶，深望我国能恃自力抗战，不受缅甸、安南封锁之影响。

二姨丈、姨母处亦时有函来往，上次男禀中提及二姨母要四川竹笋之事，不知大人已收到否？念念。余容后再禀。专此。

敬请

金安

男志方叩上

七月十四日

（七月廿九日复。）

① 五舅：荣研仁，荣德生五子。

1941 年

李国伟致荣德生

1941 年 1 月 4 日

岳父大人尊前：

敬肃者。今日接十五日手谕，祇悉福躬康健，凡百迪吉，式符孺慕。二外孙有志习武事，婿因其将及壮年，借此历练身体，日后可以牢实，能吃苦，故来后十日即又重往成都投考，今已录取，业于今日进校，日后尽可从事他业。所学均人生必需之常识，请大人勿念也。

前次渝、宝两地被毁之损失，均已照数赔到。电机亦于日内可开出，山洞亦于月内即能完工，产量均可增加。省内不常去，如有要事前往，留二三日即回，故王先生尚未见过，以后前往，当特走访。此间地价每亩已至八九百元。闻天水亦甚贵，须五六百元一亩。在此间物价高昂时期，从事购地不甚值得。婿拟于明春开冻后，赴兰州一行，顺便往天水调查，待亲历该地时，再定方针。

西北开发之处正多，以后惟有步步入手。煤矿事，近在白水、蒲城之间领得采矿权，已在测量之中。据工程师调查之结果，该地有大量蕴藏，而因矿层足，故拟俟取得矿权后，即租钻前往采测。设果如所云，则可以大做，值得投资。目下陕省煤缺系极严问题，官价定八十余元，然大都无货可领，私卖至一百五十元以上，大块煤售至三百五十余元一吨。我于前月初，因断煤不得已收购大块（不统制），致用煤极贵。近则四处张罗，一百廿余元之煤已积存四千吨矣。

申厂定存还清旧款之日，将来后望无穷。小见者每擅近利，不足深责。大人总揽全局，危急时救济，平顺时将获报也。沙逊房地产前用厂名过户，现尚勾搭不及，日后安返时，当再设法根命。福五开销大，宝厂未能开工，渝小机器所余有限，不过敷开支及栈租，同事资以生活，求不贴本，系出股东之望外，实系申四同人报答以前福五之助耳。能否发官利，须视结账后盈之够否支配，目下尚无从知悉。申四拟仍照去年所付官红利数发给，目下建造费极贵，所余不过敷新造之需及货物之押亏，抽取过多，将无活动之方也。四厂散处四方，非借同事得力实心支持，不易见功。

尊意欲令少数人与有股份关系，诚属至理名言。前接来谕后，即请迩英弟带上拟单一纸，未见允准，云可用现款酬奖。今此次谕示又嘱特施恩惠，不知对于该单，何人可以有股份关系，请摘出示知；拟给股若干，亦请谕及。目下正在结账，深望从早电示。庶可以资鼓励同人特别努力。诸位内弟均在努力事业，日后发展无量可以预卜。万事由自己奋斗而成者，可以久长，可以立脚，可以大成。诸位内弟之实干皆大人训导之功，行见家声日振，事业日宏也。专肃。

敬请福安，恭贺年禧！

婿李忠枢谨禀

卅年一月四日

岳母大人前及诸位内弟等均此问安。

荣德生致李国伟

［1941年］1月23日[①]

国伟大婿青览：

一月四日来函已阅，陕西煤价甚大，花已涨，成本甚昂，外面不知，电机开出马力，用不完反为抱耗，交通阻隔，添机不易，困难可知，添添物料款已巨矣。内地创业不易，只可守待陇海通车，方可发展蒲城、白水之间，且取得采权，再作计议。深甚必须起重、升降、打水机大，马力不小，不易采也。西边地势本以宝鸡为佳，天水通川，该处胜宝；兰州次之；郑州之资极必到，地价大，少买几亩，如远二三里，价在三五十元，多买点决不吃亏。沙逊大楼为后日经济机关必要之地，改造门面，挨在当中甚合式。

余廿六岁至民国四年为创业之第一段，五年至廿六年为第二段，今后为第三段，仍作青年恩〔思〕想，闭门造车，期望发展。所以一一先事预备，纺织以前者注重复业，以后注重铸造、修配，配齐再议扩充。先兄故后，余即通函各重要帮助人，以扶植侄辈守业。今幸三年无毋改，有余还债，债清预备复业。今债务了之八九，押款半已取赎，二侄可立直，不必用扶，只待战了复业无疑。余只时时望二三日，留心动力备件。今马达造至一百四十匹，小马达十至三五十均好。方棚亦同，电木备件正在试验，可望成功。熊源等时时以毛织、麻织作研究，通谊以广新为经济中心。

① 原信无年份。根据信件内容，此信应为1941年1月4日李国伟致荣德生信的回信，故推断年份为1941年。

昨日开会，推定董事、经理负责筹备，以上海、无锡、汉口为目的试验之所。余心中以人才、经济为主旨，无人不能治事，无钱不能行事，借力固可，战后状况不敢空虚，上年余所入尽去，今年收入尚佳，必须留心矣。申二同还债，九大部还债，小数可收；福二、七可收入如前；申四尚欠，如有收入，抵去上欠，倘有余，抵备大楼及修理建筑门面之用，此大概之计划也。四系无限[1]，股东不易种入，种入须得全体股东承认，现在局势，“全体”二字难说。为此，余只能代自己一人说，不能代他人说，所以有余只可分钱，此经理有权可行，照理做，决无异议。余自己可让出点，只能在股之人或以瞿君[2]、章君[3]、华君[4]兄弟买得到。至股东承认时，谅无异议，因皆办事有素之出力人也。此余据商法、人情而言，非调八弹，不肯放松，望原谅及查律为幸。余自经理以来，吃着苦头不少，尤其自民四起，五、六几年得教训不少，现在顾住四方八面，未曾走错。二侄得此能立直，婿与同仁均目见，并为申地金融界所赞许，都言二侄好福气，可以平安入港。然能够如此，余在放量做及不惜金钱。若舍此，无可收拾，经此难关，战后料去，自有公论。如有精力，再帮帮社会；倘难入手，游山玩水，乐我余年，亦不为过矣。

舍下均安，府上亦好，惟大女久无手书，为盼念，不知身体好否？现住高恩路，与栋兄处极近，至账房时时见面，议论议论。本年百物已昂，宜用用轻，少备少搁，以防结束。照外面观察，再六个月必有眉目希望胜利。内地目光如何？对世界或略隔膜，余再告。此致。

---

① 四系无限：汉口申新第四纺织公司为无限公司。

② 瞿君：瞿冠英。

③ 章君：章剑慧。

④ 华君：华迩英。

即问

日佳

德启

一月廿三日

诸君均此。大女并阅。

李国伟致荣德生、荣溥仁、华栋臣

1941 年 5 月 7 日

岳父大人尊前，溥仁弟、栋臣兄均鉴：

上月十二日、十三日寄交栋兄两信中附报告一页、支配表七页，今接栋兄廿三号信，知已照收。上月十六、十九日两信中附股本及股息表二页，发还老股清单一页、同人等往来账十一页及特酬表一页、福五廿九年度存该报告及损益报告各一份，又股利清单一纸，均寄与栋兄者，知尚未收到，谅今已照收有复在途矣。兹将各情分陈如下，请与以指教。

（一）按廿七年四月廿六日，因增股八十万元，曾用德丈名义呈请湖北省政府及经济部登记，申四股份增加至三百万元，去年又增添股份一百廿万元。当时曾函商再行登记，嗣接复信，命于日后重增股时一并注册。后在轰炸期内，枢又赴宝，故停止进行。今岁三月十日在成都时，曾致栋兄一信，拟将申地派拆十四分之一之花红，由德丈得六成，溥弟得四成。接三月十六日栋兄来复，云“可照办，已得德丈及溥弟之同意”，故去表均照此分配。乃接四月廿三日栋兄来电云须更改，当时因一心弟即由港飞渝，故未复电，容询悉一切后再行去复。且一切账单亦均已寄出，重又更动似觉不雅，此事最好在申就近商妥，枢未便多词也。

（二）四厂股本在此物价昂贵之际，股额似嫌过小，今岁利得不能邀免，曾于一月六日拟陈去岁结账办法，嗣得一月卅日德丈、溥弟会电照准。故于上年七月一日增加股份二百八十万元（内中六十万元系升与出力同事），年底结账，又将账面股东盈余一百六十九万六千余元之数内，拟提一百四十万元作为股本，共增加至八百四十万元。所有分配单均已函陈在案，惟细思此数尚嫌不足，不若将滚余之廿九万六千余元连同他项暂记存款内，提拨一百卅万余元，加股至一千万元之整数，呈部注册，兹将拟稿托一心弟带回，如蒙允准，请即电示，以便筹备注册。此事急须办理，否则不易对外，深恐将来事端发生，本局吃亏将难以言状，既失体面，又损巨资也。又无限公司均须各股东盖章，为求便利起见，能否代各股东雕印图章使用，交会计处保存，只作注册之用，在此非常期内往返函件，动需一个半月之久，故不得不出此变通之手段，如事属可行，亦望电示也。

（三）本厂迁建经过及廿七、廿八年完所得税后之修正情形，尚未报告于股东会，兹亦就一心弟返申之便，带呈报告一份，此件只可内部知悉，因申九盈余系转总公司往来账之故也。

（四）股份清单内有宗记、德记转与荣文蔚户各十万元，系素容请求让与者，将来由其返申时面述详情，其余由一心弟面述详情。专此。

祇请

大安

忠枢谨启

卅年五月七日

又，栋兄来函要求股东官红利均发申洋，似有未便，因如此办理，同事花红均要求汇申，无以拒绝，势将大量外流，厂中金融将难周转，至申地同事薪水、津贴均系申洋，并未照渝洋支付也。又及。

再启者，变更登记申请书内有下列三项与以前章程不同：

（一）以前总经理系荣宗敬先生一人，今拟请荣德生先生担任总经理，劳添副总经理一人，请荣溥仁先生担任。

（二）照《公司法》，已亡股东应改由承继者顶替，老股花名计（甲）荣宗敬户应改何名？（乙）荣伟记户应改何名？

（三）以前纯益金作十二成分派，十成为股东所得，二成为总经理、经理及同事所得（以前总经理分二成中之一千份〔分〕之一百廿）。今改为十四成分派，十成为股东所得，一成为总经理及副总经理所得，三成为经理及同事所得，较前不过增加百份〔分〕之五.六五，较之股份公司以六成为股东所得、四成为同事所得者，尚属枯薄。如蒙增加，则同事等更为感奋，应请熟筹函复，在付印章程期内尚可修改也。此请德丈、溥兄、栋兄再鉴。

枢再启

加再启，共三页，又股东会报告八页、变更登记申请书稿六页。

章剑慧致李国伟

1941 年 1 月 9 日

第七号

国伟表哥大人尊鉴：

前呈六号芜函，本附上渝、宝两厂职务表及渝厂职员考绩表，嗣因两表有未尽善处，且须商榷修改者，故未及附上。乃时日迁移，瞬将两周，殊引为罪。兹已缮制正确，敬谨奉呈。

（一）表为渝厂同人服务成绩表，其中有应行奖励或应行黜罚者，均已批有按语，大部均为亦、培诸兄之意，而间参以敝意者。

（二）表为厂长及总处同人服务成绩表，其中亦清兄以副厂长代理厂长一年，不无劳绩，似宜较去年为优，而无咎兄及培卿兄则在吾哥及弟离渝期内，对内对外亦多偏劳之处，亦盼能多予佳惠为幸。

（三）渝厂两次轰炸，出力同仁名单及布告一则、亦清兄原函一件，弟认为可以照办，惟不敢擅专，且须渝、宝两厂一律者。故寄呈乞钧裁后寄回发表为幸，并盼告以宝厂之详细情形，以资参考。

（四）廿九年度职薪及渝厂工资约算表，不能认为十分正确者，呈吾哥参考而已。盼宝厂亦能以同样之表册示知。

以上四项均乞吾哥批阅，予以指示为幸。宝厂同人服务表因弟已离宝两月，时移情变，故不能抄呈吾哥。可令冠兄为之，如定夺后能抄示一份，则又不胜盼祷者。弟意上年度纱厂、粉厂盈余均尚可观，而员工多冒重大危险，似宁优毋薄。而一二领袖职员处变泰然、夷险一节[①]者，其有补于大局者实多，所谓千军易得，一将难求，是则所望又能特予优惠者。而当初渝厂之迁，最初实曲突之迁薪，其后亦焦头而烂额，弟以一身实兼有之，愿分今日之余润，酬昔日之辛劳，是又敢望而不敢请者。吾哥智珠在握，明鉴万里，毋烦弟之喋喋，偶笔及此，不尽所怀。专此。

敬请

钧安

弟桓叩上

卅年一月九日

弟本拟今晨飞蓉，于蓉厂可料理一切，如建筑及股东以及外界之联络、金融之调度等事，均可亲往一看，作一决定也，乃临时退票未行。而此间则年底瞬到，工人红奖以及各种结束问题甚多，对内对外俱在紧要关头，实无法离开，故已决计作罢，待过旧历年后再去矣。内子已到蓉，拟后日来渝，承吾哥及嫂嫂招拂，并托叔兄伴回，又为感荷无已也。

弟桓又及

（应于结账前复。）

① 夷险一节：不论处于顺境或逆境，节操均不变如一。

李国伟致章剑慧、龚培卿

1941 年 1 月 15 日

宝〈第〉六〈号〉

剑慧、培卿两棣垂鉴：

八日寄去第五号函谅已收察，刻接培弟第四号信，备悉种切。兹将应复各事分述如左：

（1）保险赔款事均已办存结束，培弟往返奔波，劳苦倍至，至感贤劳。所谈以后改由他人负责处理，应无庸议，因已接洽熟悉，换人似觉不宜。如因职务忙碌，不妨添一助手，将沈君叔昂或其他相当稳练之人协助处理。

（2）渝厂被炸后酬奖出力同事名单，至今尚未收到，望即付寄。宝厂亦应有点缀，拟收到该单后参酌办理，年底工奖亦然，故望从早付寄也。

（3）川江水险所收到之赔款，前函嘱入备记，并非铸记，望洽。

（4）美金二千元已划剑弟者，当嘱储留。

（5）所云特别费第三次之壹千元在无咎兄处支付者，已忘记何用，未知系何日付去？望查复。

（6）家母寿辰承吾弟等代为举行，至感盛意。兄无状，以事业观念之深而致有缺定省，遇庆祝日又不能效莱彩[①]之尽欢，乃承各位

① 莱彩：相传春秋时期楚老莱子侍奉双亲至孝，行年七十，犹着五彩衣，为婴儿戏。后用“莱彩”表示孝养父母。

亲友代为补置，曾不克踵府申谢，至为歉然，尚乞鉴谅。至厚仪不敢领受，所有费用均支兄之账为要，费神，谢谢。

（7）年结已与上月廿日指示者有变更，业详八日第五号致两弟之函中，内中提出之114万能否不纳税，乞培弟斟酌而行。又提拔同事之酬金单内，忘记蒋梦渔、周怀岐及荣泉源等，乞为补入。惟照此支配，同事所得甚优，尚以嘱咐毋在外张扬，致招他人之妒视，至要至要。所示折旧及处理建筑材料等情形，均洽。粉厂盈余支配，可将厂造房屋与机价作比例。南充外栈之建筑费则在进麦内抽折旧打去，至合于折旧章程之最小费为止。磨棍〔辊〕之价似已嘱朱小［培］兄转入铁工厂，照机价及屋价相比，约为何种比例？望约示后再定，弟等如有高见，亦不妨示及也。

（8）会计师索酬流俗，大抵如是。如此敷衍尚合，即支账可也。

（9）铸记盈余备同人存款之保障者，只得于渝厂向陕办花之除缴净盈余数内支配之。陕厂此次因作价而升之一百万，另备作添股二百八十万内之一部者，不可计入也。容来单后，当为批注。

（10）映妹求免计假，似与厂章不符。兄允彼每年可返家一次，诚属有之，至是否免扣薪津，则已不记。为数若干？如渠定欲邀免，则由兄贴补，转兄之账可也。

（11）接号信知剑弟于九日赴蓉一行，不知该处办至何种地步，谅已有函在途。兄拟于叔兄返后小汽车来宝之后，前往开创立会，望剑弟亦于该时能前往，将一切公司手续办理完毕，望催叔兄于新春后即来宝，兄动身之前当再电知。福民今岁营业何如？同人等均能沾利否？望示及一二也。专此。

即问

日安

小兄枢手启

卅、一、十五

刻接秀舅母来函，兹附去。不知安弟究缘何故辞职于重庆银行，请查示，以便作复定办法。附来之银行证明书，亦寄去交还可也，并此拜托。又及。

章剑慧致李国伟

［1941 年］1 月 23 日[①]

第八号

国伟表哥大人大鉴：

内子到渝奉读大示，嗣复接五号函，敬悉一是。所示各项结帐办法，极为适当，已由培兄照做。惟据彼研究，尚有若干问题不易弥补，拟再提出请示云云，想不日当有专函寄呈也。其中优待同人之处，可称至矣尽矣，而又以弟蒙惠特甚，又感爱护之深情也。弟束发读书，粗识礼义，少以家贫未竟所学，乃以吾哥援引置身工厂，自愧庸陋，既惭不学无术之苦，又深履冰薄渊之戒。十余年来得吾哥教导维护，得有今日，未尝敢忘大德于万一。抗战以来，弟因遭逢时会，在内独支危局，幸而有成。然在礼，则所谓有事弟子服劳，是弟之于吾哥实尽其应份之事也，何敢言功；而在事实，则庆新之建、宝鸡之迁均出大计，弟不果秉命行之而已，尺寸之功实属于吾哥，更不敢掠美也。弟无论对内对外，莫不以此为言。承示陆逊戒诸葛之言，所谓在我上者，捧而与之同升，亦弟十年来所服膺而未敢懈者，在栋丈且然，更何况于吾哥哉。此剖心之言也，愿吾哥实谅鉴之。

年来三过留侯之庙，颇景仪其为人，而间亦有感于吾范人事之复

① 原信无年份。1941 年 1 月 9 日章剑慧致李国伟信（第七号信）中提及“内子已到蓉，拟后日来渝”，而本信为第八号信并提及“内子到渝，奉读大示”，故推断年份为 1941 年。

杂，颇动及时引退，长留去思之心。然非敢致疑于兔死狗烹之意也，此又剖心之言，愿吾哥实鉴之者。自前年言辞而未获允准，即不敢再请，然亦深惧乎盈亏之数。古有名训，以弟庸愚，容有挫折，重贻人笑耳。又以吾厂今日各处均已有专才负责，皆能独当一面，克尽所职，则弟虽引退当亦无虑也。今奉来示，耳提面命，言辞之挚、情感之深溢于意表，敢不拜赐嘉言。所愿百尺竿头，更进一步，不特于事功上实寄无穷之希望，即于情感上亦愿同心若金，亦有同样之希望也。

弟本拟于十四日赴蓉一行，因机票临时发生问题未果，现定旧历初四去蓉，吾哥如能于元宵左右到蓉，当可面聆训诲。近得家书，知家母患胃癌疑症，虽尚未证实，然颇忧念。二妹来信，并极言家母消瘦，两小孩万不能再劳慈亲。自思未报养育之恩于万一，而至今乃万里遥隔，久违定省，其不孝之罪抑何可逭。拟即与内子同行返申归省，如蒙允准，或在元宵节后即成行，盖迩来思亲甚切，梦寐难安耳。

所嘱建成办法，即当照办。明兄确不高明，仍时有捣乱行动，能远之当远避之也。柬君已晤面，叙谈甚欢，惟代运一层恐尚有困难，好在我车二月底可到仰，则时日亦近矣。赵仲宣亦已晤见，前托其中行与建成来往事，据答已与蓉行谈妥，仅待弟到蓉后进行手续而已。又工矿处对建成供款，亦可成功。林继庸已晤谈数次，彼对西北之行大感兴趣，并密嘱弟致函西北各厂，连名电致翁部长，请其赴西北一行。据彼云翁部长已有此意，如再加此一着促驾，则水到渠成矣。盼即告知联合会及西安各工厂，可具一电促驾也。戴君已请其担任出纳。关于本年度渝厂人事方面，颇有相当之调度，容下信再详陈一切。日来因年底各事颇感烦苦，更不及详函为疚。专此。

敬请

钧安

弟桓叩

一、廿三日夜十二时

嫂嫂前请安。

李国伟致章剑慧、龚培卿

1941年1月24日

宝合〈第〉七〈号〉

剑慧、培卿两弟垂鉴：

十五日寄去第六号函，谅已收察，今接剑弟第七号函、培弟第五号函，备悉种切。兹分复如后：

（1）服务成绩表两份均已照收，俟宝厂之表及年底结账清单到后，再按劳绩分配奖酬。

（2）轰炸时出力同人之酬奖单，兹批明寄还宝厂。同仁并未有在轰炸期内离厂者，且空袭较少，故只于施救被炸时得力同事与以一个月薪津之奖，未冒险者半月，他项名目则无有矣。

（3）职薪及工资约计表已照收，宝厂者俟冠兄做出后再寄。

（4）昨承电示渝厂普通工人及头目等之年终酬奖详情，均已洽悉。宝厂普通工给发薪三个月，头目九个月，装车费约三个月，凑足一年，不连津贴计算，以示与渝厂稍别。因常停机，全年出纱不及二千件，故不得不酌减机匠加油。又训练员及组长等派比例照减，如此支配，亦在六万元左右。铁工厂因在同一范围内，且有以往外七部例，不宜形歧，故复电仍照往岁成例支配，望酌办可也。

（5）节储事既经济部不再来问，则我亦不必再振旗鼓，自寻事做，“以后凭各人自愿存储者汇集总数，以便应付重来劝募之人”。我已规定之办法，可举行半年或一年，视外界之情形而定，否则虎头蛇尾，似亦不宜也。所来清单已阅悉，容俟与宝地认购已购之数汇集后，再作详细之支配。目下正值夏历年底，则汶[①]兄等均极忙，新正后再作清理矣。

（6）铸记支配已详致两弟今函之第六号信中。

（7）粉厂结账情形，容将草结阅视后再定。兄对粉厂结账情形，前函未顾及，应凭八日第五号为标准也。

（8）去年盈余项下，鄙意可提职工救济金五万元，申四、福一另外存贮。陈伦超给与三千六百元，张福田给与一千二百元，沈义骏给与一千二百元，所有薪水、津贴及支宕等均收回转账，以视区别，不混在薪津内，□约庶多依者有挹注之处。至若何可以领救济金，可规定一章程公布之，不知两弟有其他高见否？望酌示。

（9）昌弟通融之款，以后分期扣还，或今岁年底扣还，乞视情形而定可也。

（10）蓉庄及建成用款理应计息，建成之息可在迟交之股款内补息，不足之数列入开办费内，如是则蓉庄息亏为数无几，可在佣金内挹注。蓉庄开支如系总处职员往来之招待费，则渝、宝两厂案成分派，如系如系[②]渝、宝、建三厂职员各别之招待费，则各别支付，货物亦然。在蓉同人之薪金及款项开支，亦可照比例分配之。兹将去函掷还，望即照此意与何君故洽也。兄拟于叔兄来宝后，即往成都料理一切，该时如剑弟能往，亦盼前去，以使商议一切也。

（11）接电知渝近又有空袭，一切望善自防御保重为盼。宝鸡近数日骤寒，滴水成冻，房中因无玻璃窗，朝风侵迎极烈，颇以为苦。专复。

---

① 则汶：章则汶，1936 年被聘为汉口申新四厂染厂工务主任，1938 年随厂内迁至宝鸡，任总务课主任。

② 如系如系：衍文，应为“如系”。

即颂

筹安

小兄李国伟手启

卅、一、廿四

闻施之铨兄有辞去广西面粉厂职务之说，不知确否？如果然，则经手之款与袁兄及我厂有关者不在少数，何以善后？盼将所以辞职之故及经手之善后详细见示也。

附还亦清兄之信六页及致致中之信两页。

龚培卿致李国伟

1941 年 2 月 7 日

渝字第七号

国伟表哥赐鉴：

顷奉第七号尊示，聆悉一是。三日曾上第六号芜函，内附结账草案，另有不列号快函，内附福五开支汇总，谅已先此到达。兹分复于后：

（1）节储事照规定之办法，举行一年半载，视外界情形而定久暂，以示有始有终，极是之。现此间花样翻新，已注重出钱劳军竞赛，闻我拟认二万元。本月份将渝厂所购四种节储券已全部推销于股东及同人，且感不足，势必再向外购。不知陕厂有无多余之小额券以资挹注？如无，则拟外购，以清手续。

（2）铸记支配，弟前上芜函中亦曾提及，兹不赘。

（3）粉厂结账情形，亦已函详。

（4）盈余项下，拟提职工救济金五万元，以救济长病假诸人，可谓一举两得，谅剑慧兄亦必赞助（前闻钱仰之[①]先生云，中国银行亦有此类公益金之设置，系将保险户之两成佣金充作基金，凡长病假或老弱者，均得享受）。惟须有详细而公允之规定，始能持久。又我如采用，则此五万元之数，是否于毛利中先提四万元，然后再按十四

① 钱仰之：中国保险公司重庆分公司经理。

成分派？至于福五之二万元，则于福五分得之数中提出，是否如此，尚乞示及。又此数最好只用利金，不动本金，对于以后各庄，不妨少提点，但最好有一定之提成，未识高见以为然否？

（5）昌弟通融之款，因平时收入大半汇回，故恐只可年终扣回。

（6）蓉庄与建成之计息及分配开支办法，吾兄所云可谓一本至公，钦迟无已。弟对于双方均有甚深关系，然亦向主公允，非敢顾意喋喋为也。即当将尊意寄语致中兄，尚望吾兄去蓉时再行面告，以达其成。

（7）关于施之铨兄辞职一说，曾一度传说，现知不确，详情已由剑慧兄函陈，谅已详悉。

（8）阳历开正以来，敌机袭渝情报频传，正式电报亦已有三次。一、二两次均临市空扫射及在郊外投弹，第三次则袭合川，我办事处毁焉。昨又有情报而未至，大致今年空袭较早，机数虽不致如去年之多，而次数必较去年多出不少，盖着重于扰乱与恐吓，弟等当遵嘱防御保重。存厂布染机，亦清兄正计划疏散至白沙沱，其余重要物资，务使不集中一处。本栈兵险亦拟十足保足，盖今年情势不比去年，有半年绝对安全之时也。弟等才疏识浅，深恐陨越，尚望不时惠予指示，幸甚幸甚。

（9）关于渝厂轰炸期出力人员奖酬办法，已蒙批准，业由亦清兄公布，借宣关怀同人疾苦之德意，而使同人于今年轰炸期间知所感奋。按，去年重庆自四五月份起，即开始轰炸，机数之众，次数之多，实为各地所未有。地面产财固什九成为焦土，而地下防空洞覆灭之惨剧，亦层出不穷。我厂防空洞无论土质、厚薄、高度及洞门，均远不如人，同人平时均已惴惴不安。一旦（八月廿日）轮至厂中，总办公室下正中之洞，即被震覆没。幸公馆后面一洞被震裂缝（去冬无故塌去半边，盖已受震成致命之伤），而清花间侧一巨弹炸力之大，令人心惊胆战。当时全厂职工人心惶惶，不可终日，次日不待情报，即纷欲离厂。亦清兄以事急，故下令职工一律不准事假，否则作为自退，并布告工人之有职务者一律双工。同时，以屡奉沪处与尊处手谕，嘱保全职工生命为第一，故对于警报时不必留厂之职工，听其自然疏散。然对于消防、卫生及有职务之职工，则强迫留厂，并以此种人员自以多多益善。故由亦清兄召开干部会议，征询各人去留，以便分配职务及扩大征询，结果到会之七人均自愿留厂。进而通知全厂职员，得自愿留厂者二十余人，其中汉来旧职员居多。女职员中除映妹外，尚有赵毓芬及汪文悌，二人均为女工避难指导。夫趋吉避凶，人之常情，此二十余人所以甘于冒险者，大部激于忠义，对于厂中固未尝有所希冀。今吾兄仍各予厚酬，足使顽廉懦立。而炸后立即出洞施救人员，在敌机分批空袭之下，各人均处于生死之间，其急公好义尤足多者。今吾兄亦分别奖励有差，则今年警报期同人必深明何去何从，意至善、法至良也。惟弟素感知遇之恩，吾兄赴宝时，并将一部事务付托于此等处，正思得当以报吾兄不责其应事不善已属万幸，至于此项酬奖，无论如何，决不敢受。况弟与吾兄久共患难，深知弟对于个人未尝有所干求，若必勉强，反使弟无所表白。闻亦清兄亦有同感，对于此项酬奖，亦不敢领受，务请俯允所请。吾兄不日回蓉，闻之不胜雀跃，查自吾兄离渝，屈指已有八月，固不论厂中人事方面已千头万绪，即会计方面，亦有许多问题须请吾兄指点，故最好能望拔冗回渝一行，面授机宜。余不一一，专复。

即请

筹安

表弟龚培卿谨启

卅年二月七日

李国伟致章剑慧、龚培卿

［1941年］2月15日①

宝合〈第〉八〈号〉

剑慧、培卿两弟垂鉴：

廿四日去第七号函，谅已收察，今接培弟第六号函，备悉种切。兹分复如后：

（1）向申所购之物，首批即为敌机炸毁，至为不幸，惟望以后不再发生。此间自制钢领圈及罗拉等，可无问题，惟须俟两个月后工具制造完备，方能大量出产。至锭子，则因无原料，尚无法自制也。麻花钻三分以下者，可用米厘制，望照购。至管子、绞板、寸量规等等，接申函，知均已定购。电焊机如能购到最好。木元〔圆〕锯片十四吋者，可以使用，乞即带宝，愈快愈好。罗〔螺〕丝、绞板、排刀钢等等，均已收到。

（2）蓉庄之息已详第七号函中，可照办。致兄处，到蓉时当通知也。

（3）福五分配情形，兹为酌拟如下：（*a*）磨辊卅根，已于去岁嘱小培兄以二万元作与铁工厂，故不再加入成本计算，因非在机间使用生产也。（b）机器原价二万〇九百七十七元余，又马达六百元，共二万一千三百九十八元。以房屋原价（只以机房及老栈房为比例）

① 原信无年份。根据信件编号及信中提及“今接培弟第六号函”与1941年2月7日龚培卿致李国伟信中提及的“三日曾上第六号芜函”相对应，故推断年份为1941年。

二万五千另五十四元，与滕工程司估价十三万七千四百廿七元之比例五.四八五乘之，作为机价，约为十一万七千三百八十元。（c）添置之机器，不加入作提高原机之比例，因系络续制备，无市价可资参考。（d）外庄麦栈可于以后在堆麦中提栈租，陆续折去之，因非厂中正式屋宇也。（e）如是将添置机器、粉厂房屋、粉栈房屋、G2 麦栈，四项之现价计共廿一万另三百四十七元，与十一万七千三百八十元，为申四与福五收入之比例，以后永照此数分摊，不知卓见以为若何？以后如黑石子新建之栈房，则亦在堆麦之栈租内扣抵也。

（4）粉厂结亏至如此之巨，将否惹人生疑，乞吾弟斟酌。兄意我有陕粉厂之枉耗开支及汉地之栈租等，尽可结亏二三十万，多则似觉不合。谅盖筹有腹稿，故毅然出此，如有不妥之处，则不妨重行修改也。

（5）其余各种之开支、抵收等办法，均洽。

（6）第五号去信中误将官红利提去后再折，后复出方知，然知弟等必为改修，故未去函提及也。

（7）拟稿寄申后，得德丈及溥弟令衔之电文，云："函悉，慰甚。股东息余准定发足二分，余照拟办理。"嗣又接德丈来电，云"拟将余款加成八百万，另还老股东款八万（其实只有七万），有余并分股东，函详"，云云。兄深知上海方面多欲多分，故稍留后手，报出七百卅万。今多结则更欲多分，不知能藏去若干数，与兄所拟者不相上下否？

（8）接来电云年结于江日[①]寄出，惟至今未到，信函迟延，殊为焦急。昨又接电云小车不能即开，故拟将旅行车修出，即于四五日后动身赴蓉，便至重庆料理此结账事务，如股东发满二分，即以八十四万算，连同事之二百余万，即将付出三百余万之数；预算付出五分之二，

① 江日：3 日电文，韵目代日法以"江"代指 3 日。

须款一百三四十万（因福五十二万及还老股东七万，均将取去）。在此两月中，支出如是巨数，财力将因之减弱，不得不先事筹谋也。

（9）六月底收股二百八十万，荣文蔚名下之廿万，在宗、德二记股东所得内提出。

（10）如寄来之账不便变动（以合符于兄原配之数），则仍照结酬金一百卅余艸〔万〕，如不纳税，有无问题？又同事花红之税，拟作何处置，均应预筹。设照来单，则股东所得之数共为五百另六艸〔万〕，减去福五派去约卅一艸〔万〕，六底二百廿艸〔万〕，共余二百五十五艸〔万〕。兄意拟再加股二百万元，将五十五万内提七万还老股，余四十八万分与股东作红利，德丈处拟去函请求增加升股之额也。如此支酌，约须付出若干，望为预约。

（11）所有酬金之溢额及百分之四之特酬，容账到后，当再为支配。

（12）工奖不足之数，在今岁开支内付去。如不合法，能否以他项盈余抵充？

（13）同人薪水照培弟预约，共为九万三千元，谅宝地铁工厂职员如统劼弟等，均已在内。又炸时及炸后奖得力同事之升薪，是否亦加在内？

（14）培弟、亦兄、无兄三位，当在特提之中拨每人若干巨数，以为出力之报。

（15）上海总公司同人之花红，今岁为申新一万五千元、福新三千元，申新者或在四十分之十内扣除，福新者则在福新派得之数内支去也。又送杨云表一千元、月泉先生一千二百元、荣叔廉三百元，亦拟在四十分之十内扣除之。

（16）关于同人升假，宝厂外庄如西安、三原两处，根本日日有事，有病即须派人代，故升假照四十日。洛阳、郑州两庄亦然。惟东泉店稍空，然马君进公司为时无几，对于通告不甚了了，故亦照升，非若渝外庄只办麦，无多事之可比。然外庄无出数奖，似可稍为通融，不过记假手续不应不完备，渝厂作一半算，亦无不可也。

（17）附来各种账单照收，渝厂十二月月结只可留作自看，望善藏是要。陕厂工友红奖已由家楣兄寄出，陕、渝两厂同人救灾酬奖已于七号信中寄，谅照收。

（18）秦宝煜之薪，已嘱蓉庄照支，谅有信告矣。

（19）廿八年度所余未分配之数，可并入本届支配。

（20）黑石子地现既由厂中造栈作用，即作厂基地可也。

（21）上行驻员给双薪六月，中行仍给三月，因未曾有事也。冯致光视其服务情形，自三个月至六个月为限。孙鸣赓去年红利给至停薪之日为止，今年停薪津。

（22）中途离厂同人，视离厂之情形而异。如因不得已事故而客客气气离去者，可以照给；如因为非作歹、营私舞敝〔弊〕而开除者，不可付给。否则无以警邪，不可顾怨毒也。

（23）同人红奖比例，照卓见作四级算，仍照去年公式可也。

（24）邓海清押油特酬，当照批三百元。蔡元芳薪金若何调整？望来函申请可也。

（25）长病假之陈伦超及张福田，已于七号函中提及。沈义骏已于月初作古，可以不谈矣。渠眷属因知厂遇已优，故亦并未要求资助等，只须将丧夫之费用付账可耳。

（26）昨接慧弟由蓉来函，并抄来渝、蓉两地入股新粉厂之名单，已收洽。此次在西安与何兢武[1]相遇，渠极欲参加，已约定入股五万元。惟渠之意，以后利得税势在必行，办厂既为谋利，如照纳上

---

① 何兢武：浙江诸暨人，曾任平汉铁路局局长等职，后任西北公路局局长。

税，则淡而无味，故只能在进货上伸缩。既有此着，则股东不宜另碎，须深知灼见者方可参加，如遇不安分之徒加入一二千元，拆得巨数后，即以为敲诈之资，不可不防。故最好股东由四五人或十余人代表，其余小股欲参加者，附入此数人之中，由彼等自理，如此方不致有流敝。渠见深为可取。渠并云渠与邓锡侯交情极厚，有何疑难问题，渠尽可托彼解决。至邓属欲参加股份，最好以不应酬为是，宁得罪于先，不可召纠纷于后，因官僚本身易与，属下每不易对付。此系有阅历之言，与我旨相同。渠初本欲赴蓉一行，后因无暇，一切嘱兄代表，兄请其做起人及董事。渠云出面不妥，言明以何敬五名义加股，担任董事。此君事理明白，头脑极清，可以相共。股款即函申调进，渠云当在重庆或成都两处交付。何既如此申说，我可照其意见，将小股汇齐于数巨头之下，不知弟等意为若何？（汪奇柏亦认股壹万元）始事不可不慎，容与弟等面谈妥善办法耳。

（27）建成原动最为当务之急，诚属不勘〔堪〕之论。附来约算单两纸，为价异常之大。十一日接来电云，“电力已签约，详函。电线请借用六号二千米，十号不要，余如购到再达一千米发起。候兄来，如驾到再来”，云云。第一次来电云，须九千米，今忽减为三千米，想有他家分任之，故函到当可知其详情。最紧要之事，为电力接通后能否廿四小时供电。

（28）银行借款，兄意亦作与中行往来之预备，现既由吾弟商仲宣兄介绍成功，甚为妥善。股款单中，剑弟名下应多进，因为主要发起人之一也。萧寿眉今又入股，谅系剑弟晤洽后之结果。萧、戴两君列为发起人，是否得其同意？渠等是否系公务员？兄为建成事及本厂结账，接洽一切，急欲南行，而车不来，现不得已赶修旅行车，五六日后与大卡车同行。望剑弟先到蓉相待，蓉事一了，即拟顺便返渝。如培弟有事面洽，急不及待者，亦可至蓉相候也。一切面详。

（29）培弟另函所云渝厂托宝厂购办电线未有回复，查此事之初，固系因渝厂见报价单价廉，故托此间代购，信到后已涨价，较渝为贵，故即停购。兄于有意无意之间询问而得，不可误会。现西安六号线每［节］须十四元，而成都来价 1/14 号线只须十五元；西安马达售至一千元一匹，重庆则无此价也。

（30）钢骨是否值得装来，望核算而行。自广元运宝鸡，大车每吨四百九十元，水运不知若干。目下，宝地钢骨市价混乱，兄意渝厂已购者，且存庄备日后渝、宝两厂不时之需可也。专复。

即颂

日安

兄枢手启

二月十五日

章剑慧致李国伟

［1941 年］7 月 19 日[①]

第二号

国伟表哥大人尊鉴：

前在蓉曾发一函（作一号），计达钧恭。弟于六日晨返渝后，因天热及各事栗六，未暇握管为罪。

重庆气候奇热，厂中敝寓最热时竟至壹百〇五度，夜不成寐，床椅尽热。厂中幸以“三八制”实行后，工人停工减少，而尚未关车。惟空袭之多，更超出去年同时，在有月亮之日，每日两次，早上一次，晚上一次，几如潮信，如此连续，至一周之久。近日则除大雨外，亦接日必至，故影响出数殊大。所炸区域大部均在新市区及城内，厂中是否可以幸免，尚在不可知之天。今年厂中同事小孩因出痧而夭殇者，有七八名之多，闻裕华亦然。其原因大概为发热而又避防空洞一凉之故，而其传染之速，则又以防空洞为其媒介也。弟归时，四保〔宝〕方发热，类似痧子，至十二日乃迁居南山，山上较为凉爽，不三日即全愈，现内子等均住松村。李博候〔侯〕[②]尚未迁来，吾哥致伊电已告知。顷在工矿处已交到二万元款，则尚未送到。弟每周规定

---

① 原信无年份。信中提及“前在蓉曾发一函（作一号）”“四保〔宝〕方发热……不三日即全愈”等，与 1941 年 7 月 29 日李国伟致章剑慧信中提到的“前接第一号由蓉发之函”“四宝出痧子亦已全愈”相对应，故推断年份为 1941 年。

② 李博侯：时为经济部管制司司长。

为一、二、三在厂中，即住在厂寓；四、五、六则在公司办事，而每晚归家。盖公司距南山较近，尚可回家，而厂则距南山远也。

兹就铁工厂及运输部事及总处事，详陈于左，而例行事则已有号信，恕不赘。

（1）铁工厂事。铁工厂在弟离渝期内，简直未做一事，材料虽迁而未全，机器未动；房屋已成者忽改用洋瓦，据云恐开车后瓦泻下，又为荒唐未成者，一椽未动。刨床图样，四出购取，而人遂以为奇货可居，至今未得。铁工厂之能否制造纺织机，照现有机器，实已勉强可做，所缺者即此龙门刨床而已。此而不得，所谓万事皆休也，故弟遂有电陕代做之请耳。目前，除限期迁移外，并致力于建筑之速行完成及人事调整，一切当详号信中。关于借款，则工矿处亦殊欠爽快，又要资产负债表、工作计划、营业计划、材料准备等，现方在缮制之中。至今我款已用去不少，而各事尚茫无头绪，开工竟不知在于何日。弟向不畏难，独于此事颇深忧虑，翔德兄交际之才，精神虽好，而沉毅不足，处处想讨好各方，因此各事遂迟回不前，而无排万难勇进之情况矣。以弟观察，铁工厂之前途，非有如冀曜兄之才学兼优者方能有望，万祈吾哥力为促驾，否则铁厂前途，殊难乐观。统劼兄亦望其能前来一行。

（2）运输部事。卡车十二辆、小车一辆于十四日安抵海棠溪，先一周即已嘱徵平兄筹备接收，并谆嘱以愈速愈好，盖空袭堪虞也。不料到期一无准备，而小车一辆，弟再三告彼不归运输部管，由弟自行接收。乃彼不听命令，卡车反而不接收，强行先将小车接收，滥出风头，不一日则将此车撞坏，车门及玻璃、叶子板等全损，盖在海棠溪与卡车互撞也。弟乃责以两点：一、为何不听命令，不要接收而强为接收；二、接收后为何滥自使用。此二点尤以第一点为重，一团体莫不有系统及命令，而徵平之于弟，实为主管上司，而每不奉行命令

（表面并不违抗，实际则多不实行）。过去亦弄得弟对运输部一筹莫展，无法可思，故最后不得不自请解除运输责任，而请求吾哥调彼离渝者，实以此也。乃不料最后有此不幸之事，弟亦更不能自忍，乃严辞责之（弟向来待彼极客气），并闻彼有向王震欧索贿之举，亦当面说穿之，并询以小车已撞坏，究应如何办理。徵平自知理屈，自认此车由彼另行售去，而再由仰光购一新车入内赔偿之云云。现卡车已接收完毕，惟仍停海棠溪，力催其速即运送北上。惟此君实在无能，是否能安然离渝，安全到达宝鸡，尚在不可知之数。弟抱忧甚深，然亦殊不敢得罪此君也。

（3）总处事。总处各项章程在逐日编订中，计核组章程本由培兄草拟，已届完成，乃因彼小儿病重，故尚未脱稿。总务组文书系为各方函件之总汇，不得不从早编订，故已于日前由弟拟就，现正交各方商讨缮正中。此外，当络续编拟后呈正也。孙钟灏兄于十二日到，公书法极佳，文理亦通顺，假以时日，当能胜任愉快也。总处各事方千头万绪，开始要做之事甚多，而厉夫人又旧病复发，无咎兄在山侍病，弟又不能不兼顾对外之事，精力亦时虞不济。弟当决遵吾哥教言，决不再进一步扩充，关于福民毛纺厂等事，亦在力求摆脱中。更事渐多，亦知做事殊不容易，人生上寿百年，何必自苦乃尔。专肃。

谨请

钧安

弟桓叩

七月十九日

嫂嫂前叱名请安。

今冀曜兄汇上一万元，嘱交嫂嫂者，已代收转矣。

剑慧

李国伟致章剑慧

1941 年 7 月 29 日

一〈号〉

剑慧表弟垂鉴：

前接第一号由蓉发之函，即由刘君述复一函，计与号信等均达青览矣。今编此自书之函为第一号，望查核。刻接第二号大示，备悉种切，兹分复如左：

（1）重庆今夏酷热而多空袭，久未得信，正深系念，今得信知阖府均好，四宝出痧子亦已全愈，殊为欣慰。惟愿吾弟坐镇重庆，天佑善人，厂不受炸，全局无变动，宝厂亦不再受惊，逐渐增多生产，则此局可以如志矣。弟夫人内子时时忆念，嘱注意保养，并常寻快乐。内子旧病不能改善，前服陆继韩[①]之药最为有效，惟其所开之方在蓉时已遗失，故欲请弟夫人写便条与陆医生，说明内人之病情，请其补开两方。如不能如此办理，则于返厂寓之时，令阿二请其来厂当面言明。至陆医之医费，则请转兄账可也。吴君念劬于前五日应张部长之召，专程赴渝，内子托其带与弟夫人海带一包，共十斤，谅已送到照收矣。如欲他物，可再来信，托便车或自车带渝也。渝厂同事之小孩夭殇者，至七八名之多，殊为惋惜，望为致唁。今岁天时不正常，大人亦多病亡，李春廷患肋膜炎，不治身故，潘岳凤亦告病殁，

① 陆继韩：湖北武汉人，著名中医，擅治时疫瘟病。

闻之均甚感伤，望均与无咎兄等优加议恤。

弟府暂迁居南山最为妥善，在此炎暑之际，来往渡江极为不便，如厂处无甚要事，亦可隔日出门，保重身体为第一要义，有人而后能作事也。博侯兄之款，请嘱收内人之账，至其收条应用何名，前已函询，想有复在途，接到后当即缮写完备，寄交吾弟，请转交也。无咎兄宅旁之屋已否造完？兄曾嘱其出厂账，造好后可拨两三间与培卿，因其夫人将产，无疏散之处，甚觉为难，故兄允其于南山拨给住屋数间也。

（2）铁工厂事，渝无专才主持，一切只知逐末。吾弟在蓉期间未能前进，实觉可叹，此时惟有先就可做者做去。龙门刨床一时不易翻制，故前由统弟电衡阳，请全县交通部铁工厂让购，至今尚未得复。此间无大溶〔熔〕铁炉，须另行砌造，方能翻制，而纱、粉两厂之另〔零〕件又急待添配，人手又少（有艺术之机工甚缺），故须待两个月后方能从事造大母机及纱机之工作。吾弟欲请冀曜入内，恐一时不能即来，因其在申家中须自照呼公私两方，均暂不能脱离。兄离蓉之际曾去信溥仁，为其说项，并催其入内，至今未得复。统弟极欲赴渝相助，一时不得脱身，据其筹度，在一个半月后或可抽身到渝，为渝厂调排一切。故望吾弟将现时能做者做去，大件须刨者，大都翻后须搁置二三月，故亦不妨先翻也。

（3）运输部事照来示所云，徵平之行为实属不可恕，既无能力，又不听命，又须索贿，实合川人所谓要不得，望弟秉公处罚可也。卡车等来宝最为紧要，现已办至若何步骤？前接来电云，于廿五日可以北驶，惟至今未接开出之电，至为系念。如无妥人派押，请用宾兄。始终有事，若何？接申信云，仰光中旅社因人手不够而货物积押〔压〕，未报关者极多，故以后我装仰之货不能再为代报。志仁[1]在彼

① 志仁：荣志仁（1914—？），荣月泉三子，时在仰光负责办理申四、福五机物料运输事宜，后前往宝鸡任申四动力厂厂长。

孤掌难鸣，苦来不及，欲渝再派一人前往相助，不知已接头照办否？若无人可派，可电申，请荣叔廉兄提早赴仰，助理一切也。

（4）总处各种细则已在拟订之中，至为欣慰。无咎兄因其夫人又病，故未能办事，吾弟更为烦忙，至觉系念。在此时代，人事复杂，对付极不易。吾弟智慧有余，精神亦饱满，惟忠勇之部下尚感不多，故如多做旁事，将有吃力不讨好之虞。鄙见及此，故常作讨厌之言论，今吾弟亦有将根本事做好后，再务其他，实与愚见相符，照此做去，他日自有更大之发展。兄现在宝，拟再从罗致及训练人才上着重，得有第二批忠实同志后，再由第一批掖扶而行，方可进展矣。

（5）舍间因无中年人在家主持，以致凌乱生惨变，至足痛心。目下，已电冀曜，请其设法劝堂上等离申，惟在此时局急变之下，能否办到，尚难预料。兄德薄能鲜，致君此变，即内人方面亦尚未通知，因恐其心中感痛，致召疾病也。专此。

复颂

大安

愚表兄李国伟拜启，内子嘱候安

卅、七、廿九

弟夫人及诸表侄均此问安、问好。

章剑慧致李国伟

［1941年］8月21日[1]

第四号

国伟表哥钧鉴：

日前奉读七月廿九日所发一号函，敬悉一是。大姨母大人等有离申之计划，闻之至为快慰。目前，国际局势演变甚烈，沪上终将沦于敌手。尤以沪上社会风俗日趋下流，骄奢淫佚，廉耻丧尽，而劫盗之事遂无日无之。最近吴昆生父子被［绑］[2]，故以后恐不特流风所至，不能安居而乐业，抑且社会风纪破坏无余。弟意乘大姨母大人等离申之便，亦拟请家母等同行来渝也。自闻府上之事，弟及内子同深哀痛，而私意以为以吾哥吾嫂之孝慈仁悌，实不应有此变；而以姨母大人之德泽，更不应有此事。不料世乱至此，而天道竟亦无知，亦复何言。弟最初闻后，衡以天理人情，终不能置信，故亦未敢告闻也。今得映妹告知方悉，嫂嫂亦已知悉而哀感颇甚。弟及内子等远隔关山，不能劝慰于一室，中心惆怅，我怀何如。窃谓仲明年将而立，身受大学教育，而又处兹河山破碎、家国沦亡之际，大则可以以身报国，小亦应勉为好人，乃不此之图，而以一死了事，更诱一弱女子同死。此其罪实无可逭，而其原因实无关乎有否中年人在家与否也。此层更望

---

① 原信无年份。信中提及“最近吴昆生父子被绑”，故推断年份为1941年。

② 吴昆生父子被绑：1941年7月27日，申新九厂经理吴昆生和儿子吴中一被日本宪兵便衣绑架。

吾哥嫂不必以此为悔也。乱离之世，愿吾哥嫂努力加餐，千万珍摄。吾厂、吾国前程光明，愿以远者、大者为念也，谅吾哥亦以为然耳。兹将厂中各事分陈如下：

（1）敌机自施行其所谓“疲劳轰炸”以来，连日连夜，每二小时一次，往往刚行解除，即又警报。人既疲乏，事亦停顿，可称恶毒。吾厂于十一日午被炸，四周落弹甚多，均无大关系。炸时弟适在南山，炸后未及解除警报，即奔回厂中，盖在南山上可见其轰炸之地点也。到厂后即有雷雨，幸本年材料及人手俱准备充足，故得及时设法遮盖修理，无大损失。惟对外则称损失极重，一以设法免除供给本月份军纱，一以答复社会上对于纱厂眼红之论调。惟高压线炸坏，无从开工，尤以连续警报，即修好亦不能开工。至十五日警报稍稀，刘佩雄兄得弟通知，亲率员工前来修理。十六晨又来，又遇警报，晚修好开工。计停五天，今已开齐矣。裕华落弹较多，毁宿舍四间、饭堂一间，死工人十余名。因此散去者，至今不能开齐。彼因自有原动，故于十二即开工。惟适警报最多之时，虽开工亦等于不开耳。豫丰本年炸仅一次，多落厂外，无所损。纱市纱厂亦十二日被炸，落三弹，毁宿舍一座，余无损。惟因总电厂缺电，停工至今未开。总电厂四周落弹之多，不可胜数，而电厂居然独存，此亦天佑吾华，不仅吾厂受赐无穷也。惟闻一部分为炸弹片所损，尚未修复云。吾厂照理亦应无电，幸刘兄帮忙耳。弟在成都归时，厂中即有电力恐慌。弟一面往经济部电力司长处请求，一面因刘兄未入蓉厂股一万元由弟代填七千元（送刘佩雄股款七千元）。该项七千元收条适由弟携回，乃亲去刘兄处面交该项收条，并告以此款已由厂中支去，不必归还云云。以后刘兄果然大力帮忙。此礼虽觉稍重，然我生命线在此耳，刘兄于以前庆新亦确热忱可感。故此款即在吾哥去年终所拨与弟支配之三万五千元内支用，亦未动用正款也。此事因事涉秘密，故未形之号函，敬为密陈如左〔右〕，尚乞鉴谅。渝厂出数现仍在十七八件间，屈指雾季将届，如托洪福，又可有半年太平。如调度得当，其利当有可观。弟意拟多出十支，现十支因炸后要求四万节售四千九百元，甚为合算。故盼宝厂能再装二部粗纱来，盖渝地人工、材料均较陕为便利也。

（2）铁工厂钱已用去不少，方始开工，内部一塌糊涂。弟几次请翔德驻厂办事，彼推三阻四，最后催急了，乃谓彼因儿子关系无论如何不能常驻厂中（因厂中无医药，彼儿子性命较自己更贵），只能隔日一往云云。实业端在实干，厂而无一重心人物全副精神注于斯、食于斯、寝于斯，绝对无成功可能。郑既不能，乃不得已而思以蔡炳文负全责。惟此事一则于郑难堪、于荣避嫌，一则蔡君勤劳有余而干练不足，才气更无论矣，是非可以胜任，实难言之。因此弟乃不得不屡催上海冀曜哥及李石兄、宝鸡统哥，以期有一来此。今李石兄已决不能来，而冀曜兄又一时难离申，厂中重心毫无，各事似做似不做。又以两厂合并分子已不纯粹，开厂时而如此混沌，如何是了，弟诚正急杀了。弟昔时颇自负各事能有办法，至此实已技穷，愿吾哥详示一切，并盼统哥即来，否则亦请冀曜兄早来耳。

（3）南山马师母之产，半月前彼又来询问要否，未之理也。惟目前松村住了六七十人，弟一家、龚一家、李博候〔侯〕一家（其老太太、小孩均已来。由上海到港，由港飞渝，据云并不困难。故弟思大姨母大人及家母亦有来之可能也），底下汪一家以及各家之轿班佣人。最近公司迁上，平添十余人，拥挤不堪。故弟决计购下，回价十万元，彼已允可。又黑石子对过黄龙湾垭地来抖过几次，吾哥在渝时亦知之，共二百七十余亩，今亦以十三万五千成交。地甚平阳，气势亦佳，每年可收谷一万五千余元又租金万余元，甚为合算。弟以连购两产，于公司立场上似不甚宜，能否黄龙垭之地即由吾哥与弟私人合购之？将来该地做一农场，种些果树，亦觉甚有趣味也。不知嫂嫂亦以为然否？种乞示知为感（如可，电知）。无咎之屋已接出，现汪司长住其楼下，楼上则无咎自住，故已无室屋可以让培兄住也。现培兄全家即住在松村。至咎兄造屋之费，彼仍不欲出公司账，惟汪司长住彼之屋仅送租金两百元，而过去则有四万元。此二百元是否即由厂中津贴于咎兄？亦乞示知。弟仍三日在厂、三日在山，因公司已迁山，弟亦不天天下山。尊嘱保重身体，悌爱之情弥增感矣。

（4）嫂嫂医方已由内子寄呈，想可收到。吴念劬到已多日，昨去拜访，亦苦于空袭，劝其过江小住，又率于部务不果。海带已收到，谢谢。仰光事甚紧急，函电来往频繁，容再详。宝厂竟免轰及，吾哥洪福所致，愿推其福及渝。今岁如竟不再炸，则渝亦幸矣。专此。

敬请

钧安

弟桓叩上，内子附叩

八月廿一日

嫂嫂前请安，统哥及诸同仁均请安。

章剑慧致李国伟

1941 年 8 月 24 日

国伟哥赐鉴：

接奉七月廿四日手书，敬聆种切。弟以尘务倥偬，疏于笺候，寸衷歉仄，深为不安。迩来空袭频繁，实殊痛苦，幸我厂无恙，堪告廑注。日来气候忽变，淋雨绵绵，厂中一切渐复常态矣。

冯致光举动不合，已于日前当面申斥，值此轰炸时间，小本经营亦无立足之点，徒耗本钱，亦属枉然。现准将其伙食费每月 130 元交其自理，并月贴 40 元（原有之津贴），遇厂中工人医伤时，则再酌送药资，弟私人请其教拳术，亦贴若干，如此则月可 200 元以上，差可生活，彼亦俯首无言，别无他求矣。吾哥以为然否？

又，厂中因此次被炸受损，住宅已感不敷，曾于前号函中请示于雾季中添建两幢，想已察及。现公司暂迁南山办公，经济部李司长亦居南山，培卿兄亦于日前迁往，故南山大有人满之患也。附以奉闻，专复。

敬颂

双安

弟章桓叩上

30 年 8 月 24 日

李国伟致龚培卿

1941 年 9 月 4 日

培卿表弟垂鉴：

昨因上海汇渝四批款项之转账事，曾由号信通知，谅已垂察照办。前来计字第四号函及附件等均已照收，同又接八月九日五号大函，备悉种切。兹分复如后。

（1）重庆空袭过多过久，加以天时不正，致患病者极多，小孩因之夭折。吾弟之四令嫒吉人天相，竟能逢凶化吉，深为欣慰。所有各同事之子女遭不幸者，务乞代为致慰，拜托拜托。

（2）所得税已能解决付讫，至为妥善。所有今岁之轰炸损失，刻已嘱宝厂向直接税局报呈备案。

（3）六月底结账已照收。粉厂去年存过小麦一万七千余担，作价只卅元另。今六月底，麦三千余担，作价八十元。内中相差之数，实系暗中耗折，虽结有八万余之盈余，其实亏折在数十万以上。今岁粉厂营业须改变方针，遇麦价高时，切勿多购，宁抱无原料即停机之宗旨，大家不在市上乱哄，自可市面平靖，不致有巨数之亏折。要知粮价不宜过分高抬，过高则市面必有反动，社会因之恐慌，随波逐浪将受鱼池之殃也，望与诸同仁共戒之。宝厂预约家楣[1]兄逐月照行，故六月底亦不必另行缮结矣。

（4）四厂注册事，如此复去甚妥，不知近已批准否？至于宝鸡

① 家楣：杨家楣。

之工厂登记，则早已办妥。忆渝厂亦于去年照办，请向该局询问，是否如此办理即为已完手续，抑更有其他乎？成都支店之登记，已批准否？亦望示及。

（5）黑石诸税契如所省无几，则亦不必请迁川工厂联合会证明。

（6）在管理处办事细则未曾脱稿之前，可遵大纲内规定，先将渝厂流水抄报，寄一副本来宝总处也。

（7）接蓉厂电，秦宝煜兄患吐血及痢，已复电嘱其速请名医诊治。蓉厂会计方面，除秦兄外，无能干敏捷之人，即秦兄尚常精神萎顿，因身体过劣，故望吾弟即行抽派得力之人前往。据致中兄来信，振之又不愿在蓉，故已搭车赴弟处投到。望即筹派能与宝煜兄合作者前往料理，因会计人员不宜滥用也。

（8）家楣兄调渝事，容商量妥当后再定，要之我总会计在渝一处结算，系必办之事，今岁为日无几，决在下年初改制。

（9）植卿[1]兄定于日内即来，不知此次北上之车曾否搭行？至住房一层，当为设法也。

（10）渝厂被炸，有惨毙者，殊为可怜。如果警袭多，则不妨暂时疏散，待雾季再回。职员留厂者，亦应特别当心，至要至嘱。宝地亦无日无警报，除下雨不来外，其余阴天亦分小批乱飞，殊为生厌。上月有警报廿三次，区区宝鸡被炸五次之多，幸我厂尚安。本月因阴雨，一、二、三日未来，今日又有五六批，在咸阳、渭南、三原、南郑等处投弹，实为罪大恶极。渝地以后有雾季，警袭均可减少。宝地则入秋以后天气清朗，则不知何日方可得休耳。

（11）采办材料单已嘱宝厂注明正副单，照来示办理，以免混淆。

（12）屠君系在经济部矿政司办事，代购白绸既不易收取，作为

① 植卿：龚植卿。

赠送销账可也。

（13）王禹卿托购之虫草，前既有函通知赠送，今又反汗[1]，似不得体。惟为款既巨，则宜令知，可将发票附申，由栋兄通知一声是耳。以后如再托代购，则均转账可也。

（14）蓝家巷租地合同二份，照盖寄还。何日起租应注明，望示及。

（15）李景潞[2]之二万元，系内人让与李夫人之申四股款，自交款之日算起（或自七月一日起）。前嘱剑弟向其请问立何户名，以便出给收据，迄未得复，望即向剑弟询问，并望勿在外多言。至该款可收内人之账，与申来之款同立长期存单可也。

（15）陕代渝购花，已遵嘱转告家楣兄将第一、二次者划清，广庄亦已嘱去函知照矣。

（16）本厂决算预约在目下，申地嘱少寄信函之中，似可不必寄去，以省麻烦为是。专此。

复颂

台绥

表兄李国伟手启

卅、九、四

---

① 反汗：指翻悔食言或收回成命。

② 李景潞：即李博侯。

李国伟致章剑慧

1941 年 9 月 12 日

2〈号〉

剑慧表弟垂鉴：

接八月廿一日第四号函，备悉种切。沪上风俗恶劣，造成各种出于情理以外之惨剧，故兄急欲设法将全家迁入内地。惟际此局势行动不能自由，正复大匪易事。吾弟欲请二姨母大人等来渝，以免两地牵挂，兄颇赞同，如办理手续等有可为家母等来渝之助者，尚请代为一谋，至所盼托。兄居宝后音信隔迟，三次去电重，托曜弟请其速为设法谋迁入之方，惟至今未得复，故颇为念虑也。舍间惨变，承吾弟及弟夫人函慰，至为愧感。兄对于世事涉历已多，酸辛苦辣均颇备尝，故在喜怒哀乐之变，不过当时有撄于心事，过则亦忘之，内人各事亦尚达观。承弟等垂注殷殷，诚挚之情溢于言表，敬铭厚意，感谢感谢。兹将各事分复于后：

（1）〔（I）〕渝厂于敌机“疲劳轰炸”之下又复遭十一日之投弹，同人饱受惊恐，幸人、机均无损伤，得吾弟毅力主持，遇警镇定，又能未雨绸缪，变后即修补完备，未遭雨霖。接电亦借刘君佩雄之力，经吾弟之措置得宜，未久即能复工，调排送酬七千元，即以建成股份作为赠礼，在支配之项下出账，具见吾弟办事从大处落墨，至为欣佩。能得重庆方面借阴雨之庇，安然有半年之平靖，则吾厂利赖于大力者实深多。纺十支之计划甚好，兄来此后本拟即将棉条及粗纱机装运到渝，乃因己车未曾修竣，以致迟延。继又逢雨季，将渭水桥冲毁一节，修复后又复遇洪水而阻。今定能渡即行，今日已晴朗，谅二三日后当能出发矣。

（2）〔（Ⅱ）〕宝厂自兄来时，平地机间细纱机仍开十六部，窑洞则只开四部，因机少关系，又适遇夏日酷热，洞内阴凉，致常凝水生锈，均视窑洞为畏途，不积极进行。经再三解释并催促速迁及速装，同时在外装锅炉添水汀管，以视必需迁用之决心。至八月上旬即有十四部开出，钢丝机亦大部搬去。因机多运转之故，居然生活逐渐好做，同时设备亦逐渐增添，未完之工程亦渐次造毕，故在该时每日两工场有八千五百市斤上之出数。不意八月一月中空袭之多，为以前所未经，小小宝鸡一地一月间受炸至五次之多，罹死亡者并在五百以上。以致遇飞机不返过黄河，防空司令即不敢解除警报，甚至西安已解除，而宝鸡因尚未者。厂中虽幸无事，然人心因之恐慌，均集于窑洞附近，不闻宝鸡之解除不肯离去一步，致发电厂常因停火过久，在解除后隔三四时方能开机，以致日班有完全停工之概。兄因我厂消息颇灵，能知敌机出动情形，且发电间之防空设备不为不善，尽可时时派人添煤，故为镇压人心起见，亲在办公处坐镇，在敌机未到武功以前及飞过陇县以后，原动部工人均应至电厂视察，自后解除警报后方能在一刻钟内开机发电。然总未能恢复以前八千五百余斤之出。因地平机间之粗细纱机照原拟计划应装在窑洞者，不得不尽力拆迁免遭意外，致廿日后地平机间只开十一部，而洞内又不能一时完全装出。本月一日后又连续淫雨，阴湿路泞，对于机件之转动及花纱之输送种种困难，一言难以致。窑洞内纱机亦不过开十九部，地面则仍十一部，出数不过六七千耳。今日午后晴朗，明恐又来警报，诚宝厂情形不及渝厂之平安矣。工人及桶〔筒〕管亦因事前未积极预备，至有机无法运转。今筒管则自谋解决之方，助冯尚文之筒管厂从早出货，一面自造木车床修理旧者；工人则各方多收，积极训练。如无他种变化，拟于十一月以前将二万余锭完全开足也。渝地所来女工闻不甚得力，在途有不良者数人，为司机勾引到此后，举动不拣〔检〕，动辄停工，遇事挑拨。叔兄极感对付之难，故以后望不再续训，兄对于此举本无成见，今竟有此困难，诚恐宝厂规矩为之破坏，故叔兄拟于此次车返重庆时，将不良者听其自返也。远地招工本多困难，以后惟有勤自训练耳。

（3）〔（Ⅲ）〕渝铁工厂事甚为棘手，何意翔兄体壮神旺，言词动人，而竟不肯实做，致各事无从进行。近复两函向兄辞职，兄苦于不悉内中细情，而为免于感情破裂起见，只得去电挽留。渠第二次来函提出六点辞职之理由：（1）明剑不与合作。（2）本人无班底，处处有顾虑，故渴望炳文多负责任，惟炳文坚持若由其负责，班底须悉由其聘请，渠则因复兴正在迁移之际，况内部意趋分歧，影响甚巨，复兴之职员少用则可不用，将增渠之痛苦，故调至公益者职员二十余名中仅八名性情均好，其余除自谋出路者外，暂时由其收容。此为渠惟一之苦心孤诣，然外界仍都不谅云。（3）复兴定出之麦粉机及锭子等，客家催得紧急，渠在此环境下不得不挺身料理，惟家有两项必有一荒，公益正在创办之初，百端待理，久留必成公益之罪人。（4）公益会计、材料两课直归董事会管辖，技术室归炳文兼理。渠少管一样，职任减轻固所乐从，惟日后或因主张之不同致发生互相推诿，影响于工作，则与其留恶劣印象于将来，不如及早让贤，渠为避免争权之讥起见，必须辞去职务，以超然之地位贡献意见，以备公益之参考，庶他人不疑其另有作用，必得事半功倍之效。（5）现渠最感痛苦者，为复兴债务须即偿人，而可收之款项则须俟机器完成以后，申新垫款已多，兄有电不允再为代筹，故渠不得不沿门乞怜暂缓归偿，以免增一心弟之羞。公益正在开办，安可由其心猿意马者任厂长。（6）渠入川之后倍形潦倒，个人负债已近半万元，而众叛亲离，呼吁无门，自反而正固一切处之泰然，惟自念抛妻携子，东奔西走，既属徒劳而无功，遂感有韬光养晦之必要。拟俟复兴各事结束以后，择山林深处，作《入川长厂辱命记》以志过。同时督儿课读，以不误其读书，请鉴其苦心而准其辞职，云云。总上六端，第一端与我无涉；第二端，炳文对付似稍欠稳，然用人应择善良者，惟不必言语过硬，以后望嘱其婉委可耳；第三项及第五项如有一心弟来信，嘱将复兴未完之承揽请由公益代制代交，议定一办法者可均归公益，继续照理应将复兴全部取消，因既已合并，老公司不宜存在，如尚存在，则以前各种填款、搬迁等均似儿戏矣；第四项会计、材料两课之务，我局习惯本由经理及厂长共同过问，故兄在渝时公同决议在壹千元以下之另碎支取，由厂长及会计随时负责付给，壹千元以上者则须商议而后进行，并非不信任厂长，所以集众思而慎进取也；至第六项所云，则公益正在进行之际，如过聚精汇〔会〕神合力做去自有成效之可言，即统劼在宝对于会计及材料等务并不过问，只埋头苦干，完全在制品之若何精速、母机之若何扩充，一心一意全在铁工厂之若何立足上着想，诚以铁工厂之根本在于能造精良之机件及若何减轻其成本，而并不在于购办材料之获利与否，故今成绩甚美。待自有把握而后再谋材料之供给，否则有材料亦无所用之，徒作购贮，将有搁死，受低落之影响，涉于贩运之途矣。复兴以前之所以捉襟见肘者，实不能生产之故，今后当认定方针而行，不可再蹈以前覆辙，徒作回忆而不求补过，于事何济。至教子等尽可在厂公余之际行之，如以前在复兴，然不必引退，此系兄之愚见代为翔筹划者，望吾弟招彼详细一谈，否则不能终始，在我固有不能容人之讥，然在彼实为舍去地位，无前进之机，更不值得，实为智者所不取。至一切铁工厂进行之方，如无相当人才以相辅者，不妨将目下可做者先行着手，待此间布置妥善后，再派统劼弟前往计划。据统弟云，重庆各物既丰，机工亦多，朋友亦多，较宝地实为容易，最要者须布置工人安心工作，计划进取，试有把握而后推行，庶事能多做而成效易收也。设渝厂一定需统劼前往者，渠可于下月中首途，为吾弟处筹划三个月，于一月底首途返申，因渠离家已两年余，明岁三月初渠家有事，不得不返申也。望吾弟来函告知可否如此办理，以便嘱其照行也。

（Ⅳ）厂中添建同人家属宿舍已于号函中复准，谅已在着手建筑中矣。

（Ⅴ）冯之〔致〕光事如此办理，谅可安心，不再生事。兄前在渝时本嘱其代送厂中工人等之药费开账支付也。

（Ⅵ）南山马师母之住屋已购下否？该地松树极多，甚足珍贵，望善为保培。黄龙垭之地吾弟以为可置者，眼光定好，准各半买下，已有复电照办，谅收洽。近情若何？望示及也。汪司长奇柏之家眷谅仍住南山，想安吉，见时望为兄及内人致候。至无咎之屋既不欲厂中出费，则准照吾弟所拟之办法，每月贴彼二百元可也。

（Ⅶ）内人药方已照收，说谢弟夫人不置。此次卡车开渝，带上干贝两斤、油〔鱿〕鱼两斤、海带六斤、鱼皮壹斤、蹄筋一斤、红枣一包；又送历无咎大人海带两斤、油〔鱿〕鱼一斤，乞为转去。

（Ⅷ）成都秦宝煜咯血兼患痢病甚重，来电请遇鸿前往，因途阻尚未能行。该处会计应力求充实，以免积搁并不宜令宝煜过忙。渠人品甚好，造就不易，故应嘱培卿兄特别注意，曾为此事电请贵处即派二三人前往，代为料理积压之账，未见复为念。

（Ⅸ）兄自到此后，初则炎夏炙热，厂务求其速成，继则空袭繁多，近则秋雨连绵，致西安亦未能前往。今窑洞已完成，内部各机均在积极装置之中，如天好后警报能稀，拟即赴省一行，便即往兰州、天水等处。一为视察，约下旬内动身，十月十日前返厂，近因内子前月中受避警报过多疲乏之后，加以秋凉侵袭，致常患胃气痛，拟俟其全止后方能行耳。吾弟及弟夫人有兴飞往否？望电示，以便约行期也。

（X）接申电，汉口万安栈及中国汽车栈之货，敌人擅在搬移，惟在秦和名下之一千一百卅箱未动，不知详情果若何？甚为记念耳。专复。

祇颂

俪祺百益

表兄李国伟手启

卅、九月十二日

内子附笔候安。

章剑慧致李国伟

［1941 年 9 月］[①]

第四号

国伟表哥钧鉴：

前寄四号函实三号函之误，乞为更正，今函乃作四号。卅日南山被炸，共来飞机四批，计五十四架，较轰炸工业区为更烈，其目标则以红十字会及广益中学为集中地点，故松村四周均弹。无咎屋竟中头采，汪奇柏夫人及三小孩，尚有一佣，在家未避，竟遭压毙。弟时在松村午餐，闻机声乃急携妻子走避楼下洞中，此第一批也。闻洞外坍屋声，以为松村倒下，急走出察视，而第二批又来，未及避入洞中而弹如雨下，离身只数丈而已。第三批来时，弟及维亚等已走匿山上洞中，弹下，近洞泥土粉飞入洞，而洞窄人多，弟等又适在洞口，所谓性命悬于顷刻，危险亦诚间不容发矣。事后思及，颇有再世之感。而汪家一门殉难，目睹死者之惨而生者之痛，中怀悱恻，至今未已。汪司长归来目睹浩劫，抚尸大恸，痛不欲生。弟在死人中将其拖起，百方劝解，泪穷辞竭，亦诚不知何以为情矣。汪君服官办事之干练、待人接物之和平、治家修身之整饬，求之近世殆不多见，惨遇至此，岂

① 原信无时间。本信提及“前寄四号函实三号函之误，乞为更正，今函乃作四号”“开工本日已能开车床十部”，1941 年 9 月 23 日李国伟致章剑慧信中提及“顷接更正之第四号函”“来函述明本日开车十部，惟函尾未注日期，不知系九月何日”，故推断时间为 1941 年 9 月。另，1941 年 8 月 30 日，日军空袭重庆蒋介石官邸黄山云岫楼，黄山即位于重庆南山，本信提及“卅日南山被炸”，与之相符。

诚天道无知耶？善后各事均由厂代为料理，汪君年来因生活程度日高，亦颇困于经济，所入不敷所出，既佩其人且伤其事，吾厂亦义不容辞也。弟拟为吾哥赠奠仪千元，由厂支出；弟亦千元，自庆生还，不敢望厂出之，不知如何？乞示及。现汪夫人柩等暂葬无锡公墓，汪请假伴灵居墓，态度消极。公余有暇，如能来函劝慰，亦甚盼耳。

八月廿六日，弟去黑石子视察公益，与翔德、炳文两兄晤谈甚久，并商定各事。兹分别陈报如左。

关于材料、机器之迁移者，现申新材料应行迁移者，除生铁外均已迁毕。机器则除翻砂间因新厂屋尚未完成外，均已迁完。复兴材料均已搬完，惟尚有一小部分工具如铣刀等均未搬来。机器则车床十部、刨床一部、钻床两部尚未迁来。大概此等机器均不在翔德兄管理之下，故较为难行。

开工本日已能开车床十部，工作均做工具及刨床等。职员本日计到十八人；工人计到车工 17 名、钳工 24 名、原动 4 名、白铁一名、冷作一名、锻工 9 名、木型 5 名、学徒 21 名、小工 7 名、栈务 8 名、厨夫 9 名、守卫 8 名、茶房 2 名、船夫 4 名，共 128 名，约计每半月工资 6882 元。职员支配颇费斟酌，欲溶〔熔〕两系于一炉，颇非容易。

宝铁工厂工人职员支配，望能示知一二，俾便参考。

弟初意申新蔡炳文君非干练而能主持全局者，仅可担负一部分技术工作，故极力劝翔兄以大无畏之精神来担任全局事务。惟翔兄一再坚辞，且表示因家廷关系，不能常驻厂中，关于厂中事，坚主请蔡兄负责。惟弟认为厂长一职仍非蔡兄所可胜任，故决意以共同兼代之名义出之，盖以郑则恐蔡不肯问询各事，以蔡又恐郑完全不负此种措置，亦自觉［煞］费苦心。

工矿处借款闻可批准，对公益期望颇大，而注意亦甚。厂长人选仍应速为物色，盖一则非目下人选中所可胜任，一则各方观瞻所在，亦应以资望较高之人任之也。

此外，各职员支配及系统表等，自知不尽合于理，然环境及事实不得不迁就之耳，尚乞吾哥及统哥予以修正之为幸。弟本不愿发表此种职务表，然到厂中视察，深觉各事无专员办理，无组织无精神，故不得不遂此以表之发表。自思已费尽心机，然是否能得各方谅解，尚未可知也。铁工厂，弟绝对门外汉，公益事又系兼顾，将来弄得一塌糊涂，实意料中事，愿吾哥及统哥有以教之、解之。

二舅父在白沙沱逝世，昌弟在侧，映妹亦闻讯半夜赶往。现暂葬无锡公墓，日前去上祭，并代吾哥送花圈一只。

迭遭轰炸，目睹惨事，迭闻亲友丧谢，情怀既备感凄凉，意气亦渐为衰薄，益以反躬自省，学问一无寸进，精神不及昔时，道德日违初心，于古人之所谓立德立功立言者相去不啻南辕而北辙，而乃终日营营逐逐，苦其形骸，劳其神明，亦究竟所为何哉？然处兹世变，茫茫大地，又何处是安身之所？不敢云摆脱一切，亦愿今后稍减轻些职务，有余晷来读书养心，谅吾哥亦以为然也。书不尽意。专此。

即请

大安

弟章桓叩

最近上行赵、李两先生招谈，谓宝厂前订用款，盼能多用些；利息方面两君一再诉苦，谓目前生活程度高，银行颇难维持云云。弟以渝厂在宝用款本为仓库抵押，时与中行押款有冲突之处，故说以改为信用，而一方利息则稍为提高，如此则彼此兼顾。上行方面亦深以为然。故遂有此次信件之往还，以后宝代渝购棉，请即照此办理可也。

弟桓又白

李国伟致章剑慧

1941 年 9 月 23 日

第三号

剑慧表弟垂鉴：

十二日去第二号函计已收察，顷接更正之第四号函，悉南山卅日被炸之惨烈详情。吾弟及阖府之危险状况，阅之心悸，务望以后遇警即避安全之区，切勿大意，至要至要。无咎兄之屋完全被毁，汪司长全家压毙，此事于月初即闻西安传说，兄及内子均不置信，因此间军需局之人云在小龙坎遇难，内子确知汪夫人并不外出，且其行动举止无遭难之相。故在接号信之前一日，尚坚决不信，讵料竟有如此惨剧，所谓天者诚难知，而人事诚难测矣。由是看来，人之生存全恃自谋，不可任命，故达尔文之说为可贵，对于环境切宜时时注意，其适合为至要也。汪夫人等后事由厂代为料理，以汪君对吾厂之帮忙及乡谊、友谊之厚挚，在理应急难互助，吾弟如此处理甚妥善也，丧仪承代送壹仟元亦妥。吾弟致送者亦望由厂付账，既受惊恐不宜再为破费，且汪君亦因与厂有关，而全与弟有接触也。兄接号信即嘱刘兄缮函吊慰。惟因未谂详情，故语焉不详，尚望代为致意，切不宜消极，应保重有用之身，为死者报仇，为国家宣力，是所至要。公益事经吾弟积极整理，已能大部开工（来函述明本日开车十部，惟函尾未注日期，不知系九月何日），至为欣慰。复兴未搬之机器有迁拼之希望否？至望与一心弟及翔兄商妥办法为要。翔兄辞职经函，弟及兄亲作信劝说，没有何答复，均甚系念。兄复翔兄之信劝其从早至黑石子办公。复兴已归拼，不应再存在，如有未了之事，可函请一心弟与公益订明办法，代为制交。兹将去信副本寄阅，望酌情对付是耳。

公益之组织初见殊觉不伦，今经吾弟解说，知因翔兄不能在厂而蔡兄又规避责任，致不得已而出此，亦无可如何之事也。如翔兄听兄之言愿驻厂者，则全由其负责，总务处长似可无需也。至此间铁工厂在公益未有具体合拼办法以前，兄拟暂不改变，以免徒事纠纷，且目下所做者尚系纱布机之配件及车床、刨床等工具，近由因束蕴章兄再三要求代制磨辊，故更为忙繁，舍弟统劼非此批磨辊（共十六根）做完后不能离宝，故渝厂为难，实亦无法代为解决。因如舍此，则工作不顺利，不若一边做好，再整理他边较为合算。据舍弟之意，渝地材料、人才、朋友、工人均较宝地易谋，发展并不难，惟事非一蹴可冀，应耐心谨慎、刻苦实干以作之。因铁工事业不能急就章，与纺织及粉业迥异，况现又缺工具。处此人工扳俏[1]、物价高涨之际，即工［矿］调整处之借款可以拨下，亦不必铺张，不妨暂不领用，因目下市场中之铁料等既昂，而又假伪之货甚多，如无真才实学以鉴别之、以试验之，每每上当。宝地在洛阳及郑州所办之货来样甚佳，而所交者则完全不同，吃亏不少，故渝地亦宜注意也。

嘱寄此间铁工厂之职掌单及职工人数以资参考，兹并附去。在公益组织未正式成立之前，不必先作人事之支配，大抵办事方面应有重心，宜定于一，而工作方面应有专心致志之技术人员，以全副精神对付，即如此间之翻砂工场，全系舍弟自兼自监镕。因目下铁料及设备既劣既不完全，偶一不慎，即出劣品，非随机筹补救之方即无成就可言，故磨辊等务须亲自监制耳。

二舅父丧事承吾弟主持料理，并为兄代送花圈等，彼家存殁均

① 扳俏：方言，意指能胜任某件事而故意不去做，使对方为难，以抬高自己身价。

感，兄亦感荷吾弟之偏劳，乞再为代送丧仪 300 元，号信内亦曾述及矣。吾弟叠遭轰炸之惨，在大难之际而得安然，足见宅心之厚，有以致之，较兄之女罹惨变、骨肉天涯者，实有上下床之别，深望勿作意气消沉之感，努力为国家生产也。

上行用款之事及利息之增加，已照洽悉，当交冠英兄照办矣。兄现定明日赴西安，在彼处接洽各务，约有四五日之耽延，即偕冠兄及刘益远兄同往兰州，由天水返宝，约半月后可以返厂。惜吾弟来电云不能行，不克随时磋商一切为缺憾耳。前次请张处长及林组长代筹之纸厂机器样，曾否接洽？望示及。接廿一日电，（1）欲舍弟速赴渝，已如上述，不再另详。（2）福五机材清单，据致中兄来复电，小培兄处有全份。按，广鑫兄离汉，最后是否在其处，望查询。吾弟带宝之单中，经叔澄兄查视，并无全份，今迩英有一全份装箱单在其上海之箱中，惟未曾注明何者留汉，何者装宝，不过老机南北面及新机之箱单均分清装宝者，则系老机北面全套，已电栋兄查分，或可应用矣。其实在汉留于万安者，最为清晰，今则无法取用耳。覆巢之下，完卵匪易，只可尽人事耳。（3）仰车被扣，公益不安，时局动荡，兰州恐难成行云云。不知仰车被扣几部，所装何物，国樑兄之毛机已运入否，亦在念中。公益不安，不知近又生何事？时局动荡，现有特别事故否？至为系念，望详示也。专复。

即颂

俪绥

愚表兄李国伟手启

卅、九、廿三日

诸位表侄清吉。

章剑慧致李国伟

1941 年 11 月 27 日

渝人总 27 号

国伟先生尊鉴：

前上渝人总 26 号寸笺，计邀尊鉴，兹将各事分陈于后。

（一）查李焜君系中级职员，此次由港来渝时，曾在港支港币陆百元，应如何出账之处，祈钧裁示遵。（因其父向伟移借路费，故由栋兄嘱支，暂支敝账，注明某人飞机费，将来当由其父归还也。其余自沪至港之船费可支去。）

（二）郑州曾一度沦陷，我郑庄黄昌中君谅必事先撤退，惟嗣后郑州克复[①]后，黄君等是否返郑恢复工作？现在通讯住址如何？又阅最近陕厂职员表内洛阳庄李苍年君已改任兴平庄主管，究竟洛阳庄已否撤销，兴平庄李君现在通讯址如何？统请示知为荷。（郑州钢铁另〔零〕件及蛋厂、电厂、粉厂之机器均为敌人扫数搬去，我事先已将购就之货运毕，故未有损失。郑、洛两处暂时撤消，黄君现调双石铺办理棉花运输。）

（三）闻陈宣夫人将由沪飞渝，陈君如调渝计核组办事，则渠夫人是否留渝，以免往返跋涉，请电示遵。（陈宣陕厂之务甚忙，暂不调渝。）

---

① 郑州克复：1941 年 10 月 4 日，日军攻陷郑州，郑州沦陷。10 月 31 日，中国军队克复郑州。

（四）前奉函告兰州已设立办事处，该处主持者何人？通讯地点寄何处？以便加入总处所属通讯一览表内，祈示知。附上通讯一览表廿份，祈查填后转发陕辖各庄是荷。（兰州本拟设庄，屋已租妥，近因军需局禁止棉纱运往省外，故未派人去，暂托友人代办一切。）专此。

敬请

钧安

弟桓叩

30年11月27日

冠英、叔澄两兄均此。

通讯一览表二十份，致蓉处，“渝人建10号”副本一份。

（十二月八日接到。）

（庄济治系何人介绍？履历若何未见报过。胡瑞基、李耀椿亦然，望补报。）

华栋臣致李国伟

1941年1月18日

沪第十二号

国伟表弟大鉴：

十一日寄上第十一号函，想邀台览，数日未接尊示为寂。叠次去函，关于申四、福五股息事，想有复于途。此间各厂因沪地币制情形特殊，故均纷纷提前付给。本厂在渝、陕、沪三处各帐，会集须时。前接培兄来信云至速于三月底始有头绪，信函往返须时，确非该时不可，同人支配又须劳神，兄不能分劳，殊为歉仄。申二结三百四十卅〔万〕内获，尚有未结出五分之二同人九六元、二四元云，薪水加增，实际均优于上年也。

剑慧兄日前来信，仍云月满思退，并云上年对于拆迁得力之人并未有所特殊酬庸，今年盈余既多，似亦应加补酬，以示酬勋报功之意，嘱为见议等语。兄当复函告其，渠系吾弟廿余年一手提携之人，值此困难建设之时，正年富力强图报之时，月满思退尚非其时，德、溥二公亦如上述之意。至特殊酬庸，吾弟已有成竹在胸，升股事吾弟已费尽心机，奈德公等均有成见，故拟改发现金，惟对于渠尽可照升，所可允者无老股者诸请大力布置。至兄个人对于权利决本吾弟远大之目光，在此万事未定之秋，决不计较。人生如朝露，在此乱世，对于个人金钱更应看得开，盖事业巩固决不至饥饿也。惟此时人口众多，生活均无正轨，人心惶恐，亦系事实耳。

舅母大人赴锡后，后日可返沪。沪上美金昨又至十九元，金融变迁方兴未艾，吾等只能随波逐流而应付之。专此。

即请

俪祺

小表兄荫梁顿首

卅年一月十八日

华栋臣致李国伟

1941 年 3 月 22 日

沪字第十九号

国伟表弟大鉴：

接奉蓉字一号、沪字一号两大函拜悉，一切需款已照收。申二改组事已得中上行同意，现机会不好，只能暂缓实行。日后名义闻不更改。申四担保申三事，尊示各节，自当注意。实行偿还事，即申二改组实行后，尽可延宕，兄意此事表面要得硬，根本解决非俟三厂和平后，结果如何，一切自当留意，相机应付。至内地厂仍用老名，尊意日后或有不便之处，亦即克事筹谋，查此事觉甚困难，因各方面均明了我们内容，亦只能到一步做一步。尊处如能将申四根本另行立案，部中无问题，则请酌拟办法，由兄与各方面谈谈。

惟沪渝情形根本不同，沪上情形日趋恐慌：今日中行别墅拘捕中行行员壹百余人，江苏农民银行昨日在法界行员寄宿，为暴徒枪毙行员五六人，并有迫四行撤退之谣，米价已至壹百一二十元，法界电车、公共汽车已罢工三日，物价狂涨，暗杀、绑票、抢劫，无日无事，汇票黑市路透电有不维持之论，实际沪上无出口米、麦、面、汽油、煤及日用品无一不须外汇，此情此景，悲观二字实无法避免，大驾暂不来沪，见识确高超。

至兄入川，一因家庭老及小太多，寓中此时计住上下大小卅五人之多，良心上觉难离沪，因离沪后非一年半载即能来沪；二，沪上收付各事甚多，兼之汉口情形，有员贡之人在沪留守，觉有益而无损，且均事实，诸祈见宥。一俟宝厂全部开齐，即当至宝不误。

小女赴美之举决取消，各情已详前信，小女甚明白事理，一切请勿念。支配股息及总理可分之一，尊拟六四分派，溥兄均赞同，德公仍云不取，兄即将尊函转呈德公、溥兄一阅，德公即云此时无股东，一切均请尊处计划布置，持之事实已允照尊示收取一切，守清单来沪如何支付，当通盘计划、分期支付。查渝厂今年共汇沪卅五万元，支付物料款尚不敷，每月支付汇款为数亦可观，照尊示一月红利共计须付出壹百四五十万元，其数确巨。申九每月约可支五万，四月份请笃汇廿万。兄当相机应付，绝不使尊处为难。建成加股事，溥兄已同意，尔仁、一心诸兄因无款可支，只能放弃，当复上一电，电稿附上，想已译悉照理。一心弟等手头确甚困难，请祈见宥。剑兄何日来沪？令郎护照不成问题，因兄前次赴港登岸时缴港币一百元，上岸后一星期即可收回，行时当为布置。

府上均安好如恒，内人胃病亦渐好，天热即可不发。诸蒙关切，心感无涯，余容续告。

此请

俪祺

小表兄棃顿首

卅年三月廿二日

华栋臣致李国伟

1941 年 4 月 23 日

沪第廿三号

国伟表弟大鉴：

接奉渝字第一、二号大函，详悉一切。两厂盈余表已阅悉，并知支配之周详，此举确费心机，此事告一大段落，亦为可慰之事。尊致德丈函已早收到，兄亦阅悉，渠云另有复信。此间亦盼尊信，并知大驾到渝专为此事。升股事，德电曾云升足八百，此事亦未蒙提及，想已决定七百，如何情形，请即赐知，已便转达。红账等俟到齐准嘱绍潞兄抄誊，此事系溥兄嘱付，因此间各厂抄呈总公司仍系老式，渠等阅看较易。

兄派得红利竟如许之多，三年来未能在川陕分劳，殊觉受之有愧，一切只能铭感于心。该款兄除沪上必要开支外，余应完全存于厂中，盖在沪已不营业，又不做投机。惟沪上开支甚大，每月至少三四千元，盖法币不值钱。会间上下大小计卅三人，亲友移借及协助支取，壹千元之钞票等于以前壹百元，此等状况处处皆然。申四、福五之官、红利，尊拟概付渝洋，按之事实，决无话可说。惟兄意小股东方面，有人靠此生活，现取一八折之款，确甚吃亏。故今日有电，拟请将福五均发沪洋，想有复于途。总处红利，前尊函曾云四六分配，兄曾面与德、溥两公接洽。在渠等均甚客气，德公真心不要，因申二、九及福二、七均系宗记独得，故申四欲改德六溥四，恐生误会。兄前已说明溥六德四，今亦电告前情，想已一并有复电。申四官、红利共有八十五万，亦有小股东云申四有申九之盈余，亦要求改发沪洋，此事容与德、溥商量后再告。以兄之意见，申九按月确有数万元可收于本厂，实际并不吃亏。总理及兄之红利应收渝洋，因为数较多，沪汉同人之红利为数不多，况有半数之储蓄似可不计汇水。因沪上同人每人房租均在壹百元以外，以每家五口论，无四五百元确不能维持。按之此时各业如在港者均支港洋，沪汉同人较之渝厂同人，因劳逸关系，实际分红已有分别。此事尚请维护，免计汇水，则沪汉同人均感大德矣。

宝厂拟请赵毓祥君至陕，此事容约其谈后再告。志仁兄事已将尊意面告月泉先生，渠心感万分，现准后日动身。诸事俟其到仰后，当与尊处函电接洽，不误。尊拟普遍加薪，此为切要之事。小数者多加，现大势均取此步骤。盖“衣食”二字在此时为最最痛苦，苟不注意，则枝节丛生。

一心弟在港已旬日，何日能抵渝尚无消息。渠能抵渝，一切有吾弟招待，确可得无穷之便利。荣德新[1]兄知于四月十日由西安取东路来申，尊拟请其携令郎等一同至渝，俟其抵沪，当尽力代谋。惟此时局面真真瞬息千变，浙闽已不通，由豫至陕如何状况，非亲自走过者无法叙述。传书兄二公郎事，渠已将尊函见示，由仰转渝已作罢。因护照困难，兄嘱其由港飞渝，日前借去川资壹千元，本定卅日赴港。今日忽接渠襟兄电，嘱其缓行，故现暂中止，守看来信再说。

近沪上谣言甚多，米价每市石已至 ［一百四十元］，外汇均缩，一切一切均各乐观之处。一般人推测，欧战不解决，中日决无彻底和平之望。大势如此，吾等只能尽力而守。今日有四行须撤退，此

① 荣德新（1915—1992）：曾在无锡茂新面粉厂、汉口福新面粉厂任职，申四、福五内迁时，李国伟命其与章剑慧二人在汉主持拆迁运输事务，后任申四西安办事处主任。

事虽不可信，但行员无保障，实一大问题。华北联银券，两元法币换壹元联券已成事实矣。余容续告。专此。

即请

大安

小表兄梁顿首

卅年四月廿三日

华栋臣致李国伟

1941 年 6 月 9 日

沪第念玖号

国伟表弟大鉴：

日前接渝字第六号尊示，聆悉一切。复兴改组事，一心弟已详谈，此事端赖台端协助，渠至川匆匆，一切详细计划只能由吾弟布置，好在渠无成见，一切较易调度。惟初初创办，必以巩固基础为原［则］，范围俟获利后渐行扩大，即获利困难亦可苦守，因股东方面均非个人也。加股叁百万事已由一心弟电告，谅可定夺进行矣。申四注册事除已电告外，一心弟带来各件已由溥兄交下，嘱复公函，今已办就，明日当送呈德公签字，此事可告一段落。于吾弟责任上，亦有根据，堪以告慰。

德新兄于前日在锡续弦，何日返陕尚未决定，尊嘱不必冒险，已将尊意转告。叔廉兄已允至陕服务，已嘱其赴领馆签证，俟护照签出，即嘱动身可也。令媛尊嘱缓行，已面禀舅母大人。仲宣兄返渝之期亦未定，渠妹婿已早出外，闻近在医院戒烟，渠系政治上之事，故用费不多。现熟人被绑者陈经畬[1]、姚玉堂[2]，如何下文亦无消息，上行庄得之公郎文孙亦无消息。暗杀及被绑现仍无日无之，真真遍地荆棘，奈何奈何。

---

① 陈经畬（1880—1967）：江苏南京人，名庆纶，字经畬，以字行。汉昌烛皂厂创办人，1941 年 5 月 15 日在上海被日本便衣宪兵逮捕，后移送至汪伪特务软禁。

② 姚玉堂：湖北武汉人，裕华纺织公司创办人之一，1941 年 5 月 16 日在上海被汪伪特务秘密绑架。

童君侣青系因推销本厂纱布事专行至渝，此行恐无结果，在渠可与光甫先生谈谈沪、渝两方面之情形，双方均可明了，亦有益而无损。恐其抵渝时，吾弟已赴蓉、陕，托其带去棉条图样两本及舅母命购人参、珠粉等，惟未知能否完全带渝，尚无把握。图样允尽力带渝，区区两本图样计有六磅之多，原图腊〔蜡〕纸亦多，兼之恐有遗失，此确一困难之事。宝鸡情形尚未接信，日前鬲公接洽老自蓉所发之信，云棉花被炸壹千贰百包及粉机一部分，因被炸时渠适在场，并盛称本厂范围之大，钦佩异常。此信德公、溥兄等均阅看，洽老至宝后，溥兄曾去电请优为招待，渠甚感谢，故有此信。近日渝地又遭日夜轰炸之时，吾弟等又饱受惊恐，兄安居沪滨，未能至渝分忧，愧汗万分。一切只能各处特别小心，生产方面只能暂停。此间最关心者人口之平安，故德公每日见报后，即询有无来电，老年人之关切不言可知。尊处告安之电，务请注意照发为盼。

沪上天气渐热，疾病亦多，本月四，舍妹若榴（系继慈第五妹）因患伤寒，未满两星期，即于四日仙逝。舍妹现年廿一岁，品学兼优，本期系高中毕业，暑假后拟考医科大学，校中功课样样在九十分以上。在舍妹已死，而于八十一岁之老父确甚悲痛，幸兄在沪，一切均由兄负责，计医药用费及殡葬等费约在五千元之多。伤寒并非必死之病，此次之死因大考将届，在初病时不使人知，处处勉强，故有此大错。兄因此事计旬日中心乱如麻，各事迟迟作复，诸请见宥。号信中所示报部立案情形，德公、溥兄均同意，顺以附闻。府中均好，家用现自本月初支付壹千五百元，各情已详府报。

此请

俪祺

小表兄梁顿首

卅年六月九日

华栋臣致李国伟

1941 年 7 月 11 日

沪第叁拾贰号

国伟表弟大鉴：

前日寄宝第卅一号信，想已投呈台览，今奉第八号尊示，详悉一切。复兴事确甚困难，盖渠等始终无切实有权负责之人，一心弟名义上总理其事，实际渠等我行我素，故兄前建议全部归并于申四。奈一心弟性情喜做事，表面上负责，遇真真不得了之事，则竟能置之不问，所谓王顾左右而言他。兄在沪三年，对于合丰事向不敢问，即有供献，亦不为渠等重视，况乐观者多。现在此事已至此地步，吾弟为公为私只能毅力主持，好在一心弟明了内容，沪渝远隔万里，除吾弟外，实无第二人能解决渠等之纷纠。

建成事无由吾弟布置妥善，钦佩万分。承举为监察，觉负其名而不办事，实觉有愧于心。蓉厂抢麦风潮，值此状况确甚危险，以后只能集中于保障之处，否则损害甚大。轰炸等有兵险可保，此等损害觉无声诉之门，同仁薪津改定办法前已阅，通告此间名单，尚未见寄来，想已付邮，一切当遵示而行。兄之薪津知已升至壹千〇六十元，愧感奚如。兄肺腑之言，已详于叁拾壹号信中。宗、德二记让股事前已详细函陈，兄意已过去之事，以后准不必再提。兄忆宗丈在世时，分赠吾等老股时均出至诚，溥兄亦曾言及，兄有此回忆，故觉此事不必再提矣。

志和[①]、仲明事已详前信。明日为回夜[②]，已代照俗礼办理。近日舅母大人精神尚好，照常布置家务，惟对于过去之事每每烦闷于心，兄意非俟吾弟、表嫂回沪面劝后，一时不能忘怀。刘先生已正式辞职，许先生已屡屡求去，此事系在志和未出前。刘先生之去闻要结婚，许先生之去真意何在，渠不允说。现刘先生已行，许先生请假一星期回锡，兄曾切实代留，渠允再来。府上走去两位先生，故即觉更加冷静，大令嫒仍在渠二嫂母处，舅母房中由志良[③]陪伴。此时府上写信无人，自晨晤舅母大人，询问曾否有信寄宝，据云已在嘱志良写，惟不肯即写，志良白天均在舅婆家补课，季、乐[④]、介、同[⑤]均南洋模范补习。暑期前分数单，只筱同、振宇[⑥]升班，余均不好，除赴校补课外，下午三时至五时田传书兄请来一林先生补课，此系府上最近之事。府上只舅母大人冷静外，至各人身体均好，可不必悬念。尊嘱代修脚踏车事，舅母大人不许，固恐渠等出外游玩，此事容问明后照办不误。兄痔疮事屡蒙关切，心感万分，俟秋凉后即着手治理，家严之摄护腺肥大事已稍痊愈，知念附闻。专此。

即请

俪祺

小表兄华荫梁顿首

卅年七月十一日

---

① 志和：李志和，李国伟次女，1941年去世。

② 回夜：无锡殡葬风俗，死者亡灵回家之夜。

③ 志良：李志良，李国伟三子。

④ 乐：李乐莘，李国伟六子。

⑤ 同：李筱同，李国伟四女。

⑥ 振宇：李振宇，李国伟七子。

华栋臣致李国伟

1941 年 12 月 12 日

伟兄大鉴：

七日接台电云“家母返申否？外祖母康复否？复鼎”等情，业已译悉，又瞿冠英兄家事亦悉，以后照办可也。八日发上一电云“电悉令堂已返申，令外祖母康复，沪安。梁”等语，此电曾否收到？殊难预度。

此间于七日晚间四时半与美、英冲突，八日清晨日军即进租界保护，故于八日起外商（英、美）各商业即行封闭。市场上只八日早晨稍为恐慌，但均照常开门营业，市情甚安，惟各交易所均停市，各银行九日停市一天，十日照常，惟提存只限每人 500 元也。

府上及各友好家均安好。九兄处目下安好，但各物不能出入，此系一般情况，并非九兄一家耳，老二亦属为如此。尊处要信请仍由东路寄发可也。

此请

台安

栋启

30 年 12 月 12 日

请转交剑兄函一件。

（一月十五日到。）

李冀曜致李国伟

［1941年］3月13日[1]

伟哥尊鉴：

顷奉二月十四日手示并花行签字单，敬悉一切。存款当先取出，汇票俟市价稍涨再售出一部分。此间机器机件市价已涨过高，且设日美有战事，申地或受影响，故不拟再多近〔进〕机物矣。日前寄宝鸡一函，陈明拟于申四汇款来申时，将存弟处款对调，以免汇水吃亏，未知可行否？

二姨母大人现看就房屋一所（在姚主教路上，有三层楼房，地约三分余），价五万五千元，剑慧兄曾有信致二姨母大人处，嘱在弟处美金项下拨付，故已付讫矣。吾哥函谓剑兄内有二千元，合约国币三万六千元，此项帐应为何转法，尚乞示知为荷。

此间各人情形与前相仿。府上自伯母大人以下均安好，季荃侄前曾发过四五个寒热，现已痊愈矣，勿念。专此。

颂请

大安

---

① 原信无年份。本信提及“二姨母大人现看就房屋一所……故已付讫矣”，而1940年5月31日李冀曜致李国伟信中提及“嘱代剑慧兄购住宅一所，迄今尚未得合适者，俟有相当者即当与二姨母大人商酌购进也”，因此本信时间应在该信之后。另，信中提及“且设日美有战事”，1941年12月7日，日本偷袭美国珍珠港，太平洋战争爆发，因此时间应在此之前。综上，推断年份为1941年。

嫂嫂均此问候。

弟懋顿首

三月十三日

瞿冠英致龚培卿

1941 年 6 月 29 日

培卿我兄台鉴：

前接手书，奉悉各情并附名单，均经照收遵办，勿念。我兄公正言辞，深为钦佩无时。近以宝厂炸后，各事待整，故未能即复，尚祈见谅为幸。

兵险事已由张、陈两君在此解决，尚称顺利，我固抱开诚布公，彼等亦极公正，故解决极为迅速，总计赔款约陆拾玖万余，另有细单由会计科奉呈，谅邀台览。照此数我厂并不吃亏，其程度之比例较上次为优，其中实际情形容当后告。张、陈两到蓉后，拟赴嘉定等处一游，约下月中旬到渝。赔款约在下月底可以照付，请兄就近一催，并请交涉该款在宝鸡付，以免汇费及汇兑手续之麻烦也。

昨接李公电，约于本月卅日在蓉动身，约在下月三、四日可以抵宝，则宝厂指导有人，进行更较为易。宝厂以前次局势紧涨〔张〕，各事多未能积极前进，现德苏开争后，日本犹在歧途，然对俄不能不有戒备，则军队或须北调，则中国事件或能稍松。而本厂进行当须再趋积极，现时已开约万锭，能开而以人工及材料不继者尚有五千余锭，正在各处设法，以祈能早日开足。

窑洞大部亦将完工，惟以湿气过重，生活难做，加以温度过凉，工人身体冷热不均，易于生病，现亦在设法调整中。所有出气洞上，均加有铁板及水泥盖，可无问题。照我厂窑洞之构造及规模之大，恐非惟为中国第一，即外国亦无此设备，因有多数外人来参观者均为惊奇，前美领馆并索图样等寄至美国。现时并作为防空洞，实甚安全，前次被炸，洞上亦有数弹，洞内仅稍有风振动，余无大影响。该洞内可容万余人，而现仅贰千余人，故毫无问题也。余待后告，专此敬复。

并请

俪安

弟瞿冠英启

卅年六月廿九日

李国伟致李榦[①]

［1941 年］[②]

均弟垂鉴：

久未通问，只以人事栗碌，常觉忆念在不言中。日因方儿久无音信，内人忆念殊苦，故特电询吾弟，承蒙电复，费神费钱，无任感幸。今又得廿一日惠示，欣悉弟夫人及诸侄已安抵美邦，家庭乐聚，羡慰之至。方儿行踪叙示周详，渠暑期中在吾弟处叨扰一星期，既得教益，又蒙厚待，骨肉不言谢，敬铭肺腑，感荷之忱，匪言可宣矣。方儿拟攻习 Plastic，据云将来甚有发展之希，务请吾弟常常指示应循之途，拜托拜托。济元[③]贤侄现进何校？天资既高，进步定速。二侄及侄女等，谅亦进校修业矣。

上海自英、美对日冻结资金[④]后，日人对于社会榨取更凶，申九及申新总公司闻又出事端，电嘱去信勿寄该处，可见情形之严重，而绑票等恶剧无日无之。故兄拟不作返计，电请曜弟设法将全家迁港后，再行转来内地，不知能否办到离申，甚以为念。

宝鸡在五月中及本月以来，几于每日有警报，区区小城受炸四

---

① 原信无落款。信中提及“方儿”，应为李国伟长子李志方，故落款人是李国伟。

② 原信无时间。信中提及“英美对日冻结资金”，故推断时间为 1941 年 7 月 26 日之后。另，此信中提及“宝鸡在五月中及本月以来……区区小城受炸四次”，与 1941 年 9 月 12 日李国伟致章剑慧信中提及“不意八月一月中空袭之多，……小小宝鸡一地一月间受炸至五次之多”，相对应，故推断此信写于 1941 年 7 月或 8 月。

③ 济元：李济元，李榦长子。

④ 英美对日冻结资金：1941 年 7 月 25 日，美国宣布冻结日本在美资产。7 月 26 日，英国宣布冻结日本在英资产。

次，即本厂亦受过二次，颇有损失。惟尚系毁焚棉花等，幸机件深藏，未有损坏，照常开工，人亦安全。三弟在此工作殊力，精明强干，肯负责任，颇有造就，实后起之秀。统弟亦在厂主持制机事务，各种机器均已自造，不过母机缺乏，进行稍有困难，并不能速。现先自制母机，渐渐发展，成就亦颇可观也。制糖机械原因，有友人欲在四川内江将制蔗糖土法改为机械，而目下对于运输入内极为困难，能得各种机器图样就地自造最为合，故前函请吾弟顺便访问。明知彼邦业此者不肯漏泄诀巧〔窍〕，故欲出费以求之，今仍无法，只得暂缓。惟不知能否将制蔗糖之机器，自榨蔗至炼精糖为止全套机械开一估价单寄下，庶我可知新式机械之步骤，其范围以每日廿四小时能出五十吨至一百吨白糖屑为合。如此于战事将结束之际，可以着手定购，有一套机样，其余即可自造矣。

华选青致龚培卿

［1941 年］8 月 27 日[①]

培卿兄大鉴：

半年来鲜通鱼雁，抱歉良深。月前传闻令嫒楚珩患痧症而殇，不胜怜惜。渝市连遭空袭，渝厂曾落弹，想当时全厂职工俱饱受惊恐矣。近日吾兄起居若何？公私想必如意，令堂老太太以下想亦均安吉，为颂为慰。多时不通音问，时为忆念也。

平丈久无信来，不知何故，尊处有信否？岳母去岁来陕，身体时觉欠佳，上月突患疟疾，注射扑疟母星[②]后，似寒热减轻，惟退不清，常有一分寒热。不意又转胃病复发，病势甚重，饮食不能入胃，体力日趋衰弱，亏虚现象引起各种不适，如气虚、便闭。经中西医医治，咸诊断身体太虚，及胃病发作，现每日注射葡萄糖液及吃鸡汁，以资滋补。连日宝鸡亦闹警报，用床抬入窑洞，故病况一时难以复原。岳母自以风烛残年，及暮景凄凉，悲哀溢于言表，并坚辞医药，嘱办后事。想年老人大半迷信，故弟仍设法继续医治，为当前急务也。澄甫叔、岳父闻在白沙沉休养，望代致候为盼。舍下均托庇粗安，余容后告。专此。

敬请

---

① 原信无年份。信中提及“岳母去岁来陕”，因华选青于 1940 年 6 月到宝厂，故推断年份为 1941 年。另，信中提及“渝厂曾落弹”，与 1941 年 8 月 11 日渝厂遭日机轰炸相符。

② 扑疟母星：亦称“扑疟喹”，抗疟药，对杀灭红细胞外型疟原虫及配子体有效，可减少疟疾复发和传播。

俪安

弟华选青谨启

八月二十七日

令堂大人及尊夫人前，郁芬[①]嘱笔请安道候，又问诸甥女好。方方想能写信，舅［婆］盼来信。又及。

（已复。）

① 郁芬：秦郁芬，秦毓钧女儿，华选青妻子。

1942 年

华栋臣致李国伟

［1942 年］6 月 24 日[①]

第廿四号

伟弟如握：

前寄廿三号家信，谅可先此察及，今昨两接三三、三四两号家函，诵悉一切。惟廿八号信始终未到。所有德泰祥三次还款，均已如数收到，祈勿念。以前屡次还乡，各人除世熙[②]外，弟并无瓜葛。内中晓帆兄有亲戚两人，系自带川费者，"不易应付"云云，此间亦抱同感，焉敢分外多问闲事，此节即希谅察。至于嘱还各种欠款等事，值此时期，能了即了，惟能力是视，决勿推诿，亦谅蒙察及。经方兄处款已还去，沈赞南兄之款亦已了清。程振中君前日已抵沪，疏散回乡，家眷正在接洽之中，俟有行期，再当函告。惟据程君言，此后即近暑天，此次疏散者均属妇孺，路上酷热，恐吃不来如此苦头云云。话虽如此说法，但看各人意向如何，再定可也。

汉天主堂两期还款，前函曾托在陕付还，即使稍贴汇水，亦请商量后付去。因此间币已变更，且寓中留款不多，日用开支尚在调度之中，此款决付不出也。今闻申新九厂自发还后，已开一部分工作，大

---

① 原信无年份。根据信件编号，及信中提及"程振中君前日已抵沪，疏散回乡，家眷正在接洽之中"，与 1942 年 7 月 11 日华栋臣致李国伟信中提及"程振中兄业被号中疏散，携眷定明日搭车回乡"相对应，故推断年份为 1942 年。

② 世熙：华世熙，华栋臣侄子。

约十分之二之常日工，且系细纱，故日来市上廿支“双马”市价稍跌，今日“双马”栈单5700余元新币。市上日用物品则日涨夜大，杜米[①]暗盘近500元，合老币千元矣，今变为“上海居大不易”耳。

此请

旅安

梁启

六月廿四日

冠兄、迩弟均此。

---

① 杜米：本地所产，不从商贩而来的米。

华栋臣致李国伟

［1942 年］7 月 11 日[①]

第廿九号

伟兄如握：

日前寄上廿八号家函，想可察及，今日未接来信，谅搁于途中。程振中兄业被号中疏散，携眷定明日搭车回乡，王世荣同行。令嫒志静[②]偕蔚章之女及子岐家眷均同返里。赵仲宣兄家用，已照来函之数付去。沈锦黻兄昨日来晤，言其寓中将近断炊，万分困苦，言下唏嘘，几至泪下，商恳接济，只得暂为济急，照仲宣兄之数昨日付去。望专函剑弟，向仲宣兄以七月十日原日期冲回。锦黻兄处境极艰，可慨也。

日来沪寓家用，昆兄处已能移借，稍长时间已能敷衍，汇兑不通，薪水可暂存在外。尔根兄处以前合伙之事，上月底满期，不再继续，故于上月底期满时解约。童君由溥兄留用，其余均解散。四、五两房小年上数利息，均照台嘱，以二分折半付给新币，稍为整数，深知者均未付，因尚无此力量也。沪寓大小均安，请勿念。专此。

即请

大安

弟梁顿首

七月十一日

---

① 原信无年份。信笺盖有“中华民国卅一年八月贰日收到”紫戳，故推断年份为 1942 年。

② 志静：即李志靖，李国伟长女。

华栋臣致李国伟

［1942年9月］[①]

第〤〤［四十四］号

伟弟惠鉴：

十八日寄〤〣［四十三］号家信，想可先此察及。昨前计接〦〥［六十五］、〦〦［六十六］、〦〧［六十七］三道大函，均已诵悉，尊嘱均已照办，祈勿念。振中处零物知不久即能到达，良慰。之光兄在无锡小住，大约节后即行来沪。惟王世荣近来无函来申，人在何处及何日来申，均不可知。前闻北路道路不甚通畅，亦只传言如此，究竟如何，近来因无人来，未知确否也。路中如果不生问题，而王世荣能来，自当分别照料疏散。

上海自交白露后，天已凉爽，惟嫌雨水稍多，近日已晴数日。秋收年境，大约只有一半收成，米粮因配给，无甚恐慌，惟各物难望下跌，鸡蛋每只新币一元，合老币两元，蔬菜大致每斤一元余，总觉太贵耳。寓次大小均平安，祈勿念。

此请

大安

---

① 原信无时间。信笺盖有“中华民国卅一年拾月贰拾日”紫戳，应为收信时间。据信中提及的“之光兄在无锡小住，大约节后即行来沪”以及“十八日寄〤〣［四十三］号家信”“九月廿五日附致剑弟函祈转交”，故推断此信写于1942年9月25号之后。另根据案卷中第45号信写于1942年9月30日，故推断此信写于1942年9月25—29日之间。

梁启

李白英住宝山路938号。

九月廿五日附致剑弟函祈转交。

华栋臣致李国伟

［1942 年］10 月 6 日[①]

第〤〦［四十六］号

伟兄台鉴：

前函谅达台鉴。今接〧〸［七十］号大函，诵悉一是。吾兄此次为营业上谋发展起见，亲历河西四郡，备尝艰辛，弟安居沪渎[②]，未能分劳，异常歉仄。靖侄等均已入学，甚慰。程振中、王世荣业已先后来沪。程君因在途受热，股间生疖，现在治理之中。之光兄在无锡过节，大约在明后日即行来沪。因沪地生活日艰，欲疏散回乡者比较稍多耳。台嘱各事均已照理，勿念。

沪寓大小均安，惟生活所需各物依然不贱，鸡、鸭蛋每只新币 1 元。猪肉虽有限价，每市八九元，照限价无法购到，拣好者须每十三四元不等，中人之家不易维持耳。

此请

旅安

梁启

---

① 原信无年份。信笺盖有“中华民国卅五年拾月卅日”紫戳。根据档案卷内文件排序、信件编号及信中提及程振中等内容，“卅五年”实误，应为“卅一年”，故推断年份为 1942 年。

② 沪渎：古水名，指吴淞江下游近海处一段，今黄浦江下游。代指上海。

十月六日

统弟另函已照收，渠夫人须第二次疏散回乡，请转告。栋附志。

致剑弟函烦转交。

{九月廿二日之另函已收到否？统弟夫人待第二次疏散未知在何日启行，望示。统弟因未知确信，以为此次同行（因兄致迩弟之函云及路费已付），业赴界首候接。尚望从早动身，因汽车只有一个月之期限也。}

1943 年

李国伟致蒋新一信

1943 年 2 月 28 日

蒋字第一号

新一贤甥青览：

久别正深忆念，顷接 P 字第一号函，欣谂旅祺佳胜，结识日多，志向日宏，慰如所颂。吾甥天禀素厚，研攻又勤，愿以素日抱负有裨于此范，庸朽如愚深所欢迎。兹就鄙见所及，将吾甥所论各点略抒管见，以为攻错，尚祈有以复我，至所盼切。

（一）〔（1）〕本范围之事业，在沦陷区者已大半毁伤，其未毁者如燕巢幕上，不能预料日后之情形。在内地者不过以前二十分之一，又经营于颠沛流离之际，在在均因陋就简，故并无伟大之规模可言。现所恃者，仅二三同志有工程学识及经验者肯埋头苦干，又一二同志在营业上肯聚神应付，故能稍有微效，其余如资金，如联络，则无一及人。若论资金，则运用无极，端赖信用及能力方可以得人之助，故愚于根本功〔工〕作不肯放松，宁可不求小利而求出品之精到、设备之完密。至联络方面，则我欲求联于人者，苦无着眼功业之同志；人求联于我者，大多势利之见，欲分我之力以自厚，其在同业以外之人，更无论矣。是则有待诸同仁如贤甥等辈有识见者作久长之工作，以得同声同气之应求耳。至目下我范管理方面，尚难得精密之组织及处理，故事涉浪费而因人才不足，正在焦心苦虑，欲求改善，望吾甥出其智慧，有以常相启发也。

（2）关于团结方面，则更难言矣。国人个性因受数千年专制之毒，集团生活未曾过惯，以致利己之观念深而公益之志虑薄。吾甥所云转移私人权利、矛盾之观点，采取新的方式，实为确切之图。事莫要于此者，至望将着手之方法及转移之途程，示我周行，无任盼幸。

（3）人才难得，自古已然。居今日诱获〔惑〕剧烈之际，生活艰竞之日，有小才小知者，惟求富之是务，尚何能安心于事业。故自愚入世以来，凡投我而欲求富者，大抵均因外诱而毫无成就；我物色而聘请者，尚有安心工作之才，然非失之于骄，即失之于惰。至学术界，则更夸诞倨傲者多，不求实际而务空谈，得其益者实属极少。此亦不能苛责，实缘我国科学及工业机关既少而小，设备又陋，经费又寡，故乏研究之方及研究之处。为今之计，惟有自设试验室及工作探究场，庶得以收功效耳。

（4）大示第四项所述，确有可研究之价值，吾人作事顺时而动，庶收事半功倍之效。我国无配备、无组织，不论农、工、商均须着手推进，所缺者时局不定，政令常改，阻碍太多。国中事业尚有难于开始之慨，遑论与他国竞争。惟望人民志向、行动有的有恒，政府政策定有计划，勿轻改易，我侪只能发表方案作贡献及呼吁之资耳。望吾甥从详研究，启示周行，则非独愚之盼幸，亦全国有识者之所乐闻也。

（5）教育工人及人民普及教育，实系中国最要之急务，目下我厂已在进行之中。然自文盲而教至自动管理，环境及生活均有关系，成效非在十年之后不易见到，是在持之以恒抱定为社会及人群服务而肯有牺牲之精神，方能始终如一耳。

（6）公益改进之方针，如能惠示，亦所欢迎也。要之，实业办理与企业情形不同，应有坚毅之精神、冷静之头脑，实事求是，不为利诱，不为名眩，始终如一，而后方有基础，方有成就。有田而后能耕，有机器而后能开厂，有水源而后能兴水利，有森林、矿产而后能言开发，土地富饶、交通便利、设备精良、民智齐一而后可以言富强。是以穆索里尼[①]费廿年之苦功，不及希脱勒[②]五年之统治，先天薄而后天尚未培殖雄厚也。故任事者，惟应实事之〔求〕是，务无根基之扩充与坐谈等也。吾甥公余之暇，尚祈常作笔谈，如有心得，尚希常作启余，实所盼切。专复。

祇颂

双绥

愚国伟手启

卅二年二月廿八日

① 穆索里尼：今译作墨索里尼。

② 希脱勒：今译作希特勒。

华栋臣致章剑慧[①]

1943年6月24日

第22号

剑兄惠鉴：

十四日附上卄［二十一］号去笺，定早邀察收。今奉攸［十九］号台函，欣聆一是。子金扣除所得，嗣后准示办理。姚飘云夫人即系弟之堂妹，款早入册，其详细可询迩弟。何徵平家用嘱一月份起停止，惟已按付至六月份，多付［国币］780，请向致中兄按理。尊处上年托让兄还款，屡查迄未归还之一笔，日前忽交来储券五竿〔千〕。彼云因该信遗失，故迟至今日，愿收与否，可听我便。弟以日期太久，利息亦吃亏，故嘱退回原手，即请按当时借出数向让兄收回为荷。令岳处在未接示前，已代月送储券五百，祈释念。此间一周来，物价暗增甚巨，米1300、油40、肉40，念系少三艸〔万〕二，愈细愈厉，其他可以类推，日久恐有问题也。专此。

顺颂

台绥

32年6月24日

① 原信无落款人。根据原档案案卷中的前后信件及本信件内容，推断落款人为华栋臣。

华栋臣致章剑慧[①]

1943 年 6 月 29 日

第 23 号

剑兄惠鉴：

廿四日寄上〢〢［二十二］号家书，定蒙察收矣。兹有让兄处杨云表兄，托向陕西街〡〇〣［一百〇三］号崔勉之君索还欠款本息约拾壹〈万〉元以外，又托向李其猷兄索还欠款本息约二艸〔万〕二竿〔千〕余，两共十四〈万〉元左右，以代归到若干，即收若干。兹附上云兄致崔、李二君笺各一纸，即请前去收回，确数若干随时示之，因杨君在此已取去新玖艸〔万〕矣。又杨仲卿托交伊女杨薇君小姐尊老币肆竿〔千〕，乞为转交，此间已收册矣。近来物价暗涨尤烈，如不关民生之黄物，已至六艸〔万〕半新币，因之其他均受影响。棫兄到达后刻在视察，启兄存物拟取出保存，但闻其处近来传说甚多，尚无定期回家也。匆匆。

即颂

大安

32 年 6 月 29 日

① 原信无落款人。根据原档案案卷中的前后信件及本信件内容，推断落款人为华栋臣。

华栋臣致章剑慧[①]

1943 年 7 月 28 日

第 25 号

剑兄惠鉴：

久疏函候，殊深企念，九日转上〢〤［二十四］号家函，谅荷赐收矣。兹奉〢二［二十二］号（〢一［二十一］号尚未到）大函，敬聆一是。〡〤［十四］号敝函尚未蒙照收，该信内述无咎兄戚周凤耀取去一艸〔万〕，余无甚要事。金通彪之帐，俟张伟玉小姐到达后一同来洽。家人严縠荪君因病去世，殊为惋惜。熊源兄云前静同记托还无咎兄之十元，如蔡存性本人出具收条来取，祈即连息照交。沪上日用、衣、食品价日高，府上家用改支五竿〔千〕。棫兄久无消息，谅路途有阻。三、五、六房房客今已出屋，闻内部装修损失甚多云。此致。

即颂

大安

32 年 7 月 28 日

---

① 原信无落款人。根据原档案案卷中的前后信件及本信件内容，推断落款人为华栋臣。

华栋臣致章剑慧[1]

1943 年 8 月 18 日

第 28 号

剑兄台鉴：

前具〢〦［二十六］、〢〧［二十七］号家书，请向林森路普安堂街四号卫文忠索取四百元；又德新兄处晋川源汇还尊处壹千五百元，均系晋三兄经手，旧欠等情，谅蒙按理。今晋川源允提前归还，计分九月十六日还一千元、九月廿二日还五百元，请即按期照收，示复为荷。兹有方佐晓托还尊处邮务总局会计科叶庆椿君法币六竿〔千〕，请按址送去为荷。

此间纱布 〦十［六十］万件，由当局收买，银根奇紧，各厂、商、银行用转欠活，如此以期压小物价，但每日之生活必需品近一周中反见上涨。如最贱之青菜每斤五元，鸡蛋四元一只；糖 〤〥元［四十五元］、豆油 〥元［五十元］、猪肉 〦〢元［六十二元］、棉花 〥〇元［五十元］、盐 十一元［十一元］，均一斤价；柴每担 〢廿元［二百二十］元，煤 〣〨元［三十八元］；蓝布每尺 〢〢元［二十二元］，今因收买店家不能多藏，故近日减价出售，约 〡〥元［十五元］一尺。闻各物须继续收买，以供正用云。

---

① 原信无落款人。信中提及“向……卫文忠索取四百元”，而 1943 年 11 月 3 日华栋臣致李国伟信中提及“请剑兄代索陈债，崔勉之、卫文忠（九月十日到期）”，两信都提到“卫文忠”，再据信件编号，故推断落款人为华栋臣。

此颂

秋安

32年8月18日

华栋臣致章剑慧[1]

1943 年 10 月 13 日

第 32 号

剑兄台鉴：

六日寄上寸缄，内详许伯翔[2]先生交还吾兄尊处通用法币、柴草等情，谅荷洽理。昨奉〢〩［二十七］号华函，欣聆一是。令亲许先生所来并非新钞，尚请台洽。府上及令岳处家用予以便利，此系分所当为，不足挂齿，请勿介意。华朗如之交款，已由梁在此付还，请收。敝册前请向卫文忠等索取欠款，谅荷一一按理，有复示在途，诸费清神，殊觉不安耳。

此间物价日来尚称稳定，米粮亦已统制收买。闻收买价定白米每担捌百贰拾元，二等米捌百〇四元，三等七百八拾八元，户口派给当再加费，而上海并非产米之区，再须酌加。苟能数量增加，小民受惠实多也。前日欣逢双十佳节，各机关、行号均休业一天，照例庆祝，甚热闹也。匆此奉达。

即颂

大安

32 年 10 月 13 日

① 原信无落款人。信中提及“已由梁在此付还”，梁即华栋臣，故推断落款人为华栋臣。

② 许伯翔：即许凤藻。

华栋臣致李国伟

1943 年 11 月 3 日

第 40 号

鼎威表弟赐鉴：

上月廿二日发奉〣〩［三十九］号家书后，以事久疏握管为歉，日来先后接读〧〇［七〇］、〧〡［七十一］、〧〤［七十四］、〧〥［七十五］并〧〦［七十六］号（此系十月四日所发，九月卅日所发之〧〦［七十六］号已先到矣）惠函，欣聆一是。老弟再度赴德新寓，力疾而行，贤劳殊多，尚祈珍重，善保尊体。梁安居家中不能分忧，殊愧怼也。查〧〢［七十二］、〧〣［七十三］两号迄今尚未抵此，不知有何指示，便中摘示为盼。

前请剑兄代索陈债，崔勉之、卫文忠（九月十日到期）、晋川源及邵乐年四笔，迄十月四日来信为止，尚未收到，深为系念。前三笔均已过期，务请剑兄劳驾频去催收，一俟收到，即请随示，勉念为祷。家人十、十一、十二月份之另用、米食，今已开始发给，米价照前，另用比九月份稍升，以七五合算（此处所指之〧〥［七十五］系以尊处一百合算，以前各月均如此算法）。日来食用品又见高涨，沪米每石〢〇〥元［二千〇五十元］，鸡蛋大者每只〤〥［四元五角］，豆油、蔬菜又昂至以前高峰，布匹早由当局收买，即民间亦不能藏满一匹，故已无市可言。兹附上十月份指数一纸，蓝布一项已无从填注，请酌情办理为感。

尊各函委理各款当照示理清，惟叔和之款幹老嘱退回，而伯静兄太夫人已作古，渠令郎又随世荣回乡，家用可终止矣。其猷兄交存之美款，今云表兄云仍退转，欠我之数候崔款一同结算可也。世荣在途中借项君新 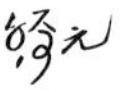［五千六百元］，亦已代为还讫，此时当早安抵矣。据闻汉兄处国华农圃为公家圈用者只一小部分（闻只取土即可发回，故决计不加过问矣），此时只能听其自然耳。尊处新棉已上市，但官价殊巨，前闻熟货请求加价，不知有所闻否。（现均为代做，只给工缴，目下规定为每件一万一千三百元，有亏折之虞也。）

此间气候和暖，常在华氏七十度以上，而尤以外面空气见和缓之象，不识尊处为何如耳？

此颂

大安

梁启

32 年 11 月 3 日

各亲友家用等现已分发，均至年底止，明年办法候示定夺可也。

附十月份指数一纸。

（明年仍请按二月或三月趸发一次，元、二月份者或在阴历年底前提早发给，如无款可就近收对〔兑〕，汇由此间介拨。接映芬函，云二姨母家用时感不足，望随时支与合理之生活费为要。）

1944 年

李国伟致华栋臣

1944 年 2 月 29 日

第十三号

梁哥赐鉴：

本月廿五日曾肃寸缄，谅荷垂察。两旬来未奉手教，望风怀想，我念何如！

宝店蒋叔澄兄，一次拨还泰山路三号中孚制帽公司蒋永贞前欠债款两竿〔千〕，李鸿良拟孝敬其父母壹艸〔万〕两竿〔千〕。荣棣康因家属在乡，日用窘迫，拟接济半艸〔万〕，由荣宗范君转交致中弟处。张金和一次偿清无锡荣巷协和槽坊张雨生旧欠两艸〔万〕，由绍潞兄收转。尚祈设法筹措，一一按理，毋任感泐！以上数字，均指此间通用币而言，希台洽！

最近两月内物价上涨不已，敝寓食指繁多，收入有限，支出倍增，殊堪忧虑也！吾哥近况如何？时在念中，有暇望惠我数行，以慰长想！匆上。

即颂

侍祺

弟威启

卅三年二月廿九日

（蒋叔澄汇蒋永贞，李鸿良汇家中，荣棣康汇家中，张金和汇张雨生。三月廿一日。）

李国伟致华栋臣

1944 年 4 月 7 日

第二三号

汝哥[①]赐察：

寒食日曾裁答寸笺，想邀鉴及。昨得 12 号手示，知 11 号者尚滞于涂中也（已到）。忆卅一年七月十一日斡老曾向哥手借新钞〥元［五百元］，似尚未见归还，究为何情，便祈明示。年来生活情形日益艰辛，故亲戚借贷麻烦亦日加繁迭，承曲予周急，后当报谢。舍亲朱小培兄之老堂[②]新近去世，急须治丧费用两万五竿〔千〕（敝币），烦转朱孟泉君收用。前 11 号去笺所托汪清明事，请暂作罢，因汪母逝世，苏州花驳岸 15 号本宅，请哥按址寄汇沪币 3 万，交俞芷庄先生收作丧葬等要用。此系弟多年挚友之事务，恳迅赐按理，并乞示知，俾便转告。又，周真伯兄欲还敝申寓秦士滢前欠〡〤元［一千四百元］，剑友马盘森兄须拨偿蒲石路〢〤〥［二百四十五］巷恒乐里〡〥［十五］号沈伯群太太旧债 5 竿〔千〕。陈学明君家人将他徙，兹请自本年五月份起，托付月费〤元［四百元］即予停止，至感至盼。蔡履陶年近八旬，精力两衰，岁首偃卧床褥，病经数月，两足无力起行，最近益见不支，刻且渐入昏迷状态，尚存一息，恐将难以治疗矣。

---

① 汝哥：华栋臣。

② 老堂：对他人母亲的尊称。

兹得剑弟函：魏巽南家用 [二百元] 渐感不敷，请自六月份起加一千，共 [一千二百元]。又有马进者，原为 [四百元]，亦希从七月份起增 [六百元]，合计1竿〔千〕，均仍照交韩履康收。

即颂

侍安

弟威拜启

卅三年四月七日

（幹老之款因培卿轧账，故有是询。小培 [二万] 半，汪清明3万，周真伯 [一千四百元]，马盘生〔森〕5千，陈学明止付。巽南母丧，家用加到1200元；马进 [六百元]。五月十一。）

华栋臣致李国伟

1944 年 10 月 18 日

第 29 号

鼎威表弟赐鉴：

五日寄上第〢〨［二十八］号家书，不识已报台案否？接宁家来信，借悉与尊处音讯不致中断，并转示之光兄，嘱交伊叔家用〢万［二万］等，均已照理。今先后接读〤〤［四十四］、〤〦［四十六］两号赐书，欣聆一是。查尊函自〢〧［二十七］至〣〢［三十二］号，日久未到，恐已遗失，不悉其中有何见委，尚请摘示，俾得按理。〤〢［四十二］号谅迟于途中，其余已衔接矣。

老弟贤伉俪孝思素笃，远而靡敬，克寅回时已将尊意转禀尊堂，祈勿萦念。马镜树君之食米十月底止已领讫，计〣斗［三斗］，五、六、七月共代金〢〢〥十元［二千二百五十元］，八、九、十月〤〥元［四千五百元］（请通知渝厂）；而刘学良者均照领去，并未间断，均祈台洽。婉女[①]久拟回乡，以内子患病，情难远离，致迟迟其行。兹内子渐次康复，适有仲宣兄处同人眷属回乡之便，故即与偕行，谅此时已抵达，恭候起居，尚乞贤伉俪多赐训诲为祷。德新兄锡家因急需支〥万［五万］。日来米价狂涨，黑市〢万［二万］尚难买，日用品亦无一不增价也。

---

① 婉女：华婉珍，华栋臣长女。

此颂

台安

梁启

33 年 10 月 18 日

再者，九月一日起至十月十七日止另用帐，兹已抄就，另封寄去，祈收核。又及。

附致伟、迩弟另笺各两页。

（凡各地汇款，应先交总处批准，后汇转宁海，以免双方不接洽。今又私自去电托付，便宜行事，则仅有制度不久又将破坏无余。）

李国伟致华栋臣

1944 年 11 月 18 日

三一号

栋哥赐鉴：

连接梁第五、六两号信，虽阅时五六月，不免失去时间性，而信件渐能畅通，差为可喜。舍间多承照拂，甚感，望随时宽拨款项，并请代劝老人多进补益滋养之品。宝寓大小均安，亦祈告知，以纾慈念。

弟及内子于上月十九日来剑弟处，无咎兄于二十日续胶弟等远来致贺，甚是热闹。伯符[1]及志仁偕来，现拟于月底遄返。婉小姐来电，已到界，昨接宝信，已由迩英弟嘱世熙及程振中去接，想不日可安抵，可请释念。尊嘱一切自当如命。拨交志方二千元，当即设法拨划，交通困难，志方返宝之事，虽一再设法，尚未能达到目的，现仍在进行，俾早日遄归。如一时不克如愿，或设法令婉甥前往，统俟到宝后决定。申三股票第一百七十号，高炜、高运记户应分得若干，乞为查明示知。合丰、协新及申三等弟名下收款，乞为随时入账，亦请详示数目为感。

敬颂

大绥

弟枢敬启

卅三、十一、十八

---

① 伯符：周伯符，时任总管理处总务组组长，兼任李国伟私人秘书。

华栋臣致李国伟

1944年12月19日

第32号

鼎威表弟赐鉴：

未奉家书已逾二月，思念之殷无时或释，即宁家往返亦转展需时，家书难通已达极点矣。上月苍年[①]、肇云两兄回家省亲，借审尊况安吉为慰，惟苍年谈起彼有按月家用向未接尊处知照，故迄未照拨，便请查示，以便按理耳。宁家带来之信有"（20）函悉，（26）号以前均到齐，小培交孟泉等云云。伟"，又"栋转锡秦烈源函悉。烈志（？）、安琳在临海立生厂徐芸政处。烈"，又"华克寅、婉十九抵宛[②]，振中、世熙来接"，又"华克寅、一安抵界，侯〔候〕便去南。婉"，又"交八区永康路雷米坊周谭女士（20000）等云云，余国柱（5000）元。伟"。又"德新、家楣交德儒（100000）。伟"，又"斐爱华（？）、赵静安、朱鉴昌交合丰余国柱（60000）（20000）（10000）等云云，赵瑞九太太（30000）元。伟"，又"婉侄二日安抵界，世熙、振中往接。迩"，均经按理，勿念。惟十一、十二月份额定家用虽仍作平掉，但近来此中情形渐见变迁，日前自荣志文[③]女士交来 〣〸［一百二十］作尊币 〧〸［七十］后，所有代付之临时家用，则已改为

① 苍年：李苍年。
② 宛：河南省南阳市。
③ 荣志文：荣月泉之女。

尊处一〇〇对一五〇之比，下月额定家用最低限度须以此比支付，当再函告。宁家转上心弟向尊处取五十艸〔万〕交尔兄者，谅已按理矣。

生活威胁日益加厉，所虑尚无结束之期。沪米曾到〦万［六万］外，今〤万［四万］六七，锡〡〦千［一万六千］，柴煤〤千［四千］左右，豆油〥百元［五百元］一斤。而今冬天时严寒，素菜蔬尤居奇，最贱之青菜要〡百元［一百元］一斤，鱼、肉无论矣，恐仍无止境也。申珊本月发八倍已收，尊册合记则分割，黄物已交舅母大人收存。日前有史君友人回返，曾将零用帐自四月十九起至十一月廿日止之底稿带上，不识已蒙照收否？此后之零用帐亦当觅便带奉不误。专此。

敬请

冬安

梁启

33年12月19日

附汉纪十月份另用帐二页。

（请查去电原文，有否误译情事。）

李榦致李国伟

［1944 年］4 月 15 日[①]

伟哥赐鉴：

久稽音问，驰念为劳。此间杂务栗六，岁月如驶，正月间接奉去年九月廿五函，敬悉近况安胜，嗣以弟叠因事离华盛顿，致稽裁答，深引为歉。所询各节，略陈意见如下。

关于纱厂机器一节，美最大公司，计共 LACO-LOWELL[②]（即慎昌经理行家）、WHITING[③]及 HOWARD BOROUGH[④]等三家，出品均佳，惟在战时均改制军事机械，停制纱机。全美纱锭共二百三十万，其中百分之四，每年须换新锭，战时所不及补充者，战后均须补充，故战后美国内纱锭需要极大。现时美本国及南美纱厂，向机厂定购纱锭，机厂均不允签订合同，仅先行登记，不必交付任何定金，战后再议价格，次第交货，中国纱厂如向定货，情形亦同。据业中人估计，交货期间，最早须战事停止一年之后，我厂为捷足先登之目的，无从达到。接 LACO -LOWELL 来信，知申新前已由慎昌向定购二百七十万元之机器，如与兄函所述者，系属一事，不妨暂时听其自然，待机会来临，设法催令早日交货。如此批非兄厂定货，亦请示知，并将所需定购各件，开列清单，寄送弟处，弟可嘱请该厂予

① 原信无年份。根据 1944 年 5 月 28 日李国伟致李榦信中提及的“顷奉上月十五日大章”，应指此信，故推断年份为 1944 年。

② LACO-LOWELL：应为 SACO-LOWELL，即萨克洛威尔纺织制造厂。

③ WHITING：应指 Whitin Machine Works，即惠廷机器厂。

④ HOWARD BOROUGH：应为 Howard & Borough，即好华特机器厂。

以登记，至价格及付款手续，现时均谈不到。此项机器，以后如不须用，亦无合同义务之拘束也。（美机器厂，普通无代顾客设计部分。此项设计工作，由专门之ENGINEERING FIRMS[①]承受，以前在华洋商，除经营进口业务外，即兼营ENGINEERING FIRMS之事务。美制造厂商，高度分工，故ENGINEERING FIRMS之设计，每取材于若干制造厂商分别定购，不限于向一厂购买。国内开定购机件清单，如有困难，可将一切条件详细开列，此间可请教专门纱厂设计之ENGINEERING FIRM，须出手续费，惟不甚高。）

定购新锭时间方面之困难，既如上述。另一办法，如在美购取半新旧纱锭，美国纱厂机器全部出让者，机会颇多，闻价亦公道，但买旧厂机器，困难亦多，战时买机器须先得美政府同意。现以交通阻塞，我所买机器，不能立即出口，故无从领取出口证。如托美厂代买，转存栈房，则栈租既贵，且夜长梦多，战事如延长，或被政府征用。此间对纱机有经验友人，为资源委员会张文潜兄，惟立场与私人厂家不尽相同，仅可托请零星帮忙而已。买旧货不比买新货，出入太多，如走此一途，以兄自来或由国内派内行人来办理为妥。

关于制帽机图样一事，曾托人与厂家接洽，有关函件抄送察阅。美一种工业机器，每非一厂承造，仅得一部图样，即使有成，恐无实用。其Dario of Furber In Catalog一种，对各种机器说明颇详，当随后寄奉，该件笨重，不易附函送去也。

顷又接一月廿二函，前函尚未复出，更觉歉然。志方在厂实习，经历甚多，弟觉其学化学工程，多看几成种工业，返国之后，较有伸缩余地。本学期志方又进麻省工大，就实习时感觉缺乏之学科进行深造，年底返国一点，弟曾与通讯，但总须视届时交通情况而定。兄函

---

① ENGINEERING FIRMS：工程公司。

注重人造丝，此业各方注意者太多，不审将来有牵涉否。与美方合作一点，为将来之不易方式，但此刻因种种条件，未能具备，实际谈判，似尚过早，弟对此节深刻注意，如机缘来临，当不让其错过也。

兄函言近常患病，未审何恙，如须〔需〕西药，乞示知，俾觅便带奉。舍间一是，乏善足述，且弟对政治一道亦少兴趣，有时无聊之地，自觉可笑，但人口均安，可以告慰。诸儿女到美后，长大极速，食物环境，均有关系。济元今春入康奈尔大学，彼立意学电机，康校功课不及麻省，但生活则较麻省为优。弟妇自前年添一男孩后，身体较差，最近带来仆妇贝妈，羡美工资高，坚决辞去，家中搽作，多须自己动手，在此点恐与国内内地情形，不谋而合矣。

兄以后赐函，请托重庆中行陈庸孙兄转，言系弟托，当无问题，半月可达，较普通邮件为快。专布。

顺请

夏安

弟榦手上，内子附叩

四、十五

大嫂请安，诸侄、侄女清吉。

（五月廿五日到，廿八日复。）

李国伟致李幹

1944年5月28日

第三号

匀〔均〕弟垂鉴：

顷奉上月十五日大章，欣谂俪祺佳胜，旅况吉羊，慰如私颂。来函对于奉询各事，指示周详，至为欣快，兹胪①复如后。

纱厂新机在美既无法购买，只有先行登记之一途，则请吾弟探访 Whiting 及 Howard Borough 两家所造之机，以何家为新颖。因 Saco-Lowell 所登记之机件，由慎昌向接洽者即系申新四厂重庆方面嘱其开帐之货，四厂并未与彼签订合同，谅彼因厂家无须付定金，故即将该货先行登记以求垄断，同时即向我方说词，如须求捷足先登，则需付定银百分之三至百分之十。如此一做，彼方两面生意均不落空，暂时只可听其自然。其实兄之宗旨，拟定最新式纱机二三万锭，纺廿支至卅二支之纱，其余则拟自整旧机及仿制新机，故如余两家之纱机品质亦甚优良者，请托专家为计划一个二万锭（最少二万锭）之厂。中棉大都不及美棉干净，故清棉机器应特别多配，而梳棉机亦应多备，清花英文名 Blowing and Scratching Machines，梳棉名 Carding Machines。目下，清花均用 One Process，粗纱 Roving 及细纱 Spunning 均用大牵伸 High Draft，故须采用最新式、最精良者。

① 胪：陈述。

旧机在纺织方面者，国内暂不需要，因此范现在沦陷区之厂大都均为敌人毁损，将来要整理者甚多，不必再购外货矣，设到时需要，亦可随接谈。因吾弟来函述及彼邦每年换下老锭百分之四，则随时均有购进之机会，不若待运输便利时购买矣，卓见以为然否？至做帽机器，做兔毛及做羊毛者是否可以通用？又 Fur-Felt 大都系用何种皮毛，亦请询示。此业于我为新创，且中国内地销场究竟不大，故以先购小型者为合宜。审阅附来各函，似以 Kaufman 之七万五千元之一套机器为合用，惟不知能做羊毛否？尤其中国羊毛品质粗短，更应注意，故请吾弟托专家研究。至于美友合作建造每日一千打以上之大厂，则须俟时局平靖，在沿海大埠设厂，方不虞出品之滞销耳。

人造丝事业，我国人士在美注意及活动者有若干人，政府机关和私人机关乎何者为多，亦请示及。方儿在美多承吾弟及弟夫人照拂，无任铭感。渠对于人造丝已实习有相当时期，兄又从事于纤维纺织工业，故欲其专于此途，来函云“此业各方注意者太多，不审将来有牵涉否”，不知何意，岂民营有所不便乎？如有与美方合作之机缘，务盼随时注意也。

兄于冬季因不能受寒，故常感头眩心跳等症，在春、夏、秋三季则尚健叿，谅因已入老年时期，血亏之故耳，故冬间常服 Dextrose[①] 等，稍觉收效。上月十七日，敌人又在豫发动侵掠[②]，豫中、豫西均已沦陷，故陕省亦颇呈紧张之势。此间范围已大，今春又开张一造纸厂，每日可出道林纸一吨或打字纸半吨，系用废棉及废纱作原料，出品尚好，亦曾为吾弟投资五万元，故有纱厂、布厂、面粉厂、铁工厂、纸厂五部分，设有变端，又将前功尽弃，良为忧虑，国力不兢，

---

① Dextrose：葡萄糖。

② 敌人又在豫发动侵掠：1944 年 4 月 17 日，日军在河南开封以西中牟县一带渡过黄河，挑起豫中会战。

人民立业不易也。

吾弟全家在美，际此战争剧烈，食物难得自由，不便可以想见。弟夫人躬自操作，惟望勤自保养，勿过辛劳。大侄入康校学电机，天资聪颖，自能出人头地，二侄及侄女等谅不久亦将毕业中学矣。兹函章午云表弟划奉美金叁千元，壹千元赠三位侄儿、侄女备购衣物，因无法带奉，且国中无好物，请吾弟代办；余贰千元留存弟处，备接洽纱机、帽机等另用也。

舍间一从粗通，二小儿①已离军队，在家修习，备今秋进大学；三儿②在汉中之东城固西北大学工学院读机械；大女③在齐鲁大学，四儿④在金大附中，均寓成都；三女⑤在三原女中；六、七两儿⑥亦已到宝，六读初中，七读高小四。惟四女⑦及八儿⑧则在申伴祖母，近因战事，久未得信矣。专此。

顺颂

双绥

小兄枢手启，内子附笔请安

卅三年五月廿八日

诸侄清吉。

---

① 二小儿：李志成。

② 三儿：李志良。

③ 大女：李志靖。

④ 四儿：李季荃。

⑤ 三女：李介寿。

⑥ 六、七两儿：李乐莘、李振宇。

⑦ 四女：李筱同。

⑧ 八儿：李轶陶。

李榦致李国伟

［1944 年］7 月 12 日[1]

伟哥赐鉴：

顷接五月廿八来信，敬悉一一。致志方及丁宜生信，均已照转。月初奉尊电，业于五日复出，谅可早达。此间商部及瑞士使馆均称 Escher Wyss[2] 为瑞大机器厂之一，极有声誉，决不在黑单之内也。

关于纱机事，战后情形，决成粥少僧多之局，慎昌定货，不妨听之。其余两家，Whiting 牌子较老，出品极佳，计划二三万纱锭事，可即以 Whiting 为对象。但美纱机厂家，互通声气，我在两方同时进行，须要解释，弟现时地位，不便自己出面，当托人设法（经过当续函）。

织帽机事涉专门，兄询各点，须调查后方能答复。前送去 Dario of Furber 出品样本一件，谅可先达，其中机样均仅草案，不审能按图索骥否。

人造丝事业，为官、商两方所注意，即寿萱[3]、念曾，亦均有意。履洁兄来，亦接洽此事，且有后台。美方以战后局势不定，迄未有定表示。志方年事尚浅，独力径行，难于见功，加入团体，固无困难，但亦无聊。故对志侄最近计划，似当确求学识经验之深造，余须看事

---

① 原信无年份。信中提及“顷接五月廿八来信”，应为 1944 年 5 月 28 日李国伟致李榦信的回信，故推断年份为 1944 年。

② Escher Wyss：瑞士爱舍维斯公司。

③ 寿萱：薛寿萱（1900—1972），名学濂，江苏无锡人，永泰丝厂掌门人，被称为“丝茧大王”，荣卓仁丈夫。

行事。

兄函汇款一节，如收到后，当全数另帐存储。调查费用，当遵嘱在款内支出，惠赠诸儿女者，心领谢谢。兄函体力欠和，弟本当多送药物，但托带真正不易，待机再说。

此间U.S.Chamber of Commerce[①],National Association of Manufacturers[②], National Foreign Trade Council[③]等主要私人企业团体，拟本年十一月，在美筹开 International Business Conference[④]。我经济部已指定全国工业协会及商会联合会代表我国，已被邀请，将来推派代表，最多六人，顾问亦六人，来美参加。此次召开会议之美私人机关，均属强而有力，兄处如能设法参加一席，于战后发展，良多补益。能自来最佳，年前曜弟函，颇有来美一行意，此次机会相当，能设法进行否。专布。

顺请

双安，并颂潭第百福

弟幹谨上

七、一二

---

① U.S.Chamber of Commerce：美国商会。

② National Association of Manufacturers：美国全国制造商协会。

③ National Foreign Trade Council：美国外贸委员会。

④ International Business Conference：国际商务会议。

李国伟致李榦

1944 年 7 月 23 日

第四号

芑均大弟垂鉴：

五月廿八日曾上第三号书，谅蒙赐察，有复在途。际兹国际金融会议开会之时，吾弟公务谅更繁忙。近见报载会议经过良好，我国加入世界银行后，建设贸易当可易于发展，求其自我操纵，较抗战以前自可僭胜多也。方儿返国事，接其来信，亦以难有快稳之交通为虑，兄思此次预会团员将来返国时能否带其同回。兄为此事已托友人致电顾次长[①]，恳其设法，同时请吾弟托李国钦[②]先生 Mr K.C Lee（华昌贸易公司总经理）向孔院长[③]一言，当能有成。闻李先生与寿萱交厚，如吾弟常在华盛顿，与李先生谋面时少，则请代恳寿萱设法为要。前请午云表弟划上叁千元，已照收否？

宝鸡近来气候殊热。上月初旬，曾有一度之被袭惊恐，后因灵宝胜利[④]，而敌之企图复转向湘南，故得免于迁徙耳。弟夫人及诸位

---

① 顾次长：顾翊群（1900—1992），字季高，江苏淮安人。时任国民政府财政部常务次长。

② 李国钦（1887—1961）：字炳麟，湖南长沙人，美籍华裔领袖。第一次世界大战后在美国纽约创立华昌贸易公司，任董事长兼总经理，主要经营钨、锑、锡等矿产和桐油等农副产品贸易，该公司是抗日战争前中美间通商规模最大的进出口贸易公司之一。

③ 孔院长：孔祥熙（1880—1967），字庸之，山西太谷人，时任国民政府行政院院长兼财政部部长。

④ 灵宝胜利：1944 年 5 月下旬，日军为占领潼关而进攻灵宝。6 月中旬，在中国军队的抗击下，日军未达到目的而撤退。

侄公子、侄小姐等定均佳胜，为祝战事胜利在望，相见谅可不远矣。专此。

敬颂

双绥

兄枢手奏

卅三年七月廿三日

附致方儿一信，请掷交是悬。

芑弟再鉴：

前因欲向瑞士 Escher Wyss 厂定购汽轮发电机，故曾发电询问该厂是否在美政府允付款项之列，得复电可以付款定机，感谢清神，无任欣幸。兄因目下英美机厂均须于战后方接定货，而瑞士厂即可付制，允于十个月后交齐，故决定请其承制。惟该厂在中国并无经理之行家，现拟在纽约交款，交于瑞士国家银行 Swiss National Bank 收，该厂之账同时由该银行出保证书，保证该行依约即制，在航行通时予装来中国。兹节录该厂来电："Payment equiralent of Swiss Franc amount to be made in dollars via New York for each account on famous Swiss National Bank.After accept your order, bank guidance for fulfillment contract and immediate communicate work with undertaking the choice enjoyment as well as circumstance. Payment to be handed or to Swiss National Bank on your behalf against payment."该机共需一百五十余万瑞士佛朗，目下对美汇率是否四与一之比？（请询明示及。）现正请花纱布管制局向外汇处申请，将来付款时将请吾弟向瑞士银行取担证明书也。

再颂

时绥

兄枢又启

卅三年七月廿三日

附：

李国伟致李志方

1944 年 7 月 23 日

方儿收览：

因久未接回信，故于六日发电询问，接汝十五日复电，知路费二千元已照收，惟不易得稳捷之交通。余意此次参加国际金融会议之我国官员将于二三月内返国，汝可请二叔或二姨丈设法搭其等之机同返。闻李国钦先生 Mr K.C Lee 与孔院长契厚，由其介绍，可以有望。汝与李先生认识否？不妨请二叔或二姨丈为汝介绍，前往面恳，余亦已请此间至友电顾次长为汝设法也。余于十一日复汝三月二十日之信，谅亦收览，汝信在途几至四个月之久，实令人悬念也。

宝鸡于上月初旬甚为惊惶，因敌骑西渐，将迫潼关，而中州军队新经败挫，几有莫能抵御之势。幸灵宝转胜，而敌复志在西南，故能转危为安。近衡阳坚守，敌锐已摧，而太平洋、缅甸等处复节节胜利，敌阁因之改组，实已现再衰三竭之象，胜利当可在望。故汝可与二叔大人等商议，以从早返国为合也。暑假期内，汝大妹、三弟、四弟等均已由成都、汉中返宝，惟二弟因投考贵州平越交大之故，已于月初赴该校矣。婉甥女一俟秋凉路通之际，即往接来，余不多赘。此问日好。

父母同谕

卅三年七月廿三日

上次命汝购回之纸厂试验机，望均购就带回，款可请午云叔付。

八月廿九日又去一信，嘱如能随财部人员同回最好，否则在美一心研究，不必接头战后人造纱之合作问题。

李榦致李国伟

［1944年］11月21日[①]

伟哥赐鉴：

前接十月廿日电，嘱向 whitin 定纱锭一万五千枚，当即与杨锡仁[②]、章午云两兄接洽，以书信来往，需时较多。日前接到杨兄函，附 whitin 规范新约两份（培卿收一份），兹均寄奉，阅后如无不妥，请一份签字寄回（前约作废），约文内对交货日期，并未言明，价〔货〕价亦说活，此因美制造业局势而然。定金一层，以申请解冻，此间困难极多，与杨、章两兄商洽，决定由存款银行出信，证明存款内不少于二万五千元之数，划充 whitin 定金。以该厂信用，如此办法，决无问题也。上星期接致志方两电，均即照转，想日内必有回音，当电转也。国内战局，日见紧张，最近政局改组，不审于经济前途有变动否。舍间大小均安，惟对时局觉焦急耳。专布。

顺颂

冬安

弟榦手启

十一、廿一

大嫂均候。

---

① 原信无年份。信中提及“嘱向 whitin 定纱锭一万五千枚”，与1944年11月24日李国伟致李榦信中提及的“PLEASE ORDER FIFTEEN THOUSAND WHITIN SPINDLES”（请向惠廷机械厂定纱锭一万五千枚）相对应，故推断年份为1944年。

② 杨锡仁（1892—1974）：字冀成，江苏吴江人，时在华盛顿中国国防物资供应公司任职，主管自由轮运输船队。

李国伟致李榦[1]

1944 年 11 月 24 日

芑匀〔均〕弟赐鉴：

上月在成都接宝鸡转到八月廿九日惠书，敬悉一是。经于十九日复上一电，电文如下："PLEASE ORDER FIFTEEN THOUSAND WHITIN SPINDLES. YOUR LETTER 29-8 STOP ASK MANUFACTURER SUBMIT DETAILED, SPECIFICATION STOP CONTACT CHIHTSANG FOR DEPOSIT, KOUWEILEE."想早邀洽悉，并赐为办理。垂承示杨君意见，拟先付定金五万元，俾资确定，并可将交货稍予提前一节，自可照办，请即予向午云弟接洽酌拨。此类定单须战事结束一年之后方能开始交货，为期颇远，将来办法如须变更，以期适应彼时环境，自可临时提商也。

志方事承为力，甚感。婉小姐来电，已抵达界首，迩英弟业派要人去接，想不日可抵宝，乞便告知。兄及内子于十月初离宝南来，在成都住十日，与曜弟伉俪畅叙甚欢，嗣于十月十九日到达重庆，不觉又一月有余。现各事大致料理就绪，拟于下月上旬离此，仍拟过成都小住数日，约十二月中可返抵宝鸡也。阖潭统候。

敬颂

俪祉

卅三年十一月廿四日

---

① 原信无落款人。根据信中提及"志方事""曜弟"等，故推断落款人为李国伟。

1945 年

李国伟致华栋臣

1945 年 1 月 29 日

第〨［八］号

三哥[①] 如握：

月余未得惠书，而志永兄亦四旬无音问，同深悬忆，岂邮涂多阻欤。婉甥前往方儿寓处求学，刻已有端倪，全视剑弟代洽手续之时候为断。伯静兄等生意无起色，故迩、培两棣于周前偕访一鸥弟商量兴革，日内言归，物价过昂，便无可经之商业矣，奈何。

上函所云朓公家用，给吴圭如小姐，转和叔夫人及莫德全各五万，又偿德丈前借〨万［八万］事，计荷照理。据闻朓公子久卧病，故需调养费用极多，虽贫病交迫，但素性耿介，雅不愿多向德丈商借，并乞哥常加存问，从宽接济所需，不有所限尤佳。此间念其年迈，虽子病，迄未敢相告也。志永兄处〢〦［二十六］日曾去一信，内有朱贻荪致海宁路〦〩〧［六百九十七］号朱清泉15千［一万五千］，已详9923函，兹汪清明还苏州花驳岸〡〥［十五］号俞芷庄汪锦文各沪钞〥万［五万］，戴光璧还新闸路大德里〦号［六号］戴光裕沪钞1万［一万］，此外则顾裳吉还锡蔡虎臣转家15千［一万五千］等语，顺此奉闻，得毋厌烦否。棫兄八日与迩弟之信今方到，大新事俟迩弟明后回来再商复，勿念。旧历年瞬又届，开销逐大，令人焦灼，尚乞

① 三哥：应指华栋臣。

惠我数行，借抒积悃，幸甚盼甚。

　　即叩

侍安

弟枢拜启

卅四年一月二十九日

昨发“转栋哥……秦焕良还孙镇域二万……”陆君一信。

李国伟致华栋臣

1945 年 3 月 1 日

第〡〣［十三］号

荫梁表哥如晤：

上元节前二日曾寄芜缄一通，想早邀察及。此间气候乍寒，昨晨又忽降雪，日中即霁，虽麦芽透土无多，而其他农作物难免影响耳。绎唐[1]弟闻将结世荣之伴，言归省亲，月内可动脚也。薛子良家属数口，衣食日趋窘迫，久思作回里度日，如来干求，乞予周旋，俾遂其行。翁中孚有弟士刚住南市乔家浜药局弄〧〩［七十九］弄 1 号顾家，亦须下乡，还望给资以助其程，闻其乡下尚有田亩可自耕耘，暂行维持。培弟经手对各房亲戚款项均专户保存，倪吉文最初忆系溥弟或纪弟介绍，晤言数年，前曾托哥向归一年有着，今渠已出门，溥弟等倘亦不知其来历，则此债只得缓讨矣。十一月廿二日请拨黎用臧家用〢万［二万］，兹见示仅一万，请赐予补足原数。至叔廉、鸿椿还鸿翔之〥万［五万］，系转荣培锦者，乃叔廉之侄收用也。培棣云新华号尚存（31 年滚下）〢〣〥〡〥.〣〩［二万三千五百十五元三角九分］，相符否？又称溥棣宗记户 33 年底止轧，欠〡〩〤［一百九十四万］后须扣清，支款时再将余领付去，缘是户曾付尤款及仲诏弟代卓球妹支款，

[1] 绎唐：章权，字绎唐，章剑慧三弟，全面抗战期间先后任四川泸州海关及成都海关主任、重庆海关帮办。

并溥弟另付等，皆在内也。

此间大除夕前物价激涨，鸡蛋每枚［二十二元］，猪肉一斤［一百八十］，白米一斤近［五十元］，柴一斤［六元］，余可类推矣。

即叩

侍安

弟枢拜启

卅四年三月一日

三二号信刻方收到。

李国伟致华栋臣

1945 年 6 月 28 日

第〣〢［三十二］号

三哥尊鉴：

近半年来未接家书，足证去信亦鲜，到达梦毂为劳，度多同感矣。物价迫人，近更加厉，饥寒之患，随在堪虞，雨量欠顺，夏稔减收，秋粮望雨甚殷切也。

半月内曾致肇云数信，爰为摘要，附闻如次。六月十六日有表弟孙振诸奉家用〸万［十万］；七月起章则汶家用加〣〤［三千四百］，连前共〥千［五千］；黎念劬同月起加五千，连共〡〥千［一万五千］。六月二十四日：因得六月六日信，云禹公托德新兄归款五千元，剑兄归款〢千［二千］，均珊哥经手，存号或行均可等语。后立复：信悉。禹公归款〧千［七千］，向谁家何人接头？按禹所存号者，只工玉璋还来千元，至王俊科〡千［一千］，已收交仲诏弟。郘乐年一笔至今无着落，赵月亭者早退转，另玉璋〡千［一千］未讨到，不知相符否？黄赞清拨家用〣万［三万］，刘阿康还江阴北门外大街景胜阳南货店转刘纪寿〢万［二万］，汇费在内扣算。八月起叔廉家用加〧千［七千］共〡〥千［一万五千］，荣锡根亦加〩千［九千］共 15000 元。六月二十六日：四月十五日尊函嘱收德记名下款存号，顷仲诏弟以币值时生变动，嘱悉数汇去，已全清讫。溥、辅、庆弟及心弟各事皆按理。涂希元家用七月起加 5 千，共 1 万，前曾详四月五日函中矣。六月二十八日：孙振诸交孙秦款5万，烦缦云拨荣觉先1万，又倍开尔路文兴坊〣〢［三十二］号，家用1万，章世桢家用七月起停止等语。匆此。

即叩

暑安

弟枢拜启

卅四年六月廿八日

姑丈八五生辰，迩弟为治面宴，亲祝寿，甚热闹也。

章午云致李国伟

［1945年］3月23日[①]

国伟表兄尊鉴：

接奉苣均兄转下第六号函，敬悉一一。兹将应复各点奉闻如下：

一、承嘱关于收付款项每月抄一清单，笔数不多，自当遵办。兹附上本年一月起至最近止收付清单一纸，即乞查收。据花旗银行称，每月有结单寄上，未知按期收到否？（按期收到。）将来可以此为转账根据。至弟户下款项，向少变动，如有变动，再当报闻。此外，代付电报等费用随打随付，俟稍暇当汇总计算。

二、渝中行电汇一八,五四四．〇〇元，少尾数一角四分，据花旗银行报告，并无尾数，谅系电汇时漏去。当再向此间中行一查，数目甚微，如确已漏去，亦听其自然，不值得去查究。关于储蓄券之电汇，美府从中为难，前已函闻。前日与中行再度商洽，并与此间联邦准备银行接洽，只以牵涉政策，权在华盛顿之财部主管人员，既系整个问题，不便单独解决。据联邦准备银行人员之观察，大约在两星期内可有解决办法，故现再等待两个星期。如仍无办法，当即发电请尊处退汇，将储蓄券寄下，以便归收。

三、兄之一万三千美金已交志方保管，目下亦在申请转账中，前已函闻。至其他之一万元至今尚未收到，未知系何人抬头？｛一万元留东系 W.W.Rong（荣文蔚）抬头。｝何日电汇？尚乞查示为何。

---

① 原信无年份。信中提及“承询内人等在小吕宋状况……被美兵救出”，1945年1月9日，美军开始登陆吕宋岛，故推断年份为1945年。

四、RIETER[①]厂付款业已遵电停止，安利厂付款业已办理。

五、承嘱将申四款项悉数移存于一个银行，并拟不再存花旗，免与他户牵混，嘱为另择一妥实银行开户等情。查此间银行中，有一化学银行（CHEMICAL BANK AND TRUST COMPANY），地址为165 BROAD WAY，向为上海银行之主要往来户，为此间十大银行之一，服务完善，远较花旗银行为佳。弟与该行交往多年（曾在该行做事六个月），与其主管人员颇为熟习，如吾兄觉可在该行开户，请缮就一函致化学银行，授权于弟在该行开户，凭弟签字收付款项，即所谓POWER OF ATTORNEY[②]，与以前在花旗银行开户时致花旗银行之授权书相同。如此，则弟可在化学银行开户，而将花旗之款项全部移转。（准移化学银行）花旗国外部人员因久在中国，养尊处优已惯，暮气颇深，以致服务方面常不能尽如人意，如请领护照等不肯为顾客打算，每致延迟错误。如转往化学银行办理，可省弟时间不少，因目下与花旗银行接洽，每事除口头接洽外，均须正式书面通知，防其延迟，又须再三叮促解说，有时颇为吃力也。

六、承询内人等在小吕宋[③]状况，甚感。最近接内人来信，悉战事紧急之时，在炮火区中被困达十日，寓所全部焚毁，尽失所有，逃入一避难所中，被美兵救出，大小幸均平安，现住一友人家中。现正设法汇款救济，此后生命、生活大致可无问题，惟目前船只奇缺，何日来美，尚在接洽，无确定期日也。顺以附闻。专此。

即颂

日安

---

① RIETER：瑞士立达公司。

② power of attorney：委托书。

③ 小吕宋：吕宋是菲律宾三大政区之一，西班牙统治时期，华人称之为“小吕宋”，称整个菲律宾为大吕宋。

弟植拜

三月二十三日

纽约大银行，弟因世界公司及上海银行关系，多有交往。据弟个人经验，其服务之满意程度可排列如下：

（一）化学银行（二）CHASE BANK①（三）MANUFACTURERS TRUST CO.②（四）CENTRAL HANOVER BANK③（五）IRVING TRUST CO.④（六）GUARANTY TRUST CO.⑤（七）花旗银行。

须在何行开户，请兄任择一行可也。

---

① CHASE BANK：大通银行。

② MANUFACTURERS TRUST CO.：制造商信托公司。

③ CENTRAL HANOVER BANK：汉诺威中央银行。

④ IRVING TRUST CO.：欧文信托公司。

⑤ GUARANTY TRUST CO.：担保信托公司。

李国伟致章午云[①]

1945 年 5 月 30 日

总字第十二号

午云表弟赐鉴：

五月廿一日上第十一号函，由外交邮袋于廿四日晨由渝寄交芑匀〔均〕弟转致，想不日可到。顷又奉四月廿三日大函，敬悉一是。款四笔，计（一）八,二四一．七六元,（二）一八,五四四．〇〇元,（三）二,五七五．五五元,（四）三〇九,六四四．三九元，均已存入花旗申新户，甚慰。因美政府变更法令，致有此稽延，自属无法。渝续汇六万元，亦已收入，极好。

承示国际局势，綦佩卓见。近日对日空袭逐渐加强，国内国外各路军事均有进展，急转直下，为期想不在远，胜利即在目前。我厂复兴计画亟待积极推进，现英美接受战后定货日见拥挤，闻南美各国竞争尤烈，约计非俟战事完毕数年之后，不能将定货交齐。上行办法自为应急之图，吾厂亦宜急起直追，以免落后。望吾弟密为留意，如有可用旧锭出售，即为洽订，约以四万至五万锭为度。兹再由外部邮袋复上此书，希即密速办理为感。

敬颂

大绥

卅四年五月卅日

---

① 原信无落款人。根据收信人及信中“芑均弟”等称谓，推断落款人为李国伟。

李国伟致李榦[1]

1945 年 4 月 20 日

第十四号

芑匀〔均〕大弟赐鉴：

三月五日上第十三号书，计已邀察，及嗣接吾弟三月十日电知 Escher Wyss 银行担保业已收到，甚慰。战事结束在望，战后一切规画亟待从事，以免落人后着。兹致午云弟一信，请其咨询纱机制造专家，作一机厂计画，因恐外泄，仍托外部友人出外交邮包内寄致弟处，请为分神妥致为感。弟夫人统候，阖潭想均安好。

敬颂

俪祺

卅四年四月廿日

前请问 Dario Furber 开毛纺厂机器，贱未知已与赐办否？前拟三千锭，似嫌过大，可以减半，因国中羊毛产量并不丰富，而品质次者多也。又及。

---

① 原信无落款人。信中提到“Escher Wyss”，1944 年 7 月 12 日李榦致李国伟信、1944 年 7 月 23 日李国伟致李榦信中都提到“Escher Wyss”，故推断落款人为李国伟。

李榦致李国伟

［1945年］6月15日[①]

伟哥赐鉴：

日前由旧金山返华府，接获兄十六号函，致午云信业经照转。所询一节，照弟现时观察，似难实现，惟最近变化不居，所嘱午云兄办理各点，似均妥善也。羊毛机定货事，兄处毛样尚未见到，不审带出否。国内物价，闻又复涨，将来商路如能通行，外货能达内地，于国内企业，弟觉恐有打击，想均在兄意料之中也。弟于一个月内拟返渝一行，现时计划，有三四月耽搁，特先奉闻。此信拟托友人带上，匆匆不尽意。

敬请

台安

弟榦谨上

六、一五

曜弟：此信拟由吾弟交转（**成都六月廿五日转寄。**），乞一阅，以时间关系，无暇另函矣。余续详。

（**七月二日到。**）

---

① 原信无年份。信中提及“接获兄十六号函”，1945年4月20日李国伟致李榦信为第十四号，且两封信均提及毛纺厂机等事，故推断年份为1945年。

李国伟致荣志仁[①]

1945 年 4 月 23 日

总字第六号

志仁吾弟赐鉴：

三月十三日、卅日及四月一日所发第十一、十二、十三号惠书均敬悉（同于四月十八日到达），并于第十二号书中得悉兄处所发第四、第五两号书已到达，深慰。承示纪仁[②]弟及元熙[③]迩况，兄及迩英弟均极快慰。

锭胆弹簧业向孟买商行订购三万枚，价每罗八卢比，已洽。绒辊弹簧，英国制品，短期闻既无运到希望，孟买本地制造者经吾弟考验，较重庆寄去样品弹力为强，自可照定。渝厂因救济棉荒，由剑慧弟规画添办毛纺，已开始在兰购办羊毛。故兄处接吾弟来电，即复上一电表示赞同。至来信所云困难各点，兄深为谅解，想吾弟同时已有函电与剑慧弟。沙逊见告染用原料及制造化学程序，甚为可感。Tamarind seed 如何使用，及是否合于我国之用，得便请加以更详细之调查。纸厂原用铜丝，希竭力节用，可维持至本年年底。以已购毛毡相换亦佳，或即定新者，亦无不可。Boll Bearing’s for Motors 在

---

① 原信无落款人。信中提及“迩英弟”“剑慧弟”等人，且落款人在宝鸡，故推断落款人为李国伟。

② 纪仁：荣纪仁，荣德生六子。

③ 元熙：华元熙，华迩英长子。

印既难设法，只得直接向英国定购。Involule Gear Cutters[1]购到甚好。High speed steel 及 Carlon steel 此间并未嘱购，想系因第五号去信写作 High speed steel or Carlon steel Involute Bever Gear Cutter ，以致误为分读。兹既难于购得，自不成问题。Graphite Compound 因需用较多，故嘱多购十磅，请便中留意，如实难觅得，亦无所谓。

关于运输问题，除 Superheater Tubes 外，其余约重一吨之物品，既经中航公司配给吨位，允在客机装运到渝，只得安心等候。至前函所称购车陆运一层，一时尚难有具体计画。承告 Gauge Glasses 有十打运抵昆明，并有被窃情事，容函渝厂转行查询。Pump impellers 业向安利定妥，请释念。致袁书卿兄信稿敬洽。Carbon Brushes 等已由英运印，极慰。Rieter 纱机事，接吾弟三月廿六日来电，经再将所开价目加以复核，较之 Platt 开价，实际已超过百分之四十以上，太不合算，故于本月九日复上一电，请电 Winterthur[2] 停止进行，谅已洽办。与 Escher Wyss 来往各电均洽，对于技术方面，吾弟各种规画深合兄意，全部工作能于本年十月完成，闻之尤为欣慰。关于长江水性数字，当函剑弟照与吾弟洽谭各节，托查径复。

关于向瑞士购机一般问题，除 Rieter Company 诚如吾弟所言，政策极为拙劣，系属特殊情形外，其他大厂既均愿与我交易，自当善为利用。战后纱机一时不易补充，英美各厂接受定单早已超过其生产力量，诚有如吾弟来信所言，战后二年以内供求不能相应，故兄意必需加紧自造纱机，以求自给自足。现我工作母机极度缺乏，此为吾弟所熟知者，请吾弟乘此瑞士厂家欢迎吾厂定货之机会，托该国大厂就最新式之计画设计一机器厂，须备全套工作机（并须最新式者），以每年能出十万纱锭为目标，并请其将全套工作机之价目详细开单。此

① Involule Gear Cutters：应为 Involute Gear Cutters，渐开线齿轮铣刀。
② Winterthur：温特图尔，瑞士城市。

关吾范将来复兴之根本计画，务请吾弟慎密调度，以不惹人注意为宗旨。兹附上计画纲要一纸，请即根据进行，愈速愈妙。Machine Tools 目录请设法在印觅致数册，以资参考。

令妹志文、志英[1]及田正川[2]兄于三月廿七日安抵宝鸡，一路顺遂，现招待在乐农别墅暂住，正川兄日前已乘公路车去渝。志英妹愿加入我范工作，已派至总处总务组担任文书，将来办理译述英文稿件及打字等，颇能胜任愉快，想为吾弟所乐闻。婉珍出国，一时尚难如愿，承关注，感谢。舍间均安好，堪慰远注。吾弟身体康佳，极用忭慰。酷暑迫人，仍望珍卫，勿大意为盼。豫南、豫西战事又起，此次应付颇为沉着，局面日有进展，迥非上年光景，西安、宝鸡人心亦异常镇静，前途极可乐观。

敬颂

大绥

卅四年四月廿三日

---

① 志英：荣月泉之女。

② 田正川：田元灏（1916—1992），荣志文丈夫。

附录 1

李国伟家族部分人物关系

李洁（1868—1896）：皓修，李国伟父亲。

妻子秦洧（1871—1954），李国伟母亲。

李亚芬（1892—1969）：李洁之女。丈夫朱箓（1888—1962），字觉卿。

朱通伯（1918—2011）：李亚芬子

朱仲明（1919—1941）：李亚芬子。

朱叔威（1921—1957）：李亚芬子。

朱季昌（1922—2011）：李亚芬子。

李国伟（1893—1978）：忠枢，李洁之子。妻子荣慕蕴（1896—1981），原名素蓉。

李元骥（1919—2012）：志方，李国伟子。

李志靖（1922—1990）：李国伟女。

李元骏（1924—2022）：志成，李国伟子。

李志良（1925—2012）：李国伟子。

李志和（1926—1941）：李国伟女。

李季荃（1927—2012）：李国伟子。

李介寿（1929—2014）：李国伟女。

李乐莘（1931—2021）：李国伟子。

李筱同（1932—2014）：李国伟女。

李振宇（1935—2022）：李国伟子。

李轶陶（1936—2021）：李国伟子。

李澂（1883—1949）：静涵，李洁之弟，李国伟叔父。

妻子孙沄（1880—1977）。

李榦（1901—1999）：芑均，李澂子。

李楙（1904—1986）：冀曜，李澂子。妻子荣卓亚。

李棐（1912—2006）：启民，李澂子。

李启夏（1916—2003）：李澂女。

李启龄（1921—2020）：李澂女。

李芸清（1861—1960）：佩书，李国伟堂姑母，李洁堂姐。其父李镇衡与李洁父李镇华是兄弟。

丈夫华文川（1861—1952）：艺珊。继室施韵如（1895—1960）。

华栋臣（1890—1963）：荫梁，华文川子。妻子李仔容。

华迩英（1898—1985）：荫相，华文川子。

华若芸（1913—1982）：芍云，华文川女。丈夫荣伊仁。

华若榴（1921—1941）：华文川女。

李健（1898—1986）：忠傑、统劼，李国伟堂弟。其父李瀚与李洁是堂兄弟。

秦复培：李国伟外祖父。

妻子陈兰荪。

秦洧：秦复培长女。

秦萱（1878—1972）：秦复培二女，丈夫章养和。

章桓（1905—1995）：剑慧，秦萱子。

章植（1907—2005）：午云，秦萱子。

章权（1910—？）：绎唐，秦萱子。

章映芬（1912—1994）：秦萱女，丈夫王秉忱。

章央芬（1914—2011）：秦萱女，丈夫吴之理。

章周芬（1915—2017）：秦萱女，丈夫徐炳华。

秦敏：秦复培三女。

章舜英（1892—1985）：章剑慧堂姐，其父章伯和与章养和是兄弟。丈夫许凤藻。

秦毓钧（1873—1942）：平甫，秦堃培子。秦复培侄。

秦郁芬：秦毓钧女，丈夫华选青。

秦燮源（1895—1934）：秦毓钧子。

秦毓浏（1885—1941）：澄甫，秦堃培子，秦复培侄。

秦鉴源：秦复培侄孙。

荣德生（1875—1952）：李国伟岳父。

妻子丁春梅（1876—1955）、程慧云（1895—1953）

荣慕蕴（1896—1981）：素蓉，荣德生女，丈夫李国伟。

荣觉仙（1898—？）：荣德生女，丈夫蒋濬卿，子蒋新一。

荣敏仁（1902—？）：荣德生女，丈夫宋美扬。

荣卓亚（1903—1975）：荣德生女，丈夫李冀曜。

荣伟仁（1906—1939）：鸿增，荣德生子，妻子孙熙仁。

荣尔仁（1908—1994）：尔根，荣德生子，妻子王秀惠。

荣茂仪（1910—？）：荣德生女，丈夫唐熊源。

荣伊仁（1912—1948）：一心，荣德生子，妻子华芍云。

荣漱仁（1914—1987）：荣德生女，丈夫杨通谊。

荣毅仁（1916—2005）：继增，荣德生子，妻子杨鉴清。

荣辑芙（1917—1987）：荣德生女，丈夫华伯忠（先）、魏道明（后）。

荣毅珍（1918—1997）：荣德生女，丈夫胡汝禧。

荣研仁（1919—1975）：研增，荣德生子，妻子刘莲芳。

荣墨珍（1920—2021）：荣德生女。

荣纪仁（1923—1948）：荣德生子。

荣鸿仁（1926—2013）：荣德生子，妻子汪葆华。

荣宗敬（1873—1938）：宗锦，李国伟伯岳。

荣卓球（1898—？）：荣宗敬女，丈夫丁理芳，子丁宣生。

荣卓仁（1900—1943）：荣宗敬女，丈夫薛寿萱。

荣溥仁（1906—1990）：鸿元，荣宗敬子，妻子胡明德。

荣辅仁（1906—1983）：鸿三，荣宗敬子，妻子孙凤蕙。

荣卓蔼（1910—1936）：荣宗敬女，丈夫王云程。

荣卓如（1919—2020）：荣宗敬女，丈夫乔奇·哈同。

荣纲仁（1923—2022）：鸿庆，荣宗敬子，妻子蔡宝瑚、周淑霞（继室）。

附录 2

申四、福五迁建相关历史背景

申四、福五内迁：1918 年、1921 年，上海荣氏（荣宗敬、荣德生）集团先后在汉口创办福新第五面粉公司（福五）和申新第四纺织公司（申四），合称汉口福新申新分公司，成为茂新、福新、申新总公司的重要组成部分，李国伟为两厂负责人。1938 年 8 月，因日本侵略者迫近武汉，两厂奉国民政府命令内迁。一部分机器沿长江走水路经宜昌运至重庆，在重庆南岸猫背沱购得基地，设重庆分厂；一部分机器沿陇海线西运至陕西宝鸡，在宝鸡十里铺购得基地，设宝鸡分厂。

重庆分厂：纺织厂初名庆新纺织厂，后改办申新第四纺织公司重庆分厂，简称申四渝厂。1938 年 11 月底机器始到目的地，1939 年 1 月正式开工，为迁川各纱厂首先开工者。粉厂初名庆新面粉厂，后改称福新第五面粉公司重庆分厂，简称福五渝厂。1939 年 5 月 1 日始正式开车出粉。先后于 1940 年 8 月 20 日、23 日，1941 年 8 月 11 日三次遭日机轰炸，损失巨大。

宝鸡分厂：纺织厂于 1939 年 2 月开始建筑，8 月开机一部分。面粉厂于 1939 年 5 月开始建筑，1941 年 10 月开工。1940 年 8 月 31 日、1941 年 5 月 22 日两次遭日机轰炸，损失巨大。

成都分厂：1942 年初觅就成都外东之三瓦窑勘基地建设纺织分厂，简称申四蓉厂。1943 年 4 月完成一部分厂房，7 月开始生产。

后 记

党的十八大以来，习近平总书记反复强调要坚持“两个毫不动摇”，即毫不动摇巩固和发展公有制经济，毫不动摇鼓励、支持、引导非公有制经济发展。2015 年 7 月，习近平总书记在中共中央政治局集体学习时强调要“深入开展中国人民抗日战争研究”，“让历史说话，用史实发言”。目前，我国首部专门关于民营经济发展的基础性法律——《中华人民共和国民营经济促进法》正在研究制定中，2025 年也是中国人民抗日战争暨世界反法西斯战争胜利 80 周年。围绕上述主题，我们整合爬梳武汉市档案馆藏“申福新公司总管理处”全宗档案中丰富的业务信函、李国伟与荣德生等亲友间的家信及后续征集的李国伟相关档案，遂有了本书的选题策划。本书选编的档案史料反映了李国伟等民族企业家的家国情怀和二次创业的精神，对当今民营经济发展有启迪借鉴意义。

武汉市档案馆馆长徐辉高度关注本书的编纂出版工作，亲自审定书稿；副馆长马秀兰统筹部署推进，并审核书稿；宋晓丹确定本书选材方向并指导点校，李欢清查馆藏档案、梳理选定书信和征集整理档案，全馆 18 名干部参与书信原文录入和初步标点工作，甘超逊负责核校全书内容，孙丹与出版社对接出版相关事宜。全书由宋晓丹、李欢、甘超逊统稿，李欢、甘超逊在点校、注释内容和厘清人物关系等方面贡献尤多。

本书编纂过程中，得到李国伟后人李明璆、李明宪、李舜南等和申福新公司高管厉无咎后人厉宗煌、厉筱玲、唐尊立等的大力支持和热心帮助。他们不仅提供了许多照片、档案与资料，还共同审阅了书稿，答疑解惑，帮助厘清人物关系，为本书的丰富和完善作出了极大贡献，万分感谢他们的倾情付出。同时，衷心感谢著名经济学家樊纲教授拨冗作序和现场指导，为本书增辉添彩。

由于编者水平有限，书中难免错漏与不当之处，恳祈方家斧正。

编者

2024 年 12 月